하나님의 뜻을 발견하고 따라가며 성취하라

How to Find, Follow, Fulfill
ISBN: 978-160683-506-7
Copyright ⓒ 2013 by Andrew Wommack
Colorado Springs, CO 80907
Published by:
Harrison House Publishers, LLC
Tulsa, OK 7414

Korean, Korea Edition Copyright
ⓒ 2018 by The Word of Faith Co.
All rights reserved.

하나님의 뜻을 발견하고 따라가며 성취하라

발행일   2018. 10. 13 1판 1쇄 발행
　　　　 2025. 12. 2   1판 4쇄 발행

지은이   앤드류 워맥
옮긴이   반재경
발행인   최순애
발행처   믿음의말씀사
2000. 8. 14 등록 제 68호
우)18365 경기도 화성시 만년로 915번길 27 B동
Tel. 031) 8005-5483 Fax. 031) 8005-5485
http://faithbook.kr

ISBN 89-94901-81-7 03230
값 19,000원

본 저작물의 저작권은 '믿음의 말씀사'가 소유합니다.
저작권법에 의해 보호를 받는 저작물이므로 무단 전재와 복제를 금합니다.

하나님의 뜻을
발견하고 따라가며 성취하라

앤드류 워맥 지음 | 반재경 옮김

믿음의말씀사

| 목차 |

01 하나님은 목적을 가지고 당신을 창조하셨다 _ 7
02 또다시 기회를 주시는 하나님 _ 45
03 산 제물 _ 61
04 생각mind을 새롭게 하기 _ 83
05 나의 영적 정체성 _ 99
06 여호와를 기뻐하라 _ 119
07 하나님의 시간 그리고 나의 준비 _ 139
08 노력이 필요합니다 _ 155
09 평강이 주장하게 하라 _ 171
10 성령님 _ 185
11 이기기 위해 그 안에 계속 머물라 _ 215
12 오래 참는 인내 _ 243
13 주님께 영광 돌리라 _ 269
14 감사는 나를 좋은 곳으로 인도한다 _ 295
15 묵상imagination을 활용하는 방법 _ 317

01

하나님은 목적을 가지고 당신을 창조하셨다

 최근 저는 하나님의 뜻에 대해 가르치면서 이런 질문을 했었습니다. "하나님께서 창조하신 목적대로 살고 있다는 확신이 없는 분들 계십니까? 하나님의 뜻을 원하고 있으며 지금 하고 있는 모든 일들을 하나님께서 취하셔서 그분의 나라를 확장하는데 쓰임 받기를 원하지만 그럼에도 불구하고 하나님께서 나를 창조하신 목적대로 살고 있다는 확신이 없는 분들은 손을 들어보세요." 그러자 반 이상이 손을 들어 자신이 하나님께서 창조하신 그 목적대로 살고 있는지 확신이 없다는 표시를 했습니다. 게다가 이 사람들은 목요일 아침에 복음을 듣겠다고 모인 독실한 사람들이었습니다!

 하나님의 뜻은 저절로 이루어지지 않습니다. 의도하지 않았는데도 우연히 이루어지는 것이 아닙니다. 하나님의 뜻이 내 삶

가운데 이루어진다는 말은 첫째로 하나님께서 나를 창조하신 바로 그 목적을 발견하는 것입니다. 저항이 가장 적은 쪽으로 물이 흐르는 것이 자연현상이듯 동일한 원리로 인간의 자연스러운 본성 역시 그냥 내버려 두면 저항이 가장 적은 쪽으로 흘러갑니다. 그러다 보면 정처 없이 살다가 내가 부딪히는 장애물들이 내 삶의 방향을 결정하게 됩니다. 그러나 꼭 그렇게 살 필요는 없습니다. 우리가 삶에 만족을 느끼면서 살기를 하나님도 원하시기 때문입니다. 그러나 그렇게 되려면 흘러가는 대로 따라가기를 거부해야 합니다. 흘러가는 대로 따라가는 것은 죽은 물고기도 할 수 있는 일이니까요.

하나님께서 우리를 창조하신 목적을 성취한다는 것은 하나님의 뜻을 발견하고, 따라가고, 성취하기 위해 의도적인 노력을 기울인다는 의미입니다. 제가 나를 향한 하나님의 목적을 발견하려고 애썼을 때 그것은 저의 삶에 중대한 전환점이 되었습니다. 그때 저는 고등학생이었는데 그때까지는 그냥 정해진 인생을 살았습니다. 그러다가 졸업할 때가 되자 스스로 뭔가를 결정할 때가 되었다는 것을 알게 되었습니다. 그리고 저는 이 책에서 다룰 질문에 맞닥뜨리게 되었습니다. 그것은 바로 **내 인생의 목적은 과연 무엇인가**에 관한 것이었습니다.

교회에서 자라면서 '하나님은 목적을 가지고 각 사람을 창조하셨다'는 것을 배웠고 그 지식으로 인해 지금도 감사한 마음입니다. 내 부모도 내가 태어날 것을 몰랐을 수 있습니다. 하지만 하나님은 아셨습니다. 우리는 진화한 것도 아니며 실수로 태어난 것도 아닙니다. 나를 창조하신 분은 하나님이며 그분은 나를 창조하셨을 뿐만 아니라 목적을 가지고 창조하셨습니다.

제가 진로를 두고 씨름할 그때에도 하나님께는 내 인생을 향한 목적이 있으시다는 것을 알았기 때문에 진로를 내 마음대로 선택하고 싶지는 않았습니다. 그래서 교회 어른들께 물었습니다. "저를 향한 하나님의 뜻은 어떻게 알 수 있나요?" 그런데 불행하게도 아무도 대답하지 못했습니다. 그래서 직접 하나님의 말씀을 공부하기 시작했습니다. 성경은 하나님에 대한 지식을 가진 책이니까 내 인생을 향한 하나님의 뜻을 알기 위해서는 성경을 공부하는 것이 좋겠다 싶었습니다. 그래서 새벽 두세 시까지 성경을 읽었습니다.

어려서부터 하루도 빠짐없이 매일 성경을 읽었지만, 그때까지 제대로 공부한 적은 없었습니다. 그래서 성경 주석을 하나 사가지고 왔습니다. 그 주석은 매우 두껍고 오래된 책인데다가 5권까지 있어서 정말 무거웠습니다. 그리고 성경 한 구절, 한 구절을 공부하기 시작했습니다. 그때 책상 위에 올려놓는 스탠드는 목이 자유롭게 움직이는 것이었는데 목을 조절하여 성경책 바로 위에 오도록 해 놓고 성경을 읽었습니다. 그러다 졸기라도 하면 이마가 스탠드에 닿아 데일 듯이 뜨거웠습니다. 그러면 다시 잠이 깨어 계속 성경을 읽을 수 있었기 때문에 일부러 그렇게 했습니다. 그렇게 해서라도 밤늦게까지 성경을 읽고 싶었기 때문입니다.

그 해에 성경 전체를 두세 번 읽었지만, 하나님께서 특별히 뭔가를 보여주신 것 같지는 않았습니다. 나만을 위한 계시를 받지는 못했습니다. 하지만 그것이 기초가 되었습니다. 씨를 심기 전에 씨가 뿌리를 잘 내리도록 돌도 골라내고 땅을 기경해야 합니다. 제가 그 일을 하고 있었던 것입니다. 그렇게 저는 일 년 내내 주님의 뜻을 찾았고 그러던 어느 날 갑자기 계시가 열렸습니다.

그러므로 형제들아, 내가 하나님의 모든 자비하심으로 너희에게 권고하노니, 너희 몸을 하나님께서 기뻐하시는 거룩한 산 제물로 드리라. 이것이 너희가 드릴 합당한 예배니라. 너희는 이 세상과 일치하지 말고 너희 생각을 새롭게 함으로써 변화를 받아 하나님의 선하시고, 기뻐하시고, 온전하신 뜻이 무엇인지 입증하도록 하라.   로마서 12:1-2, 한글킹제임스

(이 책에 나온 모든 구절은 저자가 인용한 영어 KJV에 가장 가까운 번역본을 인용하였음 _ 역자 주)

그때 이 구절이 살아있는 말씀으로 다가왔습니다. 그 말씀이 저의 마음에서 타올랐습니다. 그래서 몇 개월 동안이나 이 구절을 읽으면서 하나님께 물었습니다. "이것이 무슨 뜻입니까? 어떻게 하면 이렇게 할 수 있습니까?" 그리고 얼마 지나지 않아 주님의 사랑을 기적적으로 체험하게 되었습니다. 그 경험이 저의 삶을 송두리째 바꿔 놓았습니다. 그리고 그 이후로 4개월 이상을

하나님의 임재에 사로잡혀서 살았습니다. 그리고 그것이 저를 완전히 변화시켰습니다.

하나님을 기적적으로 만난 이 경험에 대해 나눌 때마다 이것이 마치 번개가 치듯 우연히 찾아온 행운이라고 생각하는 사람들이 있습니다. "번개가 어디서 칠지 알 게 뭐야."하면서 말입니다. 그런데 사실 번개는 하늘에서 땅으로 내려오는 것이 아니라고 합니다. 그렇게 보이기는 하지만 땅속에 있는 음전하(물체가 양전기보다 음전기를 더 많이 띤 상태_역자 주)가 번개를 끌어당긴다고 합니다. 그러니 사실 번개는 땅속에서 시작되는 것이지요. 저속도로 촬영한 사진을 보면 쉽게 알 수 있습니다. 즉 번개가 특정 지역에만 치는 이유가 있었다는 것입니다.

이처럼 다른 어떤 누구도 하나님을 경험하지 못할 때에도 불구하고 하나님께서 어떤 사람의 인생을 기적적인 경험으로 사로잡으시는 데에는 이유가 있습니다. "하나님, 제가 알고 싶은 것을 지금 당장 말해 주세요."라고 했다고 하나님께서 뭔가를 보여주시는 것은 아닙니다. 우리가 할 일이 있습니다. 바로 우리의 마음을 준비하는 것입니다.

저의 경우, 제 안에서 어떤 일이 일어나고 있었는지 잘 몰랐습니다. 그것을 알 만큼 성숙하지 못했으니까요. 다만 저는 하나님을 갈급해 했습니다. 저의 인생을 향한 하나님의 목적을 알고 싶었습니다. 그래서 18개월 동안 제가 아는 한 최선을 다해 하나님을 찾았습니다. 그렇기 때문에 하나님께서 저에게 나타나신 것은 어쩌다가 그렇게 된 것이 아닙니다. 하나님께서는 나를 향한 목적이 있으시다는 것을 저는 알았고 또 그것을 간절히 알기 원한다면 내 인생이 송두리째 바뀔 것을 알았습니다. 결국 그 갈급함의 결과로 하나님께서 저를 만지셨고 지금까지도 저는 그 감격에서 헤어나지 못하고 있습니다. 그 경험이 저의 삶을 변화시켰습니다!

오늘날 교회 안에 팽배해 있는 전형적인 오해가 한 가지 있습니다. 하나님께서 마치 우리를 태엽 인형처럼 풀어놓고서 그 이후에는 스스로 헤쳐나가게 내버려 둔다는 생각입니다. 이러한 오해는 '내가 곤경에 빠져서 하나님께 기도한다면 **혹시나** 도와주실지도 모르지.'라고 생각하게 합니다. 이러한 철학으로 인해 사람들은 자신이 하고 싶은 대로 하다가 이미 하고 있는 그 일에 축복을 내려달라고 하나님께 기도합니다. 처음부터 하나님의 인도하심을 구해야 하는데 말입니다.

저는 저의 인생을 향한 하나님의 뜻을 발견했기 때문에 내가 하는 일을 축복해 달라고 기도한 적이 한 번도 없습니다. 아마도 다들 놀라시겠지만, 미국 전역을 다니며 진행하고 있는 저의 말씀 집회를 위해서도 기도하지 않습니다. 그래서 이런 질문도 받아봤습니다. "아니, 이 집회를 위해서 중보기도 하면서 시간을 보내지 않았다는 말입니까?" 네. 왜냐면 하나님께서 하라고 하신 일이니까요. 하나님은 불의한 하나님이 아니시기 때문에 저에게 어떤 일을 하라고 명하신 뒤에 그 일을 저 혼자의 힘과 능력으로 하길 바라지 않으십니다. 하나님은 저에게 하라고 하신 그 일을 제가 잘할 수 있도록 저에게 기름 부으셨습니다. 이것은 모든 사람들에게 동일합니다. 하나님께서 하라고 하신 바로 그 일을 한다면 하나님께 역사하셔서 축복해 달라고 기도할 필요가 없습니다. 하나님은 이미 그 일을 축복하셨기 때문입니다.

사람들이 하나님께 도와달라고 기도하는 이유 중의 하나는 하나님이 명하지 않은 일을 하고 있기 때문입니다. 어쩌다가 하나님께서 뜻하신 일을 하게 된 사람들도 있겠지만 그들에게는 하나님께서 하라고 하신 바로 그 일을 하고 있다는 것을 확실하게 알 때에만 오는 그 확신과 기쁨이 없습니다.

누군가 나를 기다리고 있다

하나님의 뜻 한가운데 있을 때 오는 초자연적인 평안이 있습니다. 하나님이 원하시는 곳에 내가 있다는 것을 알 때, 내 안에서는 놀라운 일이 일어납니다. 노스캐롤라이나주 샬럿에서 있었던 일입니다. 80년대부터 사업가인 친구의 초대로 그의 회사 직원들에게 매년 말씀을 전했습니다. 한번은 말씀을 다 전하고 떠나려는데 전화 받는 일을 하던 동양 여자 한 분이 눈에 띄었습니다. 전에 한 번도 보지 못했기 때문에 제가 먼저 인사를 했습니다.

"새로 일하게 되신 분인가요?"

"네, 지난주부터 일하고 있어요."

"아, 그렇군요. 그런데 제가 말씀 전할 때는 왜 안 계셨어요?"

"전화 받을 사람이 없어서 제가 그 일을 하고 있었어요. 그런데 누구세요?"

제 소개를 하고 나니 그분이 저에게 이렇게 물었습니다. "무슨 일을 하세요?"

"저는 사역자입니다."

"누구를 위해 사역하시는데요?"

"예수님이요."

"당신이 바로 그 사람이군요!" 그분이 외쳤습니다.

무슨 뜻인지 묻자 그분이 설명을 해 주었습니다. 자신은 불교도였으며 지난밤에 불공을 하던 중에 갑자기 '이것은 아니다' 라는 생각이 들었다고 합니다. "이건 아니야. 부처는 하나님이 아니야." 그러고는 이렇게 외쳤다고 합니다. "하나님, 저는 당신이 **실제로** 존재하심을 압니다. 그러나 저는 당신이 누군지 모릅니다. 저에게 당신을 보여주세요." 그랬더니 갑자기 눈앞에 강력한 빛이 나타났다고 합니다. 그리고 그분이 하나님인 것을 알았기에 이렇게 물었다고 합니다. "당신은 누구십니까?" 그러자 한 음성이 들렸다고 합니다. "내가 내일 한 사람을 보내어 너에게 나를 보이겠다."

"당신이 바로 그 사람이잖아요!" 그녀가 다시 외쳤습니다.

"네 맞아요. 제가 그 사람입니다." 저도 기뻐 외쳤습니다.

저는 그분에게 예수님에 대해 말해 주었고 그분은 그 자리에서 거듭나고 성령 세례까지 받았습니다. 너무나도 기뻤습니다! 그곳을 떠나며 이렇게 생각했습니다. **"하나님, 제가 있어야 할 시간에, 있어야 할 곳에 있었군요!"** 저는 제가 있어야 할 바로 그곳에 있었던 것입니다. 하나님은 제가 그분의 인도하심을 따르기 위해 그 시간에 거기 있을 것을 아셨습니다. 그리고 저를 신뢰하셨기 때문에 그 여자분에게 제가 올 것을 말씀해 주신 것입니다. 하나님이 원하시는 바로 그곳에 내가 있다는 것을 알 때 오는 평안, 만족, 기쁨은 이루 말할 수가 없습니다. 그것으로 행복할 수 없다면 그 어떤 것도 당신을 행복하게 할 수 없습니다. 나의 모든 것이 하나님께서 나를 창조하신 목적을 이루도록 창조되었다는 것을 알 때, 우리 내면에서는 놀라운 일이 일어납니다.

하나님께서 나를 창조하신 목적을 따라 일하고 있다는 것을 조금의 의심도 없이 알 때 오는 특별한 만족이 있지만, 그것을 아는 사람은 많지 않습니다. 그러나 믿는 자라면 단 한 사람도 그것을 모른 채 살아서는 안 됩니다. 하나님께서 나를 창조하신 목적은 향방 없이 헤매며 살아가는 것이 아닙니다. 당신에게는 존재의 목적이 있습니다.

거룩한 불만족

완전한 평안과 기쁨을 누리는 유일한 길은 하나님께서 이끄시는 방향으로 내 인생을 맞추는 것입니다. 그렇게 하지 않으면 하나님의 완전한 뜻 안에 있지 않아서 마음에 평안이 없는 것인데도 불구하고 오히려 낙심된 마음을 위로해 달라고 하나님께 기도할 수도 있기 때문입니다. 당신이 올바른 방향으로 가고 있지 않을 때 하나님은 안식할 수 없는 마음, 즉 제가 "거룩한 불만족"이라고 부르는 것을 주심으로써 당신이 가고 있는 방향을 돌리려고 하십니다.

하나님께로부터 오는 "거룩한 불만족"은 낙심과는 완전히 다르다는 것을 알아야 합니다. 세상으로부터 오는 낙심은 하나님께 집중하지 않고 육신에 집중한 결과입니다(로마서 8:6). 그러나 하나님을 추구하고 있는 자들을 인도하시기 위해 하나님께서 사용하시는 이 불만족은 부정적인 감정에서 오는 혼란과는 완전하게 다릅니다. 하나님은 낙심을 통해 우리를 인도하지 않으십니다.

텍사스주 시거빌에서 저와 제 아내가 목회하고 있었을 때 가까운 지인들은 우리에게 그곳을 떠나라고 설득하곤 했습니다. "아무도 당신들이 전하는 메시지를 받아들이지 않고 있고 당신들을 원하는 사람들도 없으니 어서 그곳을 떠나야 합니다." 많은 사람들이 우리 교회를 멀리했다는 것은 사실입니다. 하지만 우리는 텍사스 시거빌에 헌신했었습니다. 그곳의 사람들을 사랑했고 그래서 행복했기 때문에 계속 그곳에 머물며 사역할 수 있었습니다.

그러던 어느 날 교회에서 기도하던 중에 모든 것이 변해버렸습니다. 마치 누군가 제 안에 있는 스위치를 꺼버린 것 같았습니다. 그때 창밖을 내다보았는데 갑자기 이런 생각이 들었습니다. **"하나님, 제가 여기서 뭐하고 있는 것입니까? 이곳이 땅끝은 아닐지라도 땅끝에서 크게 멀지 않은 곳이네요."** 바로 그 순간, 그곳을 향한 마음의 열정이 식어버렸고 갑자기 시거빌이 정말 싫어졌습니다.

저의 마음이 너무나 갑자기 변했기 때문에 저도 매우 놀랐습니다. 바로 그 전날까지도 그곳에서 사역할 수 있다는 그 사실만으로 행복하고 즐거웠었는데 특별한 이유 없이 시거빌을 떠나고 싶어진 것입니다. 그래서 확답을 얻기 위해 기도하며 하나님의 뜻을 구했고 한두 시간 정도 후에 하나님께서도 떠나라고 하신다는 것을 확신했습니다. 게다가 떠날 날짜까지 알려주셨습니다. 11월 1일에 그때 살고 있던 집에서 떠날 것이라고 말씀하셨습니다. 그래서 저에게는 확신이 있었지만, 아내에겐 어떻게 말해야 하나 생각하며 집으로 향했습니다. 그런데 집에 도착하니 집을 내놨다는 사인이 마당에 걸려있었습니다!

아내에게 물었습니다. "마당에 저 사인은 뭐에요?" 아내는 이렇게 말했습니다. "집주인이 와서 11월 1일까지 집을 비워달라고 했어요."

하나님은 하늘로부터 쩌렁쩌렁한 소리로 **"가라사대 너희는 텍사스 시거빌을 떠날지어다."** 라고 하지는 않으셨지만, 그곳에 머물고 싶은 마음의 소원이 사라진 것입니다. 이것이 하나님께서 우리에게 말씀하시는 방법 중의 하나입니다. 하나님은 우리 마음의 소원을 통해 말씀하십니다.

아침에 일어나서 직장에 갔다가 집에 돌아와서 TV를 보다 잠자리에 들고 또다시 일어나서 다시 그 모든 과정을 반복하는 삶에 만족하지 못하는 이유는 하나님께서 부르신 바로 그 일을 하고 있지 않기 때문입니다. 그것이 거룩한 불만족입니다. 하나님께서 가지고 계신 계획에 자신의 삶을 맞추지 않으면 기쁨과 평안은 결코 가질 수 없습니다. 아침에 일어날 때, 내가 세상을 변화시키고 있고 다른 사람들의 삶에 선한 영향력을 끼치고 있다는 확신으로 '오늘은 또 무슨 일이 일어날까' 기대하며 하루를 시작할 수 있게 하는 그 힘은 하나님께서 창조하신 목적대로 살고 있지 않은 사람들에게는 절대 허락되지 않습니다.

슬픈 일이지만 하나님의 뜻 한가운데 있다는 것을 알 때 오는 이 만족감을 한 번도 경험하지 못한 그리스도인들이 너무나 많습니다. 그 이유 중의 하나는 교회가 세상에 **영향을 끼치지** 못하고 오히려 세상의 **영향을 받았기** 때문입니다.

믿지 않는 가정은 물론이고 믿는 가정에서 자란 사람들조차 내 삶은 내 것이며 내가 원하는 대로 살면 된다고 믿으며 자랐습니다. 어떤 이들은 부모로부터 '나는 너를 가질 계획이 없었다'는 말을 들으며 성장했기 때문에 자신은 실수로 태어났다는 생각을 하고 삽니다. 또 어떤 이들은 주변을 둘러보며 자신은 다른 사람들이 가진 능력과 재능을 갖지 못했기 때문에 부족하다는 생각을 합니다. 많은 사람들이 자신은 어쩌다 태어났다고 생각하기 때문에 매일의 삶과 씨름하며 간신히 견디고 있습니다.

당신을 향한 주님의 계획은 그것보다는 훨씬 더 좋은 것입니다. 당신은 어쩌다 태어난 것이 아닙니다. 당신에게는 하나님의 뜻을 이루기 위한 재능이 부족하지 않습니다. 계속되는 어려움과 싸우며 힘들게 살아갈 필요도 없습니다. 하나님은 당신을 향한 목적을 가지고 계시며 당신을 창조하신 이유가 있으십니다. 당신은 특별한 목적을 가지고 태어났고 당신이 그것을 발견하길 하나님도 원하고 계십니다.

태에서부터 구별됨

내가 주께 감사하오음은 나를 지으심이 심히 기묘하심이라 주께서 하시는 일이 기이함을 내 영혼이 잘 아나이다 내가 은밀한 데서 지음을 받고 땅의 깊은 곳에서 기이하게 지음을 받은 때에 나의 형체가 주의 앞에 숨겨지지 못하였나이다 내 형질이 이루어지기 전에 주의 눈이 보셨으며 나를 위하여 정한 날이 하루도 되기 전에 주의 책에 다 기록이 되었나이다 하나님이여 주의 생각이 내게 어찌 그리 보배로우신지요 그 수가 어찌 그리 많은지요

시편 139:14-17

얼마나 놀라운 말씀입니까? 하나님은 당신이 태어나기도 전에 당신을 보셨습니다. 어머니의 태 속에 있는 당신을 보셨습니다. 당신의 몸이 형성되고 있을 때 하나님께서 당신의 재능과 능력, 목적을 동시에 엮어 넣으셨습니다. 이런 것들은 당신의 일부입니다. 당신이 태어나기도 전에 당신의 삶이 어떤 모습이 되어야 하는지 하나님께서 이미 기록해 놓으셨습니다. 당신의 재능과 능력도 적어놓으셨습니다.

자신이 스스로 예술가가 되었고, 회계사가 되었고, 또 다른 무엇이 되었다고 생각하겠지만 하나님께서 이미 넣어 놓지 않으신 것을 꺼내 쓸 수는 없습니다. 당신의 기질과 성향을 만드신 분은 하나님이십니다. 어떤 사람은 쾌활하고 명랑하지만, 또 어떤 사람은 조용하고 차분합니다. 당신이 가진 그 성격은 하나님이 주신 것입니다. 그렇게 만드신 분은 하나님이십니다. 어느 정도는 바꿀 수 있겠지만 **근원적인** 성향은 바꿀 수 없습니다.

요즘은 제가 그냥 걷는 것을 좋아하지만 전에는 달리기를 즐겨 했습니다. 고등학생 때는 선생님들의 권유로 단거리 달리기를 했었습니다. 그러나 단거리 달리기가 정말 싫었습니다. 잘하지도 못했고요. 계주 선수 정도 실력은 됐지만, 메달은 따지 못했습니다. 졸업을 하고 나서는 조깅을 했는데 조깅은 참 좋았습니다. 25Km에서 30Km를 천천히 달리는 것은 좋았습니다. 하지만 50m를 질주하는 것은 너무 힘들었습니다.

나중에 알게 된 것인데 우리의 근육은 빠른 근육 섬유와 느린 근육 섬유로 이루어졌다고 합니다. 단거리 달리기 선수들에게는 빠른 근육 섬유가 많고 장거리 달리기 선수들에게는 느린 근육 섬유가 많다고 합니다. 훈련을 통해 빠른 근육 섬유와 느린 근육 섬유의 비율을 어느 정도 바꿀 수는 있지만, 한계가 있으며 기본적인 비율은 변하지 않는다고 합니다. 어떤 사람들은 속도를 내도록 만들어졌고 어떤 사람들은 오랜 시간 지속해서 달리도록 만들어진 것입니다. 제가 단거리 달리기를 싫어했던 이유는 제가 속도를 내도록 만들어지지 않았기 때문입니다. 저는 장거리 달리기를 하도록 만들어졌습니다.

이처럼 성격도 어느 정도 영향을 받고 변할 수도 있지만, 특정 성격을 가진 특정 유형의 사람이 되게 하는 타고난 성향이란 것이 있습니다. 하나님께서 그렇게 만드신 것입니다. 어머니의 태에서 형성되기 전에 이미 하나님께서 다 계획하시고 다 기록해 두셨습니다.

이렇듯 하나님께서 당신의 재능과 목적을 엮어 넣어 주신 것은 사실이지만 하나님은 당신의 삶을 향한 그분의 목적을 강압적으로 이루지는 않으십니다. 이것을 오해했기 때문에 많은 사람들이 하나님의 뜻을 알아채지도, 발견하지도 못하는 것입니다. 운명론적인 생각을 가지고서 어차피 그렇게 될 거라면 반드시 그렇게 된다고 생각합니다. 이런 노래도 있었습니다. "케세라, 세라. 될 대로 돼라. 어떻게든 되겠지."

숙명을 따라 사는 것이라고 믿는다면 엄청나게 잘못된 결정을 하며 살아가게 될 것입니다. 환경이 자신을 이끌고 지배하게 해서는 안 됩니다. 하나님은 당신을 인질처럼 끌고 다니는 분이 아니십니다. 하나님의 주권대로, 하나님의 뜻대로 다 된다고 생각하는 사람들이 많은데 사실은 그렇지 않습니다.

'하나님은 최고의 권위를 가지셨고 보이는 것과 보이지 않는 모든 것의 주인이시다' 라는 점에서 '하나님은 주권적이시다' 라는 말은 맞습니다. 그렇지만 '하나님의 허락 없이는 아무 일도 일어나지 않는다' 라는 의미에서는 주권적이지 않으십니다. 하나님은 당신의 삶을 통제하지 않으십니다. 자신의 뜻을 강압적으로 이루려 하지 않으십니다. 당신의 삶에 일어난 일이라고 해서 그것이 다 하나님의 뜻은 아닙니다. 하나님의 뜻이 아니면 아무 일도 일어나지 않는다고 가르치는 사람들이 많다는 것을 저도 압니다만 하나님의 말씀은 그렇게 말하지 않습니다. 예를 들어 사도 베드로는 이렇게 썼습니다.

> 주의 약속은 어떤 이들이 더디다고 생각하는 것 같이 더딘 것이 아니라 오직 주께서는 너희를 대하여 오래 참으사 아무도 멸망하지 아니하고 다 회개하기에 이르기를 원하시느니라
>
> 베드로후서 3:9

하나님은 모든 사람이 구원받기 원하시며 그것은 매우 분명합니다. 하지만 예수님은 멸망으로 인도하는 넓은 문으로 가는

사람들이 영원한 생명으로 인도하는 좁은 문으로 들어가는 사람들보다 많다고 하셨습니다(마태복음 7:13-14). 하나님은 모든 사람들이 구원받길 원하시지만 그렇다고 모든 사람이 구원받는 것은 아닙니다. 예수님은 모든 사람이 구원받지는 않는다고 예언도 하셨습니다.

  하나님의 뜻이 저절로 이루어지지 않는 이유는 우리 각자의 역할이 있기 때문입니다. 예수님께 반응하여 구원을 받을지 아니면 받지 않을지를 결정하는 것은 우리 자신입니다. 선택은 우리가 합니다. 이와 같이 하나님께서는 당신을 향한 계획이 있으시지만, 당신의 삶에 대한 주도권은 당신이 가지고 있습니다. 하나님은 우리의 협조 없이 하나님의 뜻이 우리 삶에 이루어지도록 만들지 않으십니다.

  당신이 태어나기도 전에, 당신이 어머니의 태 속에서 형성되기도 전에 하나님께서는 당신의 삶을 향한 계획이 있으셨습니다. 성별, 태어난 시대, 태어난 나라, 이 모든 것에는 이유가 있습니다. 우연이 아닙니다. 하나님께서 당신을 선택하신 것입니다. 하나님은 당신에게 목적이 있으시고 그 목적을 이룰 수 있는 재능과 능력을 당신에게 주셨습니다. 하나님이 당신을 창조하신 데는 이유가 있고 특별한 계획이 있으시지만, 이 모든 것은 **당신의** 통제 하에 있습니다.

각각의 단계

자신은 어디에도 속한 곳이 없다고 느껴진다면 환경에 떠밀려 자기 자신을 하나님의 계획에서 멀어지도록 허락했기 때문일 수도 있습니다. 만족과 성취감을 느끼지 못하는 이유는 마땅히 가야 할 방향으로 가고 있지 않아서입니다. 하나님의 뜻을 발견하기 전까지는 자신이 도달할 수 있는 최고의 성공을 이루지 못합니다.

제가 하나님의 뜻을 막 찾기 시작했을 때 사역자로 부르심 받은 것은 알았지만 구체적인 것은 몰랐습니다. 시간이 지남에 따라 저는 부흥강사 스타일이 아니라 가르치는 자로 부르심 받았다는 것을 알게 되었습니다. 저의 은사는 그리스도의 몸인 교회를 섬기기 위한 것이며 믿는 자들이 그리스도 안에서의 정체성을 알도록 돕는 것입니다. 하지만 사역 초기에는 구체적인 부르심을 알지 못했기 때문에 성경 공부 모임으로 저의 사역을 시작했습니다. 그때는 소위 성령님의 인도하심을 따르는 교회가 없었을 때였습니다. 방언이 마귀로부터 왔다고 믿었던 때였으니까요. 실제로 우리 지역에서 "이단의 괴수" 명단을 만들었는데 10명 중에 제가 1위였습니다!

제가 인도하던 성경 공부에 참석했던 사람들이 전부 다 교회에서 쫓겨났고 갈 곳이 없게 된 그 사람들은 저에게 이렇게 말했습니다. "이제 여기가 우리 교회예요. 그러니 여기에 십일조를 하겠습니다."

"잠깐만요, 여기는 교회가 아니고 성경 공부 모임이에요. 나는 목사도 아니고요."

"좋을 대로 생각하세요. 하지만 우리는 갈 데가 없으니 여기가 우리 교회고 당신이 우리 목사님입니다."

이렇게 저는 어쩌다가 목사가 되었습니다. 목사가 되고 싶지도 않았고 목사로 부르심 받았다고 생각해 본 적도 없었지만 제가 인도하던 성경 공부 모임에 오던 분들이 저를 '목사님'이라고 부르기 시작했고 그렇게 저는 세 개의 교회를 목양했습니다. 하나님도 저를 목사로 쓰셨습니다. 사람들은 변화되었고 거듭나는 사람들도 있었으며 좋은 일들이 일어났습니다. 하지만 그것은 저의 부르심이 아니었습니다.

그 후에 저는 제가 살던 지역에서 라디오 방송을 시작하게 되었고 저의 첫 번째 복음 집회를 열게 되었습니다. 방송 중에 집회에 올 수 있는 분들은 오라고 광고했습니다. 결과는 놀라웠습니다! 첫 번째 집회 후에 나는 바로 그런 방법으로 여기저기 다니면서 사역하도록 지음 받았다는 것을 알게 되었습니다. 가르친 내용은 그날이나 그 전이나 동일했지만 하나님께서 저를 창조하신 대로 사역했을 때 새로운 자유와 만족, 기쁨을 느끼게 되었습니다.

세 개의 교회를 목양했을 때도 하나님의 뜻 밖에 있었던 것은 아닙니다. 그것은 저에게 훈련의 시간이었습니다. 그 기간 동안 하나님은 저를 가르치셨고 저는 많이 배웠습니다. 그럼에도 불구하고 저는 하나님의 뜻 **한가운데** 있지는 않았습니다. 하나님의 뜻 밖에 있다가 갑자기 하나님의 뜻 가운데로 가지는 않습니다. 이것은 절차가 있는 과정입니다. 시간이 걸립니다. 점진적으로 이루어집니다.

저는 1968년부터 사역을 했는데 1999년 7월 26일에 주께서 한밤중에 저를 깨우셔서 이렇게 말씀하셨습니다. "너는 내가 부른 그 일에 이제 막 들어갔다. 만약 이전에 네가 죽었었다면 너의 삶을 향한 나의 완전한 뜻을 놓쳤을 것이다." 그것은 매우 낙심되는 말이었지만 동시에 매우 격려가 되었습니다.

낙심되었던 이유는 그때 이미 사역한 지 31년째 되던 해였고 놀라운 열매도 있었는데 그때 비로소 하나님의 뜻 한가운데로 들어서기 시작했다고 하셨기 때문입니다. 격려되었던 이유는 하나님 말씀에 의하면 부르심에 들어가지도 못했던 지난 시간 동안에도 저의 사역을 통해 하나님께서 놀라운 일들을 행하셨고 내가 부르심 받은 일을 한다는 것이 정말 복된 일이라고 생각했기 때문입니다. 저는 이렇게 생각했습니다. '그동안에도 좋았는데 이제 하나님께서 부르신 일에 더 가까이 가게 된다면 앞으로는 더 좋아지겠구나!' 그리고 정말 그렇게 되었습니다. 우리 단체의 사역은 극적으로 성장하였고 이전보다 더 많은 사람들을 복음으로 섬기게 되었습니다. 지금 주께서 저를 통해 하시는 일에 제가 보조를 맞추려면 저로서는 전력 질주를 해야만 하는 상황입니다. 놀라운 일이지요! 하지만 하룻밤에 이렇게 된 것은 아닙니다.

사는 게 힘들고 만족이 없습니까? 하나님이 당신을 창조하신 목적이 아닌 다른 일을 하고 있기 때문입니다. 하나님은 이 일을 하라고 당신을 창조하셨는데 당신은 저 일을 하고 있기 때문입니다. 그냥 어쩌다 보니 지금 하는 일을 하게 되었을지도 모르겠습니다. 졸업하고 거기에 취직이 됐거나 아니면 결혼하고 주어진 일이 그것밖에 없어서 그 일을 택했거나 말입니다. 대부분 그렇듯이 살다 보니 거기까지 가게 되었을지도 모르겠습니다. 그러나 이제는 이것을 깨닫기 바랍니다. 하나님은 특별한 목적을 가지고 당신을 창조하셨다는 사실과 당신은 그 목적을 의도적으로 추구해야 한다는 사실입니다.

하나님은 당신의 이력서를 보고 판단하지 않으십니다

> 내가 이전에 유대교에 있을 때에 행한 일을 너희가 들었거니와 하나님의 교회를 심히 박해하여 멸하고 내가 내 동족 중 여러 연갑자보다 유대교를 지나치게 믿어 내 조상의 전통에 대하여 더욱 열심이 있었으나 그러나 내 어머니의 태로부터 나를 택정하시고 그의 은혜로 나를 부르신 이가   갈라디아서 1:13-15

하나님께서 바울을 **택정하셨다**는 말은 하나님께서 특별한 목적을 위해 사도 바울을 따로 구별하셨다는 뜻입니다. 하나님은 바울을 모태에서부터 구별하셔서 복음을 전하게 하셨습니다. 이것은 정말 파격적인 생각입니다. 교회나 직장에서 누군가를 뽑을 때 보통 그들의 자격 조건을 따져 보아 그들이 신뢰할 만한 사람들인지를 살펴봅니다. 그 사람들이 성취한 업적을 보고 육신의 능력을 따져 보며 과거의 업적을 근거로 하여 사람을 뽑습니다. 그러나 하나님의 방법은 다릅니다.

앞서 소개한 구절은 하나님께서 바울을 어머니의 태에서부터 구별하셔서 복음을 전하는 일을 하도록 선택하셨다고 합니다. 하나님께서 바울을 선택하신 시점은 바울이 좋은 일이든 나쁜 일이든 하나도 하지 않았을 때이며 어떤 재능이나 능력도 개발하지 않았을 때입니다. 하나님은 우리 이력서를 보시면서 "오, 대단한 걸? 너라면 되겠다. 이 일을 위해 너를 부르겠다."라고 하지 않으십니다. 우리가 잉태되는 그 순간 하나님께서는 이미 계획이 있으셨고 어머니의 태에서부터 우리에게 목적을 가지고 우리를 지으셨습니다.

우리의 재능과 능력은 우리를 향한 하나님의 뜻이 무엇인지 보여주기도 하지만 우리들 중 많은 사람들에게는 감춰진 재능과 은사가 있습니다. 아직 발견하지 못했거나 개발하지 못했을 뿐입니다. 그렇기 때문에 **내가 생각하는** 내 재능과 능력만을 바라본다면 하나님의 뜻을 놓치게 됩니다. 자기 자신을 초월하여 초자연적인 일을 이루실 하나님을 신뢰하기 전까지는 우리의 참된 잠재력을 발견할 수 없을 것입니다. 그렇기 때문에 다음과 같이 말해선 안 됩니다. "나는 사람들 앞에서 말하는 것을 잘해. 그러니까 하나님은 내가 설교자가 되거나 그 비슷한 일을 하게 하실 거야." 그러나 하나님의 뜻은 이런 식으로 발견되는 것이 아닙니다.

저는 사람들의 얼굴을 쳐다보지도 못했던 사람입니다. 제가 고등학교 졸업반 때 일입니다. 길을 걷는데 한 남자가 지나가면서 "굿모닝"이라고 했지만 제가 마침내 "네, 좋은 아침입니다."라고 대답한 것은 그분이 저만치 멀어졌을 때였습니다.

저는 저 자신에게 너무 실망하여 하나님께 물었습니다. "하나님, 도대체 저는 뭐가 문제일까요?" 저는 너무나도 내성적이었습니다. 그때까지 저의 자격 조건으로 볼 때 수천 명 앞에서 설교하는 것은 절대 불가능한 일이었습니다. 그런데도 불구하고 하나님은 저의 본성에 정반대되는 일을 하도록 저를 부르신 것입니다.

그 뒤로 하나님께서 저를 변화시키셨지만 저는 아직도 혼자 있기를 좋아합니다. 혼자 있는 시간이 저는 정말 좋습니다. 그래서 좋은 시간을 가지고 싶을 때면 혼자 있을 수 있는 곳으로 갑니다. 그것이 저의 본성입니다. 하나님은 저의 본성에 반대되는 일을 하도록 저를 부르신 것입니다. 그런데 너무나 많은 사람들이 자신의 일을 찾을 때 타고난 재능을 따라갑니다. 그런데 진로를 정하는 최악의 방법이 바로 성격검사를 기준으로 삼는 것입니다. 성격검사로는 자신의 인생을 향한 하나님의 뜻을 알 수 없습니다. 그런 검사들은 자신이 그 순간에 어디쯤 와 있는지를 보여줄 뿐입니다. 성격검사 결과는 영구적인 것이 아니라 일시적인 것으로 계속 변하기 때문입니다.

하나님께서 저를 극적인 방법으로 만나주셨던 것은 1968년도입니다. 그 전에 성격검사를 받았다면 결과는 분명히 극도로 내성적인 성격으로 나왔을 것입니다. 하지만 동일한 성격검사를 지금 받는다면 결과는 극도로 외향적인 성격으로 나올 것입니다. 성격검사는 지금 어디쯤 와 있는지를 보여줄 뿐이니까요. 그 순간에 어떤 성격유형인지 보여줄 수는 있겠지만 당신의 인생을 향한 하나님의 참 계획과 목적을 보여 줄 순 없습니다. 어떤 이들은 고단한 삶으로 인해 너무 상처받고 지친 나머지 수동적인 자세를 갖게 되어서 성격검사로 확인하는 그 당시 모습으로는 그들의 참된 잠재력을 알 수 없습니다.

사도 바울이 성인이 되었을 때 비로소 하나님께서 그를 보시며 "와, 가말리엘에게서 20년 간 배우고 그 분야의 모든 지식을 갖게 되다니. 그럼 복음을 전하고 신약의 반 이상을 쓰는데 너를 사용하겠다."라고 하지 않으셨습니다. 사실, 우리들이라면 베드로를 거의 이방인 수준이라고 생각하고 그를 이방인에게 보냈을 것입니다. 예수님께서 베드로를 부르셨을 때 아마도 그는 배 위에서 이방인들처럼 욕을 하고 있었는지도 모릅니다. 베드로는 또 한성격했습니다. 입만 열면 엉뚱한 소리를 했고 실수를 반복했습니다.

베드로는 예의 바르거나 종교적이지도 않았기에 우리 대부분은 그를 이방인들에게 보내면 딱 좋겠다고 생각했을 것입니다.

그리고 우리는 바울을 유대인들에게 보냈을 것입니다! 바울은 유대교에서 교육받았고 율법을 자기 손바닥 보듯이 잘 알았습니다. 은혜의 계시도 알았습니다. 율법적인 유대인들을 설득시킬 사람이 바울 말고 또 누가 있겠습니까? 그는 바리새인 중의 바리새인이었으니까요. 그런데 하나님은 바울을 이방인들에게 보내셨고 베드로를 율법적인 유대인들에게 보내셨습니다.

이렇게 생각하는 분들도 있을 것입니다. "하나님께서 쓰시기에 나는 너무 평범해." 하지만 하나님은 당신이 이룬 업적에 따라 당신의 목적을 계획하지 않으십니다. 하나님은 항상 당신의 능력 이상의 것을 하도록 부르셔서 오직 그분만 의지하게 만드실 것입니다. 자신이 잘하는 것, 즉 자기의 장점이나 능력에 해당하는 것만 한다면 성공한 후에 자기 자신에게 그 공을 돌리게 될 것입니다. 그러면서 "나는 정말 이것을 잘해. 타고났다니까."라고 생각하겠지만 사실, 자기가 잘하는 것만을 하고 있다면 아직 당신의 삶을 향한 하나님의 뜻을 발견하지 못한 것이라고 말해주고 싶습니다.

바울이 어머니의 태에 있었을 때 즉 스스로 연마한 기술로 뭔가를 성취하기 전에 하나님께서 그를 구별하셨습니다. 그렇기 때문에 하나님의 목적은 당신의 장점과 맞을 수도 또 맞지 않을 수도 있습니다. 잠재력이 가장 많은 곳은 무덤이란 얘기가 있습니다. 자신들의 잠재력을 써보지도 못하고 무덤으로 가져가는 사람들이 많기 때문입니다.

당신도 어머니의 태에서부터 구별되었고 하나님은 그분의 목적을 성취하시기 위해 당신 안에 재능을 넣어두셨습니다. 하지만 당신의 협조가 없다면 하나님도 그분의 뜻을 억지로 이루지는 않으실 것입니다. 그렇기 때문에 당신의 삶을 향한 하나님의 계획을 찾는 노력을 기울여야 합니다. 자신의 능력만 따져서는 하나님의 계획을 판단할 수 없습니다. 그동안의 성공 또는 실패만을 본다면 하나님의 계획을 놓치거나 또는 하나님께서 당신 안에 넣어두신 잠재력을 깨닫지 못합니다.

좋은 것이라고 다 하나님의 뜻은 아니다

삶의 큰 변화들은 생각만 해도 마음이 심란해질 수 있습니다. 특히 좋은 직업이 있고 삶이 잘 돌아가거나 아니면 이제 은퇴해서 퇴직금으로 편하게 살고 싶을 때라면 더더욱 그렇습니다. 어려움이 많은 일을 누가 원하겠습니까? 그런데 제가 지금 "당신의 삶을 향한 하나님의 목적을 정말 발견하셨습니까?" 하고 묻고 있으니 말입니다. 그러나 변화에 대해 생각하는 것이 즐겁지는 않을지라도 자신의 삶의 목적을 발견했는지 아닌지를 아는 것은 중요합니다.

대부분의 사람들이 자신들의 삶을 향한 하나님의 뜻을 발견하지 못했다고 저는 생각합니다. 그들을 창조하신 하나님의 목적을 성취하지 못하고 있는 사람들이 대부분입니다. 좋은 일을 하고 있을지는 모르지만 좋은 일이라고 다 하나님께서 명하신 일은 아닙니다. 좋은 일이라고 다 하나님의 뜻은 아니니까요. 성공적인 전문직을 가지고 능력 있게 일하고 있습니까? 그렇다고 해도 그것이 하나님께서 부르신 그 일이냐는 것이 문제입니다.

  우리의 삶을 향한 하나님의 뜻을 성취할 수 있는 기회는 단 한 번뿐입니다. 마음만 순수하면 원하는 일을 하면서 살아도 문제되지 않는다는 생각이 있는데 그것은 하나님의 뜻이 아닙니다. 하나님은 특별한 목적을 가지고 당신을 창조하셨으며 그 목적은 어쩌다가 성취할 수 있는 것이 아닙니다. 하나님의 뜻이 무엇인지 먼저 깨달아야 하며 그런 뒤에는 그것을 추구하기 위해 물살을 거꾸로 헤치고 나가야 합니다. 우리의 인생에 가지고 계신 하나님의 뜻이 성취되려면 반드시 시간과 노력이 필요합니다. 그것은 운명처럼 일어나지 않습니다. 자신의 삶에 책임감을 가지고 하나님의 뜻을 쫓아가야만 합니다. 운명에 맡겨서는 안 됩니다. 주도권을 잡아야 합니다!

  하나님은 당신이 어느 방향으로 가기를 원하시는지 그것을 발견하여 그쪽으로 삶의 방향을 트십시오. 저와 제 아내는 정확하게 하나님이 원하시는 곳에서, 하나님이 원하시는 바로 그 일을 하고 있습니다. 과거에 쉬운 길만 선택했다면 현재 하나님의 뜻 한가운데에 있지 못했을 것입니다. "케세라, 세라" 정신으로는 놀라운 인생을 살 수 없습니다. 저와 제 아내는 하나님의 뜻을 찾고 찾았습니다. 우리를 하나님의 뜻으로부터 멀어지게 하려는 환경과 상황에 맞서 싸웠습니다. 끝까지 견뎌야 했습니다. 여기까지 온 것은 그냥 어쩌다 그렇게 된 것이 아니며 또 우리의 힘과 지혜로 된 것도 아닙니다. 노력도 필요합니다. 노력과 결단 없이는 하나님의 뜻 한가운데 도달할 수 없습니다.

바울도 이렇게 말했습니다. "그러나 내 어머니의 태로부터 나를 택정하시고 그의 은혜로 나를 부르신 이가"(갈라디아서 1:15) 바울은 하나님께서 그를 향한 목적이 있으셨다는 것을 알았습니다. 그것은 하나님을 전하는 일이었습니다. 그런데 2~30년간 바울은 율법적인 유대인으로 사는 것이 하나님의 뜻을 성취하는 것이라고 생각했습니다. 바울은 자신이 누구보다도 열심이었고 그 어느 누구보다 유대교에 앞장섰다고 했습니다(갈라디아서 1:14). 결국에 주님은 바울에게 초자연적으로 나타나셔서 **"너는 완전히 잘못 가고 있다."**고 말씀해 주셨습니다. 그 결과 바울은 자신의 방향을 180도로 바꿔야 했습니다.

바울의 삶을 보면 자신의 재능을 발견했다고 해서 그 재능을 하나님의 의도대로 사용하고 있다고 볼 수는 없음을 잘 알 수 있습니다. 그럴 수도 있겠지만 진짜 그런지 반드시 하나님으로부터 확답을 들어야 합니다. 그것을 반드시 발견해야 합니다. 인생은 예행연습이 없는 실전이기 때문입니다. 또 다른 오늘을 살 수 없습니다. 하루도 낭비할 수 없습니다. 하나님이 지시하는 방향으로 나아가기 위해 매일을 살아야 합니다. 자신의 목적에 우연히 도달하기 바라거나 결국에는 어찌해서 하나님께 쓰임 받길 바라면서 방황하며 낭비할 시간이 없습니다.

우리는 너무 쉽게 반복되는 일상에 안주하려 합니다. 어느 정도 안정되고 삶의 짐이 벗어지면 흘러가는 대로 쉽게 살고자 합니다. 또한 일상에서 벗어나서 뭔가 새로운 일을 하려고 할 때 겁이 나기도 합니다. 특히 오랫동안 한 가지 일을 해 왔다면 더 그렇습니다. 그러나 우리 인생을 향한 하나님의 목적을 발견하려면 자신의 안전지대를 벗어나야만 합니다. 그러나 제가 약속할 수 있는 것은 하나님의 뜻 한가운데 있음을 알 때 오는 기쁨은 그 대가를 치를 충분한 가치가 있다는 것입니다.

저는 가르치는 사역을 하도록 하나님께 부르심 받았습니다. 그리고 하나님께서 부르신 그 일을 하고 있습니다. 그렇기 때문에 이 사역을 통해 수많은 사람이 거듭났고, 치유 받았고, 인간관계 문제가 회복되었습니다. 정말 놀라운 일들의 연속이었습니다! 하지만 하나님께서 주신 목적을 따른다고 모두가 사역자가 되어야 하는 것은 아닙니다. 주님은 각 사람들에게 그들만을 위한 특별한 목적을 가지고 계시기 때문입니다.

저는 라디오 방송과 TV 방송을 통해 복음을 전하는데 그 일에는 수백만 달러가 들어갑니다. 그럼에도 불구하고 당신의 친구, 친척, 이웃 중에는 평생 저를 모르고 지나갈 사람들이 많습니다. 지금 쓰는 돈의 열 배를 더 들여 복음을 전한다 해도 여전히 제가 전하는 복음을 듣지 못할 사람들이 있습니다. 그 사람들은 당신의 친구와 이웃일 수 있습니다. 안수받은 사역자가 못 할 일을 당신은 할 수 있습니다.

당신 안에는 당신을 통해서만 나타날 수 있는 하나님의 기적이 숨어 있습니다. 라디오나 TV에 나오거나 수천 명의 사람들 앞에서 설교하지는 않더라도 당신만이 영향을 미칠 수 있는 사람들이 있습니다. 당신이 자신의 잠재력을 발휘하지 않는다면 하나님께서 그들에게 예비하신 기름 부음의 온전한 분량을 그들은 평생 받지 못할 수도 있다는 말입니다. 성숙한 그리스도인이 아니더라도 하나님의 사랑을 받을 수 있습니다. 하나님의 사랑은 무조건적이고 하나님은 있는 그대로의 당신을 받아 주시니까요. 하지만 자신의 목적을 발견하여 그 방향으로 나아간다면 당신도 훨씬 더 행복해질 것이며 당신이 만나는 사람들에게도 더욱 큰 축복이 될 것입니다.

당신이 지금 하는 그 일이 바로 하나님의 뜻일 수도 있습니다. 하나님을 위해 산다고 해서 모두가 전임 사역자가 되어야 하는 것은 아닙니다. 세상 속에서도 하나님의 능력과 은사로 기능할 믿는 자들이 필요합니다. 목사가 되는 것만이 하나님을 섬기는 유일한 길은 아닙니다. 사실, 전임 사역자로 부르심을 받은 사람들보다 사업이나 일터로 부르심을 받은 사람들의 숫자가 훨씬 더 많습니다. 어떤 부르심을 받았든 하나님은 당신이 사람들에게 다가가서 그분의 능력을 세상에 나타내길 원하십니다.

지금 하고 있는 그 일이 하나님께서 나를 만드신 목적인지 그것을 확실하게 알아야 합니다. '내가 하는 일이 하나님께도 합당하겠지' 하고 바라는 것에 그쳐서는 안 됩니다. 하나님께서 창조하신 목적대로 살고 있는지 확실히 알지 못하면서 평생을 살아가는 것은 정말 끔찍한 일이라고 생각합니다. 그런 것은 상상할 수도 없습니다. 하나님의 뜻을 따르고 있는지 알 수 없는 상태에서 잠자리에 들었다 아침이 되었으니 일어나고 하는 것은 저에게 매우 끔찍한 일입니다.

하나님의 뜻을 따르고 있는지 아닌지 모르는 것보다 더 끔찍한 일은 하나님의 뜻을 알고도 그것을 선택하지 않는 것입니다. 스스로 선택하지 않았거나 다른 사람들 때문에 선택하지 않았거나 매한가지입니다. 하나님께서 목적을 가지고 나를 만드셨다는 것을 알지만 그 일을 성취하기에는 내가 너무 부족해서 나는 할 수 없다고 느끼는 것은 아예 모르는 것보다 못합니다.

그렇기 때문에 저 또한 하나님께서 창조하신 목적대로 살고 있는지 항상 확인합니다. 저는 목적의식을 가지고 아침에 일어납니다. 하나님이 계획하신 것에 전부 도달하지는 못했지만, 그 방향으로 나아가고 있습니다. 하나님이 주신 목적을 가지고 성령님께 이끌리는 삶을 살겠다는 결심이 있었기에 삶의 여러 어려움들을 헤쳐나갈 수 있었습니다. 목적이 없는 사람들은 어떻게 인생을 헤쳐나가는지 모르겠습니다. 하나님의 뜻이 아닌 다른 대안을 선택하는 것이 오히려 더 나쁜 것인데 말입니다. 먹고 살아야 하니까 일하러 가는 것은 정말 끔찍한 인생입니다. 그렇기 때문에 하나님이 부르신 바로 그 일을 하고 있는지 반드시 확인해야 합니다. 목적이 있는 삶을 살아야 합니다.

이 땅에 사는 모든 사람들에게 하나님은 목적을 가지고 계십니다. 부모님이 당신을 원치 않았습니까? 상관없습니다. 하나님은 당신이 이 땅에 태어날 것을 아셨습니다. 하나님은 그분의 책에 당신에 관한 모든 것을 기록해 놓으셨고 당신을 향한 계획을 세워 놓으셨습니다. 당신의 은사, 재능, 태어난 때와 장소, 그 외에 당신과 관련된 그 모든 것은 하나님의 계획입니다. 어쩌다 태어난 것이 아닙니다. 하나님께서는 당신의 삶을 향한 완전한 계획이 있으시고 그분의 계획은 당신의 계획보다 훨씬 더 좋습니다.

하나님의 일반적인 뜻

당신의 인생을 향한 하나님의 우선적인 뜻을 확실하게 말씀드릴 수 있습니다. 그것은 바로 예수님을 아는 것입니다. 하나님은 아무도 멸망하지 않고 회개에 이르기를 원하십니다(베드로후서 3:9). 이 땅의 모든 사람들을 위한 하나님의 뜻은 그들이 하나님을 아는 것입니다. 당신의 과거가 어떻든 그것은 상관없습니다. 바울은 자신이 죄인들 중에 괴수라고 고백했지만 그럼에도 불구하고 "주의 이름을 부르는 자마다 구원을 얻으리라"(로마서 10:13)라는 진리를 전하는 자로 하나님께 택함을 받았습니다. 구원을 받으려면, 즉 하나님과 바른 관계에 이르려면 반드시 거듭나야 합니다.

> 예수께서 대답하여 이르시되 진실로 진실로 네게 이르노니 사람이 거듭나지 아니하면 하나님의 나라를 볼 수 없느니라
>
> 요한복음 3:3

자신이 거듭났는지 확실하게 해야 합니다. 미국에서는 교회 다니는 많은 사람들이 하나님의 존재만 믿어도 구원받을 수 있을 거라 생각하지만 성경은 이렇게 말합니다. "네가 하나님은 한 분이신 줄을 믿느냐 잘하는도다 귀신들도 믿고 떠느니라"(야고보서 2:19). 즉 하나님의 존재를 믿는 것은 별로 대단한 일이 아니라는 것입니다. 하나님의 존재는 귀신들도 믿으니까요. 하나님의 존재를 지적으로 인정하는 것 그 이상이 필요합니다. 바로 자신을 하나님께 의탁하는 것입니다. 주님께 자신의 인생을 드려야 하며 그렇게 할 때 위로부터 다시 태어난다고 성경은 말합니다. 내면으로부터의 변화입니다.

이미 거듭난 사람들은 자신의 구원을 의심할 필요가 없습니다만 삶을 온전히 하나님께 드리지 않았다면 그렇게 해야 합니다. 이것이 당신의 삶을 향한 하나님의 뜻을 발견하는데 첫 번째 단계이며 또 가장 중요한 단계입니다. 여기에 대한 확신이 있어야만 합니다. 많은 사람이 이렇게 얘기합니다. "저는 착하게 살아요. 교회도

다니고요." 하지만 그것으로는 충분하지 않습니다. 차고에 들어앉아 있다고 차가 되지 않듯이 교회에 앉아있다고 그리스도인이 되는 것은 아닙니다. 먼저 반드시 거듭나야 합니다.

아무리 착한 사람이라 해도 상관없습니다. 우리 모두가 하나님의 완벽한 기준에 미달이기 때문입니다. 우리는 자기 자신을 구원할 수 없기에 하나님께서 사람이 되신 것입니다. 그분이 바로 예수님이십니다. 그리고 우리를 위해 죄의 값을 대신 치르셨습니다. 어떤 위대한 일을 한다 해도 하나님의 사랑을 받을 자격을 얻지는 못합니다. 하나님의 눈에 의롭게 될 특권을 얻어낼 수 있는 방법도 없습니다. 하나님과 바른 관계로 회복될 수 있는 유일한 길은 예수님을 믿고 그분을 삶의 주인으로 삼아 자신을 의탁하는 것뿐입니다.

하나님 앞에서 이런 질문을 받는다고 생각해 보십시오. "너는 어떻게 이 천국에 들어올 자격을 얻었느냐?" 당신의 대답은 무엇입니까? 나름 선하게 살았다, 성경도 읽었다, 어려서 교회도 다녔다고 할지라도 거듭나지 않았으면 뭐하겠습니까? 유일무이한 정답은 이것입니다. "나는 예수 그리스도와 그분이 나를 위해 하신 일을 믿었습니다."

예수 그리스도의 희생이 우리를 하나님과 바른 관계에 있게 합니다. 구원의 선물을 거저 받으려면 믿기만 하면 됩니다. 너무 간단하기에 사람들은 이렇게 쉬울 수는 없다고 생각합니다. 예수께서 이루신 일을 믿는 것 외에 요구되는 것은 아무것도 없습니다. 성경은 이렇게 말합니다.

> 네가 만일 네 입으로 예수를 주로 시인하며 또 하나님께서 그를 죽은 자 가운데서 살리신 것을 네 마음에 믿으면 구원을 받으리라
>
> 로마서 10:9

말을 하는 것은 쉽습니다. 그렇기 때문에 자기가 시인하는 바를 반드시 마음으로도 믿어야 합니다. 자신의 삶을 예수님께 드린다는 것이 진심이어야 합니다. 그 말은 다시는 죄를 짓지 않겠다는 뜻이 아닙니다. 그렇게 할 수 있는 완벽한 사람은 아무도 없습니다. 넘어질 때가 있습니다. 하지만 주님께로 삶의 방향을 기꺼이 틀어야 하며 오직 예수님께서 나를 위해 하신 일에 근거하여 구원을 받아들여야 합니다.

예수님께서 이미 당신의 죄 값을 치르셨기 때문에 구원이란 하나님께서 당신에게 너무나도 주기 원하시는 것을 받는 것입니다. 하나님은 별로 주고 싶지 않은데 어떻게든 설득해서 얻어내는 것이 아니란 말입니다. 구원은 단순하지만 싸구려는 아닙니다. 우리가 받았어야 할 징벌을 예수님께서 자기 몸에 받으심으로 십자가에서 구원의 값을 치르셨습니다. 고통받으셨고, 죽으셨고, 다시 살아나심으로 사망을 이기셨습니다. 우리가 할 수 없는 일이기에 예수님께서 대신 구원을 얻어주신 것입니다. 그렇기 때문에 구원받으려면 마음으로 믿고 다음과 같이 기도하기만 하면 됩니다. 그러면 거듭납니다. 아주 간단하지요.

아버지, 저는 죄인입니다. 예수님께서 내 죄를 용서하시기 위해 죽으신 것을 믿고 그 용서를 받아들입니다. 예수님, 저의 주인이 되어주세요. 당신이 살아계신 것과 이제 내 안에 사시는 것을 믿습니다. 저는 구원받았습니다. 저는 용서받았습니다. 예수님 감사합니다!

하나님은 그분의 뜻을 숨기지 않으신다

이 땅의 모든 사람들을 위한 하나님의 일반적인 뜻은 그들이 예수님을 믿고 구원받는 것입니다. 구원을 받고 나면 하나님과의 친밀한 관계가 시작됩니다. 당신의 삶을 향한 하나님의 뜻을 발견하기 위한 필수적인 첫 단계가 바로 하나님과의 친밀한 관계입니다. 일단 하나님과 친밀한 관계를 갖게 되면 하나님께서 당신에게 갖고 계신 **구체적인** 뜻이 무엇인지 발견하는 단계로 나아갈 수 있습니다. 하나님은 구체적인 목적을 가지고 당신을 창조하셨으며 당신의 모든 잠재력을 발휘할 수 있는 유일한 방법은 그 목적을 발견하는 것입니다.

다행히 당신이 그분의 뜻을 깨달아 그 뜻을 성취하는 것을 하나님이 더 원하십니다. 하나님은 그분의 뜻을 당신에게 보여주시기를 원하십니다. 이제부터 하나님의 능력을 끌어내어 하나님의 뜻을 깨닫는 방법을 얘기해 보겠습니다.

첫 번째로 당신의 인생을 향한 하나님의 뜻을 알지 못한 상태로는 더 이상 앞으로 나아가지 않겠다는 결심을 해야 합니다. 하나님의 뜻을 모른 채로 계속 살아간다면 결국 그렇게 살다가 끝나버릴 것입니다. 반드시 하나님의 뜻을 알아내기로 결정하고 온 마음을 다해 주님을 찾고자 결단하면 하나님은 자신을 당신에게 계시하기 위해 즉시 모든 것을 움직이기 시작하십니다. 그러나 먼저 결단해야 합니다. 나 자신을 하나님께 의탁하는 것입니다. 그것이 첫 단계입니다.

> 이로 말미암아 내가 또 이 고난을 받되 부끄러워하지 아니함은 내가 믿는 자를 내가 알고 또한 내가 의탁한 것을 그 날까지 그가 능히 지키실 줄을 확신함이라   디모데후서 1:12

하나님은 신실하시며 우리가 의탁한 것을 지켜주십니다. 우리가 의탁한 것이 없으면 하나님께서 지키실 것도 없습니다. 의탁이란 헌신의 결단입니다. "케세라, 세라, 될 대로 돼라."하면서 그냥 그대로 살 것입니까? 아니면 당신의 인생을 향한 하나님의 뜻을 알기 위해 헌신의 결단을 할 것입니까? 하나님을 찾고 그분의 온전한 뜻을 발견하기 위해 완전한 헌신의 결단을 하길 원한다면 제가 여러분을 위해 기도하고 싶습니다. 이 기도가 믿음의 발걸음을 내딛는 것이 될 것이며 하나님께서 그분의 뜻을 나타내시는 과정의 첫 시작이 되어 줄 것입니다.

아버지, 사랑합니다. 당신의 뜻을 저에게 알리기 원하신다는 것을 알게 해 주셔서 감사합니다. 이제는 더 이상 저 자신의 힘으로 살기를 원치 않습니다. 아버지, 저는 당신의 뜻을 알기 원합니다. 저를 창조하신 목적을 알기 원합니다. 저의 모든 것을 다해 저를 향한 당신의 목적을 이루기 원합니다.

이것이 과정이라는 것을 압니다. 그 뜻을 발견할 때까지 계속해서 찾고 찾을 것을 결단합니다. 나 자신만을 위해 사는 인생에 만족하지 않을 것입니다. 이제 주님 앞에 저 자신을 낮춥니다. 당신의 뜻을 보여주소서. 아버지, 저에게 초자연적인 계시를 주시옵소서.

주님, 이제 그 과정이 시작되었음을 믿습니다. 저는 결단을 하였고 제가 의탁한 것을 지켜주시리라 믿습니다. 당신의 목적과 뜻을 확실하게 알 수 있을 때까지 저를 이끌어 주실 것을 믿습니다. 아버지, 제가 깨닫고 이해할 수 있는 방법으로 저에게 열어 보여주실 것을 인하여 감사드립니다. 예수 그리스도의 이름으로 기도합니다. 아멘.

02

또다시 기회를 주시는 하나님

우리의 삶이 너무 복잡한 까닭에 지금 내가 있는 곳에서 하나님께서 원하시는 곳에 도달하는 방법을 알아내는 것이 너무 어렵습니다. 우리 모두가 실수를 범하기 때문에 지난 일을 생각하며 "그때 그렇게 하지 않고 하나님의 뜻을 따랐다면 좋았을 걸."하고 후회하기 십상입니다. 하지만 그렇게 후회하는 것은 도움이 되지 않는다고 생각합니다. 사탄이 그런 생각을 이용해 우리를 공격할 수 있기 때문입니다. 과거의 실수를 곱씹는 것보다는 일단 우리의 삶을 하나님께 헌신하고 나면 하나님께서 내가 현재 있는 곳에서 있어야 할 곳으로 데려가실 수 있다는 것을 믿는 것이 훨씬 더 좋습니다. 문제보다는 해결책에 초점을 맞추는 것이 더 좋은 방법이니까요.

사무엘상을 보면 이스라엘의 첫 번째 왕인 사울에 관한 이야기가 나옵니다. 사울의 이야기는 처음부터 기적입니다. 사울은 잃어버린 가축을 찾으러 나갔다가 왕으로 기름 부음을 받습니다. 잃어버린 나귀가 어디 있는지 사무엘에게 물어보러 갔다가 거기서 자신이 왕이 될 거란 소리를 듣게 된 것입니다(사무엘상 9:14-10:1). 그때 사울은 왕이 되고 싶은 마음이 없었습니다.

  이러한 겸손한 시작에도 불구하고 그는 하나님께 기름 부음을 받아 강력한 지도자가 됩니다. 그는 전쟁에서 이스라엘을 이끌어 큰 승리를 여러 번 거두었습니다. 사람들이 그의 주변에 몰려들었습니다. 그러다 그가 통치한 지 2년째 되던 해에 엄청나게 많은 수의 블레셋 사람들이 그를 대적하여 모여들었고 이스라엘의 장정들은 두려움에 도망가서 동굴에 숨었습니다.

  사울은 블레셋과 싸울 군대를 다시 모았습니다. 그리고 전장에 나가기 전에 제사를 지내 줄 사무엘을 기다렸습니다. 그것은 그들이 원수와 싸우러 가기 전에 주님의 축복을 구하는 제사였습니다. 사울은 사무엘이 도착하기로 되어 있던 시간까지 기다렸지만, 그는 나타나지 않았습니다. 사람들은 불안해하며 흩어지기 시작했습니다. 위기의 순간이었습니다. 그래서 사울은 더 이상 사무엘을 기다리지 않고 자기가 직접 번제를 드리기로 했습니다.

사울이 이르되 번제와 화목제물을 이리로 가져오라 하여 번제를 드렸더니 번제 드리기를 마치자 사무엘이 온지라 사울이 나가 맞으며 문안하매 사무엘이 이르되 왕이 행하신 것이 무엇이냐 하니 사울이 이르되 백성은 내게서 흩어지고 당신은 정한 날 안에 오지 아니하고 블레셋 사람은 믹마스에 모였음을 내가 보았으므로 이에 내가 이르기를 블레셋 사람들이 나를 치러 길갈로 내려오겠거늘 내가 여호와께 은혜를 간구하지 못하였다 하고 부득이하여 번제를 드렸나이다 하니라 사무엘상 13:9-12

당시에는 제사를 지내도록 기름 부음을 받은 제사장들만 번제를 드릴 수 있었습니다. 사무엘이 왜 늦었는지 알 수는 없지만, 그것과 상관없이 사울의 행동은 잘못된 것입니다. 자신에게 주어지지 않은 제사장의 직무를 했기 때문입니다. 사울은 제사장으로 기름 부음을 받은 것이 아니라 왕으로 기름 부음을 받았기 때문입니다. 제사장의 직무를 행한 것은 자기에게 주어지지 않은 권세를 취한 것이었고 사울도 그 사실을 알았습니다. 사울이 "부득이하게"라고 말한 것을 볼 때 그 역시 자신의 행동이 잘못되었다는 것을 알고 있었던 것이 분명합니다. 보통 때 같으면 그렇게 하지 않았겠지만, 상황에 밀려 어쩔 수 없이 그렇게 했다는 것을 인정한 것입니다. 사울도 그것이 잘못이라는 것을 알았지만 그럼에도 불구하고 시행한 것입니다.

사울의 행동은 오늘날 많은 사람들이 가진 도덕성의 문제를 보여줍니다. 그들은 옳은 일이 아니더라도 당장 자기에게 최상의 이익이 되는 일이라면 무엇이든 합니다. 그러나 그리스도인들은 그렇게 살아서는 안 됩니다. 우리는 법 없이도 살 만한 사람들이 되어야 합니다. 하나님께서 하라고 하시는 대로 해야 합니다.

상황에 따라 또는 감내해야 할 결과 때문에 하나님의 뜻을 타협해서는 안 됩니다. 그러나 안타깝게도 그렇게 사는 사람은 별로 없습니다.

분명히 잘못된 일이라는 것을 알면서도 변명을 하면서 옳은 길에서 벗어나는 사람들은 결국 하나님의 뜻에서 멀어지게 됩니다. 그러나 우리는 굳은 결의로 이렇게 말할 수 있어야 합니다. "이것은 타협할 수 없는 일이야. 나는 하나님께서 하라고 하신 대로 한다. 죽는 한이 있어도 나는 마음을 바꾸지 않아." 하나님의 뜻에 있어서는 타협을 허락해선 안 됩니다. 상황에 한 번 굴복하기 시작하면 정도에서 벗어나 결국 곁길로 빠지기 때문입니다. 사울도 자신이 번제를 드려선 안 된다는 것을 알았습니다. 그러나 그것이 간단한 해결책이었기 때문에 그렇게 해 버린 것입니다. 당시에는 좋은 변명거리로 보이긴 했지만 그는 자신이 하나님께 불순종하고 있었다는 것을 알았습니다. 즉 타협을 한 것입니다.

> 사무엘이 사울에게 이르되 왕이 망령되이 행하였도다 왕이 왕의 하나님 여호와께서 왕에게 내리신 명령을 지키지 아니하였도다 그리하였더라면 여호와께서 이스라엘 위에 왕의 나라를 영원히 세우셨을 것이거늘 지금은 왕의 나라가 길지 못할 것이라 여호와께서 왕에게 명령하신 바를 왕이 지키지 아니하였으므로 여호와께서 그의 마음에 맞는 사람을 구하여 그를 그의 백성의 지도자로 삼으셨느니라 하고   사무엘상 13:13-14

이것은 너무나도 놀라운 말입니다. 만약 그때 사울이 하나님께 순종했었다면 이스라엘을 **영원히** 다스릴 수도 있었다고 사무엘은 말합니다. 그러나 하나님은 이 일로 인해 사울을 대신할 왕으로 다윗을 택하십니다. 사울이 하나님께 순종했었다면 다윗이라는 왕은 없었을 것이고 우리는 다윗이란 사람에 대해 들어보지도 못했을 것입니다. 다윗은 하나님의 첫 번째 선택이 아니었기 때문입니다. 사울은 다윗이 나타날 때까지만 그 자리를 채우는 임시 왕이 아니었다는 말입니다. 사울은 하나님의 첫 번째 선택이었습니다.

이 사건은 사울이 왕이 된 지 2년째 되던 해에 있었습니다(사무엘상 13:1). 그 뒤로도 사울은 38년이나 이스라엘을 다스렸습니다(사도행전 13:21). 또한 우리는 다윗이 서른이 되던 해에 왕이 된 것을 알고 있습니다(사무엘하 5:4). 이것을 계산해 보면 "여호와께서 그의 마음에 맞는 사람을 찾으셨다."고 사무엘이 예언했을 때는 다윗이 태어나기 8년 전이라는 말입니다! 다윗이 잉태되기도 전에 하나님은 그의 마음에 합한 자를 찾으셨다고 말씀하신 것입니다.

다윗은 왕이 되기 위해 태어났습니다. 그것이 그가 태어난 목적입니다. 그러나 그럼에도 불구하고 다윗은 하나님의 첫 번째 선택이 아니었습니다. 다윗이 왕이 된 것은 사울이 하나님께서 그를 부르신 일에 실패했기 때문입니다. 그러나 하나님께서 차선을 통해 이루신 일을 보십시오! 다윗은 능력 있는 하나님의 사람이 되었습니다. 그는 하나님 마음에 합한 자였으며 위대한 일들을 이루었습니다.

그렇기 때문에 우리도 '이렇게 했어야 했는데, 저렇게 했어야 했는데' 하면서 후회만 해서는 안 됩니다. 자기 꿈을 좇느라 시간을 허비했거나 잘못 살아와서 과거에 사로잡혀 그 생각만 곱씹고 있진 않습니까? 이제 하나님의 뜻을 구하십시오. 자신을 하나님께 드리고 하나님께 순종하십시오. 하나님은 지금의 내 모습을 취하셔서 내 삶을 위한 하나님의 두 번째 계획을 세우실 수 있으며 그것은 우리가 생각할 수 있는 하나님의 첫 번째 계획보다 훨씬 더 좋은 것입니다. 당신을 향한 하나님의 완벽한 계획으로 가는 가장 빠른 길은 지금 바로 하나님의 뜻을 구하는 것입니다.

사울의 삶을 통해 알 수 있는 것이 또 있습니다. 바로 하나님은 주권적으로 역사하지 않으시며 우리를 마음대로 움직이지 않으시고 모든 것이 저절로 하나님의 뜻에 맞게 이루어지도록 하지도 않으신다는 사실입니다. 사울이 하나님과 협력하지 않았기 때문에 그는 자신을 향한 하나님의 뜻을 놓쳤습니다. 그러나 걱정은 마십시오. 지금까지 하나님을 위해 일할 만한 조건을 갖춰서 하나님께 선택받은 사람은 없었으니까요! 우리 모두는 앞으로도 실수를 하겠지만 하나님은 너무나도 놀라운 분이기에 우리가 드린 작은 것을 사용하셔서 그분의 뜻을 이루실 수 있습니다.

성공은 최고의 유혹

> 그 해가 돌아와 왕들이 출전할 때가 되매 다윗이 요압과 그에게 있는 그의 부하들과 온 이스라엘 군대를 보내니 그들이 암몬 자손을 멸하고 랍바를 에워쌌고 다윗은 예루살렘에 그대로 있더라
>
> 사무엘하 11:1

다윗이 모든 것을 완벽하게 해낸 것은 아니었지만 그래도 그는 하나님의 마음에 합한 자였습니다. 당시 왕들은 날씨가 허락하면 전쟁을 해야만 했습니다. 위 본문은 왕들이 출전할 때가 되었다고 합니다. 다윗도 왕이었으니 자기 군대를 이끌고 전장으로 나가야 했습니다. 그러나 다윗은 너무나 형통한 나머지 그럴 필요가 없었습니다. 다윗 대신 군대를 이끌고 나갈 장군들이 많았기 때문입니다. 그래서 다윗은 집에서 빈둥거리며 하나님의 부르심에서 멀어졌습니다.

다윗이 사울을 피해 도망 다닐 때는 언제라도 죽을 수 있다는 생각에 온 맘을 다해 하나님을 구했습니다. 왕이 된 후에도 적군을 무찔렀고 이스라엘의 국경도 넓혔으며 물질적으로도 형통했습니다. 하나님께서 다윗을 축복하셨기에 그 어떤 왕들보다 성공을 이루었습니다. 그러자 다윗은 더 이상 온 맘 다해 하나님을 구하지 않게 됩니다.

여기서 우리가 깨달아야 하는 놀라운 진리는 우리의 삶에서

직면하는 가장 큰 유혹은 바로 성공이라는 사실입니다. 고난은 우리 삶에 최악의 상황이 아닙니다. 주님께 그다지 헌신 되지 않은 사람들도 어려운 일이 있을 때는 주님을 찾습니다. 실패와 어려움은 우리를 하나님께로 달려가게 합니다. 그런데 성공은 좀 다릅니다. 성공은 이제 내 힘으로 다할 수 있을 것 같다는 생각이 들게 합니다. 나를 힘들게 하는 것들이 사라지고 모든 일이 잘 돌아가서 더 이상 하나님을 구해야 할 필요가 없는 것 같을 때, 그때가 바로 우리 마음에 무엇이 들어 있는지 드러나는 순간입니다. 우리가 어떤 사람인지 시험해 볼 수 있는 방법은 실패가 아니라 바로 성공입니다. "힘들었을 때 주님을 찾았던 것처럼, 모든 것이 잘 돌아갈 때도 주님을 찾을 것인가?" 이것이 문제입니다.

대부분 힘들 때 주님을 더 찾습니다. 모든 것이 잘 돌아갈 때면 하나님을 까맣게 잊어버립니다. 하나님을 찾지 않으며 기도도 하지 않고 말씀도 공부하지 않습니다. 그래서 힘들 때보다 성공한 뒤에 죄지을 확률이 더 높은 것입니다. 모든 일이 잘 돌아갈 때 사람들은 하나님을 의지하지 않으며 그 결과 문제에 빠지게 됩니다.

저녁 때에 다윗이 그의 침상에서 일어나 왕궁 옥상에서 거닐다가 그 곳에서 보니 한 여인이 목욕을 하는데 심히 아름다워 보이는지라 다윗이 사람을 보내 그 여인을 알아보게 하였더니 그가 아뢰되 그는 엘리암의 딸이요 헷 사람 우리아의 아내 밧세바가

아니니이까 하니 다윗이 전령을 보내어 그 여자를 자기에게로
데려오게 하고 그 여자가 그 부정함을 깨끗하게 하였으므로
더불어 동침하매 그 여자가 자기 집으로 돌아가니라 그 여인이
임신하매 사람을 보내 다윗에게 말하여 이르되 내가 임신하였
나이다 하니라　　　　　　　　　　　　　사무엘하 11:2-5

다윗은 따분했습니다. 밤새 자지 않고 낮에 하루 종일 자면서 하나님께서 왕에게 명하신 그 일을 하지 않았습니다. 그가 전장에 나갔더라면 이러한 유혹은 절대 없었을 것입니다. 심심한 다윗은 궁전에서 빈둥거리다가 문제에 빠지게 됩니다. 밧세바와 불륜을 저지른 것입니다. 그 결과 밧세바는 임신을 하게 됩니다. 이 불륜을 덮기 위해 다윗은 밧세바의 남편 우리아를 죽이려고 계략을 짭니다. 우리아는 다윗의 용사 중에 한 사람으로 다윗이 나가야 했던 전장에 나가 싸우고 있었습니다. 우리아가 죽자 다윗은 밧세바를 그의 아내로 취합니다(사무엘하 11:6-27).

다윗이 엄청난 문제에 빠지게 된 것입니다. 다윗을 보면 아무리 하나님의 마음에 합한 자라 해도 완전히 빗나갈 수 있다는 것을 알 수 있습니다. 우리가 배워야 할 것은 이것입니다. "모든 일이 잘 돌아갈 때, 그 어느 때보다 하나님을 더욱 찾아야 한다." 꿈이 이루어진 그 순간에 넘어질 확률이 가장 높다는 사실을 알아야 합니다. 그러므로 승리를 거둔 뒤에는 그 어느 때보다 더욱 하나님을 의지해야 합니다.

성경은 이 사건에 대해 이렇게 평가합니다. "그러나 다윗이 행한 그 일을 주께서 기뻐하지 아니하시니라"(사무엘하 11:27, 킹제임스흠정역). 너무 부드럽게 표현되었습니다. 하나님은 완전히 노하셨습니다! 주님은 선지자 나단을 보내 다윗이 한 짓을 드러내셨습니다. 나단은 다윗에게 가서 이야기를 하나 들려줍니다. 어떤 부자가 가난한 사람의 하나밖에 없는 양을 훔쳐다가 손님상을 차린 얘기입니다. 그 얘길 듣자 다윗은 이렇게 말합니다. "그 일을 한 사람은 누구라도 죽어 마땅하다!" 다윗이 이렇게 선언을 하자 나단이 말합니다. "당신이 바로 그 사람입니다." 그리고 밧세바가 임신한 다윗의 아이가 죽을 것이라고 예언합니다(사무엘하 12:1-14).

행간에 숨겨진 의미를 읽어보면 나단이 비유를 통해 예언을 한 이유는 하나님께서 다윗에게 스스로를 판결하도록 인도하고 계신 것이 아닌가 합니다. 하나님은 긍휼히 여기는 자들을 긍휼히 여기시고 긍휼을 보이지 않는 자들에게는 긍휼을 보이지 않으신다는 말씀이 있습니다(야고보서 2:13, 사무엘하 22:26). 게다가 사무엘하에 나오는 내용은 다윗이 직접 쓴 것이기 때문에 그는 이 원리를 알았다고 볼 수 있습니다. 이 비유에 나오는 사람을 다윗이 긍휼로 판결했다면 그도 긍휼히 여김을 받았을 것이라고 저는 생각합니다. 그런데 다윗이 그 남자를 긍휼히 여기지 않았기 때문에 결국 그 판결이 자신에게 되돌아와 다윗도 긍휼히 여김을 받지 못한 것입니다. 그 결과 아이는 죽었고 그의 가정에는 큰 혼란이 닥치게 됩니다.

다윗의 아이가 죽자 그는 밧세바를 위로했고 그들은 또 아이를 갖게 되었는데 그가 바로 솔로몬입니다. 주님은 그 아이를 사랑하여 선지자 나단을 보내 그의 이름을 여디디아라고 선언하게 하셨습니다(사무엘하 12:25). 여디디아는 히브리어로 "주님의 사랑을 받는 자"라는 뜻입니다. 그리고 하나님은 솔로몬에게 기름을 부어 다윗을 이을 이스라엘의 왕으로 삼으셨습니다(열왕기상 1:17, 역대상 28:5). 또한 솔로몬은 은을 하찮게 여길 정도로 부유해집니다(열왕기상 10:21).

다윗과 밧세바가 관계를 갖은 것은 하나님이 원하신 것이 절대 아닙니다. 그러나 그 일이 있고 나서 그들은 회개했습니다. 그래서 하나님은 둘 사이에서 태어난 아기를 축복하셨습니다. 성경은 솔로몬이 당시에 가장 부자였을 뿐만 아니라 앞으로도 솔로몬보다 더 부요할 사람은 없을 것이라고 했습니다(역대하 1:12). 그리고 앞으로도 솔로몬의 지혜와 부요에 근접할 사람이 없을 것이라고 합니다. 하나님은 모든 것을 합력하여 선을 이루는 방법을 아십니다!

이 모든 일은 하나님의 원래 계획, 원래 목적과는 완전히 상관없었던 한 사람을 통해 일어났습니다. 하나님의 첫 번째 선택은 사울이었습니다. 다윗은 차선입니다. 게다가 다윗은 그것도 다 망쳐버렸습니다! 그가 밧세바와 관계를 맺은 것은 절대로 하나님의 뜻이 아닙니다. 그러나 그들이 회개하자 하나님은 그들의 관계를 축복하셨습니다. 솔로몬의 잠언에 등장하는 현숙한 여인은 바로 밧세바입니다. 솔로몬도 하나님께 넘치는 축복을 받았습니다.

당신도 과거에 저질렀던 일들 때문에 기회를 전부 날려버렸다고 생각할지 모르겠습니다. 그러나 다윗만큼 했겠습니까? 하나님은 다윗이 망쳐 놓은 것을 취해 선을 이루셨고 그 결과 우리는 다윗을 위대한 사람으로 기억합니다. 그에게도 분명 결점과 문제가 있었지만, 전반적으로 다윗은 하나님께 놀랍게 쓰임 받은 사람입니다. 우리도 다윗을 긍휼의 사람으로, 아름다운 시를 쓴 시편 기자로 생각합니다.

하나님은 이 모든 일을 그분의 첫 번째 선택이 아니었던 다윗을 통해 이루셨습니다. 다윗이 다 망쳐버렸을 때도 하나님은 그것들을 사용하여 선을 이루셨습니다. 다윗이 죽은 뒤에도 4~5백 년 동안 하나님은 이스라엘을 계속해서 축복하셨습니다. 하나님은 그분의 종 다윗 때문에 이스라엘 백성들에게서 긍휼을 거두지 않으신 것입니다. 하나님은 다윗과 영원한 언약을 맺으셨고 그 결과 다윗의 자손들이 하나님을 섬기지 않았을 때에도 그들을 축복하신 것입니다. 더군다나 이 모든 축복은 엄청난 실패를 저지른 사람을 통해 왔다는 것이 중요합니다.

이것이 격려가 되길 바랍니다. 당신의 인생도 완벽하진 않았을 것입니다. 하지만 그 과거를 후회한들 무슨 소용이 있겠습니까? 많은 사람들이 저에게 이렇게 말했습니다. "제가 결혼을 잘못한 건 아닐까요?" 그렇게 생각해 봐야 좋을 것은 하나도 없습니다.

당신은 그 사람과 결혼을 했고 다윗과 밧세바가 그랬듯이 이제 당신도 그 배우자와 하나입니다. 그 배우자를 떠나 결혼을 취소하려는 것은 잘못된 일입니다. 지금 그 상황에 이른 것은 자신이 했던 선택의 결과입니다. 그럼 이제 어떻게 해야 할까요? 자신을 겸손히 낮추고 하나님의 뜻을 구해야 합니다. 그리고 하나님은 당신의 현 상황을 취하셔서 선을 이루실 수 있는 분이라는 사실을 인정해야 합니다.

최고의 내비게이션, 하나님 GPS- God Positioning System

당신의 과거가 어떠했든 하나님은 당신의 삶을 통해 위대한 일을 하실 수 있습니다. 우리의 삶에 일어났던 나쁜 일들은 하나님께서 하신 일이 아닙니다. 하지만 하나님은 그 일들을 취해 선으로 바꾸실 수 있습니다. 잘못 살아왔다면 회개하고 계속 전진하면 됩니다. 주께서 당신의 삶을 다시 바로잡아 주실 것입니다.

다윗도 매우 심각한 실수를 저질렀고 그 결과 자신뿐만 아니라 가족 모두에게 엄청난 고통을 초래했습니다. 다윗의 딸 다말이 오빠 암논에게 강간을 당했고(사무엘하 13:10-14), 다윗의 아들 압살롬은 다말의 복수를 위해 암논을 죽였습니다(사무엘하 13:28). 나중에 압살롬은 왕위를 차지하기 위해 다윗까지 죽이려 했습니다(사무엘하 15:10). 다윗은 자신의 잘못으로 인해 자신의 삶에 엄청난 고통과 혼란을 야기했습니다. 그 결과 자신의 잘못에 대해 자책할 수 있었지만, 다윗은 하나님을 신뢰했습니다. 그는 주님의 은혜 안에서 강하기로 선택합니다(디모데후서 2:1). 이것은 우리 모두에게 훌륭한 교훈이 됩니다.

제가 확신하는 것이 있습니다. 당신이 지금 어떤 상태에 있든지 또는 당신을 향한 하나님의 뜻에서 얼마나 멀어져 있든지 상관없이 하나님은 여전히 당신을 향한 계획을 가지고 계십니다. 이에 관하여 바울은 로마서에 다음과 같이 썼습니다.

> 하나님의 은사와 부르심에는 후회하심(돌이키심 _ 역자 주)이 없느니라
> 로마서 11:29

하나님은 변하지 않으십니다. 하나님께서 당신을 창조하실 때 가지셨던 그 목적은 바뀌지 않았습니다. 지금 당신은 하나님께서 원하시는 곳에서 멀리 떨어져 있을지 모르지만 그럼에도 불구하고 하나님은 당신이 있어야 할 그곳으로 데려가실 수 있습니다.

발전된 현대의 기술은 내비게이션을 만들어냈고 그것만 있으면 어디든지 갈 수 있습니다. 어디로 가라고 말도 해 주지요. 혹시나 운전자가 길을 잘못 들어도 "여기가 아니잖아! 이젠 목적지에 절대 도착할 수 없어."라며 화를 내지도 않습니다. 오히려 "경로를 재탐색 중입니다."라며 안심시켜 줍니다. 즉 목적지로 잘 인도하기 위해 경로를 다시 파악하고 있는 것입니다. 길을 잘못 들었다고 해서

포기하고 집으로 돌아갈 필요는 없다는 말이지요. 그런데 우리 하나님이 이 내비게이션보다 못하시겠습니까? 그렇기 때문에 지금 당신이 어디에 있든 그것은 상관없습니다. 하나님께서는 경로를 재탐색하실 능력이 있습니다. 곁길로 빠졌더라도 내가 가야 할 길에 다시 데려다 놓을 방법을 하나님은 아십니다. 하나님께서 나를 위해 계획한 길로 다시 들어설 수 있다는 말입니다.

이처럼 하나님의 은사와 부르심도 절대 바뀌지 않습니다. 당신이 잘못된 길로 빠졌을지라도 당신을 향한 하나님의 뜻은 바뀌지 않았습니다. 하나님은 여전히 당신을 향한 그 계획을 가지고 계십니다. 회복이 불가능해 보이는 결정적인 실수를 저질렀더라도 하나님은 그 일을 취하여 합력하여 선을 이루실 수 있습니다. 그것은 마치 바둑을 두는 고수와 같습니다. 상대가 어떤 수를 두더라도 고수는 그 수를 이용하여 오히려 자기에게 이로운 상황을 만듭니다. 이와 같이 마귀가 무슨 짓을 하든지 또 당신이 얼마나 상황을 망쳐놓았는지 하나님께 그것은 문제가 되지 않습니다. 하나님께서는 당신이 망쳐놓은 그 일도 역전시킬 능력이 있기 때문입니다.

용기를 내라

이러한 성경적 원리들이 격려가 되어 여러분께 용기를 주기 바랍니다. 내가 저질러 놓은 그 어떤 일보다 하나님의 은혜가 무한히 더 크십니다. 나의 실패는 하나님의 은혜와 비길 수 없습니다. 내 실패는 하나님의 은혜와 같이 논할 주제가 못됩니다. 다만 자신을 겸손하게 낮추고 마음으로부터 주님께 순복해야 합니다. 자신을 주님께 드리며 이렇게 기도하십시오. "하나님, 제가 여기 있습니다. 저를 당신의 뜻대로 사용하소서." 그러면 하나님은 당신이 처한 문제에서 당신을 구해 주실 것입니다. 잃어버린 세월들을 회복해 주실 것입니다.

하나님은 당신을 포기하지 않으셨습니다. 당신이 이 책을 읽고 있다는 것은 하나님께서 당신을 이끌고 계시며 도와주기 원하신다는 증거입니다. 이 땅에 있는 사람들 중에 소망이 없는 사람은 한 사람도 없습니다. 하나님께서 초자연적으로 도와주실 수 없을 만큼 자기 인생을 망친 사람도 없습니다. 하지만 과거에 했던 방식으로 계속하면서 결과가 달라지길 기대해선 안 됩니다. 자신을 겸손하게 낮추고 하나님께 순복해야 합니다.

03

산 제물

> 그러므로 형제들아 내가 하나님의 모든 자비하심으로 너희를 권하노니 너희 몸을 하나님이 기뻐하시는 거룩한 산 제물로 드리라 이는 너희가 드릴 영적 예배니라   로마서 12:1

하나님은 이 구절로 저의 삶을 바꿔놓으셨습니다. 하나님께서 제 마음에 말씀하셔서 살아있는 말씀이 되게 하신 첫 번째 성경 구절입니다. 앞서 말씀드렸다시피 이 계시를 깨닫기까지 저는 18개월 동안 하나님의 뜻을 발견하기 위해 하나님을 찾으며 성경을 공부했습니다. 이 계시를 받기 위한 기초 작업을 하고 있었던 것입니다. 여기서 중요한 진리를 하나 강조하고 싶습니다. 하나님은 당신이 그분의 뜻을 받아들일 준비가 되기 전까지 그 뜻을 보여주지 않으신다는 것입니다.

하나님은 그분의 뜻을 한꺼번에 다 보여주지 않으시며 처음부터 마지막 단계를 보여주지 않으십니다. 나아가야 할 방향을 알려주시고 그 방향으로 인도하시지만 모든 것을 한꺼번에 다 보여주지는 않으십니다. 그 이유는 우리가 하나님의 계획을 받아들일 준비가 안 됐기 때문입니다. 하나님의 계획 전체를 한꺼번에 다 알게 되면 그것을 감당할 수 있는 사람은 없을 것입니다. 자신은 하나님의 그 뜻을 이룰 능력이 없다고 생각하거나 또는 참을성이 없어서 그 부르심을 위한 준비 과정을 제대로 밟지 않을 수 있습니다. 하나님은 우리에게 그분의 뜻을 보여 주시는 데 문제가 없으십니다. 우리가 그것을 받아들일 수 있을 때까지 시간이 좀 걸릴 뿐입니다.

제가 했던 준비는 나를 향한 그분의 뜻을 구하고 발견하는 일에 완전히 **몰입**하는 것이었습니다. 그리고 하나님의 뜻을 알고자 했던 그 갈망이 저를 로마서 12장으로 이끌어 주었습니다. 그 구절의 의미를 깨닫게 되자 1968년 3월 23일, 하나님을 체험하게 된 것입니다. 그 경험은 저의 삶을 송두리째 바꿔놓았습니다. 이 모든 것은 하나님의 뜻을 발견하고자 했던 단순한 소원에서 시작되었습니다.

나를 향한 하나님의 구체적인 계획을 발견하는 첫 번째 단계는 하나님이 받으실 만한 거룩한 산 제물이 되는 것입니다(로마서 12:1). 영원의 관점으로 본다면 이 땅에서 무슨 일을 했는가 하는 것은 부차적인 문제입니다. 주님은 당신이 **하는 일**이 아닌 **당신 자체**를 원하십니다. 하나님은 당신의 섬김보다 당신을 더 사랑하신다는 말입니다. 이것은 매우 중요한 사실입니다. 오늘날의 세대, 특히 제가 성장한 교회의 분위기에서는 모든 게 하나님을 섬기는 것에 초점이 맞춰져 있고 하나님을 위해 뭔가를 **하라고** 강요하곤 합니다. 물론 우리가 하나님의 기쁨과 영광을 위해 창조된 것은 사실이지만 하나님이 우리를 받아주시는 근거는 우리가 그분을 위해 무슨 일을 하느냐에 달려있지 않습니다. 주께서 십자가를 지신 이유는 우리의 **섬김**을 받기 위함이 아니라 우리 **자체**를 얻기 위함입니다.

1968년도에 하나님의 뜻을 구하고 있었을 당시 저는 사역자가 될 생각조차 하지 않았습니다. 제가 하나님의 뜻을 구한 이유는 선생님이 되어야 하는지 아니면 의사가 되어야 하는지 그걸 알기 위해서였습니다. 그런데 어떤 직업을 가져야 할지 기도하느라 제가 중요한 것을 놓치고 있다는 것을 주께서 알려주셨습니다. "나는 너를 원한다. 내가 너를 소유하면 너를 나의 뜻대로 사용할 수 있을 것이다." 그때 저는 "하나님, 저를 써 주세요. 제가 무슨 일을 해야 할지 보여주세요. 어떤 일을 해야 합니까?"라고 기도하고 있었습니다. 마침내 주께서 말씀하셨습니다. "내가 너를 쓰지 않은 이유는 네가 쓸 만하지 않아서 그렇다. 너를 써 달라는 기도는 그만하고 쓸 만한 자로 만들어 달라고 기도해라."

우리가 하나님께 쓰임 받기 원하는 것보다 하나님은 우리를 더 사용하고 싶어 하십니다. 당신이 산 제물이 되어 주님께 자신의 삶을 드린다면 하나님은 당신의 재능을 개발해 주시고 인도해 주실 것이라 장담할 수 있습니다. 그리고 하나님께서 쓰실 만한 사람이 되는 그 순간 바로 사용하실 것입니다. 예수님께서 이렇게 말씀하셨습니다.

> 이에 제자들에게 이르시되 추수할 것은 많되 일꾼이 적으니 그러므로 추수하는 주인에게 청하여 추수할 일꾼들을 보내주소서 하라 하시니라 마태복음 9:37-38

문제는 하나님은 쓸 만한 사람을 찾고 계신데 우리 대부분이 쓸 만하지 못하다는 것입니다. 물론 쓸 만한 사람이 된다는 것은 오직 자신의 힘과 능력으로 하나님의 뜻을 이루려고 하는 것이 아닙니다. 예수님은 어떻게 하셨는지 봅시다.

> 유월절에 예수께서 예루살렘에 계시니 많은 사람이 그의 행하시는 표적을 보고 그의 이름을 믿었으나 예수는 그의 몸을 그들에게 의탁하지 아니하셨으니 이는 친히 모든 사람을 아심이요 또 사람에 대하여 누구의 증언도 받으실 필요가 없었으니 이는 그가 친히 사람의 속에 있는 것을 아셨음이니라 요한복음 2:23-25

오늘날에 이런 일이 일어났다면 어땠을까요? 어떤 목사가 부흥회를 했는데 죽은 사람들이 살아나고 수백 가지 기적이 일어났다고 해 봅시다. 보통의 목사라면 이러한 상황에서 어떻게 하겠습니까?

아마도 홍보를 위한 조직을 만들어 그들이 목도한 하나님의 능력에 대해 널리 전하게 했을 것입니다. 그리고 방송을 통해 알리거나 해서 최대한으로 그 기회를 사용하여 선전했을 것입니다.

그러나 예수님은 어떻게 하셨습니까? 위 구절을 보니 예수님을 그리스도로 인정하려는 수많은 무리가 있었다고 합니다. 그러나 예수님은 그들에게 자신을 의탁하지 않으셨습니다. 사람들의 속에 무엇이 있는지 아셨기 때문에 그들과 동역하지 않으셨다는 말입니다. 예수님은 그들이 주님에 대해 전하고 다니길 원치 않으셨습니다. 그들이 아직 준비되지 않았기 때문입니다. 분명한 것은 그들은 거듭나지도, 성령으로 세례를 받지도 않았습니다. 예수님의 제자들이 예수님과 3년 반을 함께 지내고 예수님께서 부활하신 것을 본 이후에도 예수님은 이렇게 말씀하셨습니다. "성령을 받기 전에는 내가 부활했다는 것을 전하지 말아라. 성령을 받아야 내 증인이 될 능력을 받기 때문이다"(사도행전 1:4-5, 8 참고).

예수님은 사역에 있어서 **양**보다 **질**을 원하셨습니다. 우리는 거의 정반대입니다. 오늘날에는 누군가 예수님을 영접하여 거듭나면 바로 가서 모든 사람들에게 간증하라고 합니다. 그것은 하나님께서 교회에게 원하시는 방법이 아닙니다.

준비 과정을 거쳐야 합니다. 자신의 능력이 아닌 하나님의 능력으로 사역하는 상태가 돼야 합니다. 그렇게 되기까지는 시간이 걸립니다. 예수님께서 사람들에게 자신을 맡기지 않으신 이유는 어떤 누구도 자신의 능력으로 사역하기를 원치 않으셨기 때문입니다. 오늘날 대부분의 사역자들도 다른 사람에게 들은 얘기를 전달합니다. 의도는 좋을지 모르지만 그들이 전하는 것은 사람의 말입니다. 그렇게 하는 것은 성령의 능력으로 하는 것이 아니기 때문에 반드시 문제가 생깁니다.

  이것이 바로 하나님은 우리의 섬김 전에 우리 자체를 원하신다는 말의 뜻입니다. 당신이 하나님께 마음을 드리지 않았는데 왜 하나님이 그분의 목적을 보여주셔야 합니까? 그러면 당신은 일을 망치게 될 것입니다. 하나님의 뜻을 자기 힘으로 이루려 할 것이기 때문입니다. 하나님은 당신을 너무나도 사랑하시기 때문에 그런 일이 일어나게 하지 않으십니다. 물론 하나님도 당신이 다른 사람들에게 진리를 전하길 원하시지만, 자신의 힘으로만 하려는 것을 막으시는 것도 그분의 사랑과 관심 때문입니다.

하나님의 힘으로 싸우라

  하나님의 뜻을 발견하면 놀라운 일들이 일어납니다. 하나님의 뜻을 발견하지 못하면 진정한 만족과 평안, 기쁨은 없다고 앞서 말씀드렸습니다. 한편 하나님의 계획을 발견하여 그분의 뜻 한가운데에서 행하는 것은 아주 큰 과녁을 등에 붙이는 것과 같습니다. 사탄은 하나님의 나라를 확장하려는 자들과 싸우기 때문입니다. 하나님의 목적을 이루어 갈 때 여러 가지 장애물과 도전에 직면하게 될 것입니다. 그런데 하나님께 자신의 마음을 드리지 않았다면 하나님은 그 마음을 다루실 수가 없기 때문에 당신의 필요를 채우실 수 없으며 또한 그 장애물들을 극복할 믿음을 주실 수가 없습니다. 그러면 문제가 생깁니다. 하나님의 뜻을 발견하여 그것을 자기 스스로의 힘으로 성취하려고 할 때 원수의 책략과 불화살이 날아와 당신을 파멸로 이끌기 때문입니다.

어떤 사람들은 마귀와 정면으로 부딪치는 경험을 하지 않습니다. 왠지 아십니까? 마귀랑 같은 방향으로 달리고 있으니까요! 그들은 마귀에게 별 의미 없는 존재들이라 살면서 큰 문제를 겪지 않는 것입니다. 그런데 좋은 소식은 성경 말씀에 의하면 마귀에겐 생식능력이 없다는 것입니다. 그렇다면 두 가지 경우의 수가 있습니다. 아담과 하와 때부터 엄청난 수의 마귀가 있었거나 아니면 지금 마귀의 수가 아주 부족하거나 둘 중의 하나입니다. 저는 개인적으로 마귀의 수가 부족하다고 생각합니다. 어떤 사람들의 말처럼 한 사람당 마귀 하나씩 할당되었다고 생각하지 않습니다.

사탄은 오래전에 우리에게 몇 가지 거짓말을 했고 우리는 그것을 믿었으며 그 결과 지금은 마귀가 뭘 어떻게 하지 않아도 우리 스스로가 각자의 삶을 잘 망치고 있습니다. 그러니 사탄도 우리를 그냥 내버려 둘 수 있는 것입니다. 어떤 사람들은 마귀에게 좋은 본보기가 되었을 수도 있습니다. 우리가 하는 짓을 보면서 마귀가 필기하고 있을 수도 있습니다. "와, 저런 것은 생각도 못했네." 그러나 하나님의 뜻을 발견하여 하나님의 기름 부음으로 다른 사람들의 삶을 변화시키기 시작하면 제가 장담컨대 마귀의 방해를 직면하게 될 것입니다.

사탄이 우선적으로 공격하는 사람들은 하나님의 뜻 한가운데에서 영향력을 발휘하며 어둠의 나라에 공격을 가하는 사람들입니다. 마치 전투와 같습니다. 한쪽에서 공격이 들어오면 그쪽으로 몰려가서 상대를 공격하게 되어 있습니다. 이처럼 하나님의 뜻을 성취하기 시작하면 반드시 공격이 들어옵니다. 사탄이 자기 자신을 보호하기 위해 자기의 힘을 동원하여 공격하는 것입니다. 그렇기 때문에 이러한 공격을 이겨낼 만큼 준비되지 않았다면 하나님은 당신을 최전방에 보내지 않으십니다. 당신을 너무 사랑하시기 때문에 그분의 뜻을 보여주지 않으시는 것이지요.

이것을 깨닫기 바랍니다. 하나님께서 그분의 뜻을 모든 사람들에게 계시하지 않는 몇 가지 주된 이유 중 하나는 우리를 너무 사랑하시기에 우리를 위험에 노출하지 않으시려는 것입니다. 우리를 향해 오는 반대와 비판에 준비되지 않은 상태에서 육신의 힘으로 하나님의 나라를 확장하려 하는 것을 하나님은 원치 않으십니다. 하나님은 우리가 무너지기를 원치 않으십니다. 하나님은 우리를 희생시켜 뭔가를 얻으려 하지 않으십니다. 하나님은 우리를 보실 때 이용 가치가 없으면 버리는 어떤 것으로 보지 않으십니다. 사람들은 음료수통에 빨대를 꽂고 바닥까지 다 마셔버린 후에 그것을 버리고 다른 것을 또 마십니다. 그러나 하나님은 사람을 그렇게 대하지 않으십니다. 하나님은 우리를 너무나도 사랑하시기 때문에 우리를 그렇게 그런 방식으로 사용하지 않으십니다. 하나님은 우리가 그분을 위해서 할 수 있는 일보다 우리 자체를 더 많이 사랑하십니다.

모든 악의 근원, 자기중심적인 사고방식

산 제물이 되려면 자기 자신과 자신의 이기적인 야망에 대하여 죽어야 합니다. 제물이란 제단에 올려놓는 것입니다. 제물이 이래라저래라 하지 못합니다. 제사를 어떻게 드릴지는 제물을 드리는 사람이 결정할 일입니다. 제사를 드리는 사람이 그 제물을 자기 마음대로 할 수 있습니다. 자신의 자아에 대해 죽는 것은 자연스러운 일이 아닙니다. 타락한 인류의 본능은 **자아**에 대해 죽는 것을 원치 않습니다.

다들 아시겠지만, 갓난아기들은 자기 필요만 생각합니다. 한밤중에 젖을 달라고 소리쳐 울어 엄마를 깨웁니다. 엄마가 고된 하루에 지쳐 힘들다는 것은 안중에도 없습니다. 아기들은 자기가 원하는 것을 얻기 위해서라면 뭐든지 합니다. 다른 사람에게 미치는 영향은 전혀 고려하지 않지요. 아기들은 자기가 우주의 중심이라고 생각합니다. 우리가 모두 바로 그런 아기였고 슬프게도 대부분은 **아직도** 그렇게 삽니다.

우리는 아기들처럼 바닥에 드러눕거나, 손가락을 빨거나, 자기 뜻대로 안 된다고 아무거나 집어 던지지는 않지만, 여전히 이기적으로 행동합니다. 어른들에게도 이기적인 행동 방식이 있습니다. 배우자에게 찬바람이 쌩쌩 불 정도로 차갑게 대합니다. 타락한 인류의 본성은 세상이 자기를 중심으로 돈다고 생각하는 경향이 있습니다. 이런 이기적인 태도는 사탄에게 틈을 내줍니다. 이렇게 해서 사탄이 들어오는 문이 열리는 것입니다.

아담과 하와에 대한 사탄의 유혹은 그들로 하여금 자기 자신에 대해 생각하도록 하는 것이었습니다. 사탄이 아담과 하와를 유혹할 때 했던 말의 뜻은 이런 것이었습니다. "하나님은 너희를 생각하지 않아. 뭔가를 숨기고 있어. 하지만 너희도 하나님처럼 될 수 있어." 그러나 실제로는 하나님께서 아담과 하와를 위해 완벽한 세상을 만들어주셨고 그들이 마음 상할 어떤 이유도 없었습니다. 에덴동산은 완벽했습니다. 게다가 서늘할 때가 되면 전능하신 하나님께서 그들과 함께 거니셨습니다. 그분은 그들을 높이고 존중해 주셨습니다. 모든 것이 100% 완벽했지만 사탄은 그들로 하여금 하나님께서 뭔가를 숨긴다고 생각하도록 만든 것입니다. 아담과 하와는 자신들이 가진 것이 충분하지 않다고 생각했기 때문에 하나님을 거절했습니다. 그들은 더 원했던 것입니다.

모든 인류가 이기적인 존재로 출발하지만 계속 이기적일 필요는 없습니다. 1968년 주님을 극적으로 경험하기 전, 저는 **잘못된** 동기로 **옳은** 일들을 했습니다. 저는 완전 위선자였는데 그걸 알지도 못했습니다. 우리 교회에서 가장 종교적인 아이였습니다.

일주일에 두세 명을 주님께 인도하고 특별 청소년 심방을 했으며 어른 심방에도 따라갔고 만나는 모든 사람들에게 전도하면서 할 수 있는 일은 뭐든지 다 했습니다. 저는 교회에서 살았고 할 수 있는 모든 방법으로 하나님을 구했습니다. 그러나 주님께서 제가 이 모든 일을 하는 이유가 나 자신을 위한 것이며 칭찬을 받기 위해서라는 것을 보여주셨습니다.

1968년 3월 28일 하나님은 제 마음의 동기가 잘못되었다는 것을 열어 보여주셨습니다. 그분은 제가 이기적이었으며 주님을 구하는 동기가 순수하지 않았다는 것을 보여주셨습니다. 당시 우리 교회에서는 토요일 저녁마다 기도 모임을 가졌는데 열여덟 살짜리가 기도하기 위해 토요일 저녁마다 기도 모임에 갔다는 사실만 봐도 제가 얼마나 종교적이었는지 알 수 있을 것입니다! 그때 기도회가 시작하기 전에 지체들과 교제를 하고 있었는데 청년부 목사님이 들어오더니 갑자기 바닥에 무릎을 꿇었습니다. 그러고는 45분 동안 하나님께 기도하며 부르짖었습니다. 목사님이 기도하는 동안 저도 무릎을 꿇고는 있었지만 저는 목사님과 함께 기도하지도 않았고 하나님과 교제하지도 않았습니다. 오로지 저 자신에게 사로잡혀있었습니다. 저는 목사님이 너무한다고 생각했습니다. "목사님은 들어오자마자 계속 기도를 하고 있어. 난 뭘 기도하지? 목사님 기도가 끝나고 나면 기도할 게 별로 남지 않겠어. 다른 사람들이 날 뭐라고 생각하겠어? 하나님을 사랑하지 않는 육신적인 사람이라고 생각할 텐데."

계속 그런 생각을 하다가 저 자신이 얼마나 위선자인지 갑자기 깨달아졌습니다. 저의 삶 전체가 얼마나 자기중심적이었는지 알게 된 것입니다. 어떻게 그런 일이 일어났는지 알 수 없었지만, 초자연적인 일이었습니다. 가려진 커튼이 열린 것만 같았습니다. 주님을 위해 했다고 생각했던 일들이 실제로는 저 자신을 위해 했다는 것이 깨달아졌습니다. 그래서 저는 제가 기도할 차례가 오자 자기중심적인 생각으로 했던 모든 일들을 고백했습니다. 친구들과 교회의 영적 지도자들 앞에서 저 자신을 완전히 뒤집어 보인 것입니다. 제가 그때 고백했던 제 마음속의 정욕과 미움, 다른 사람에 대한 생각을 다 들은 후에는 아무도 저와 어울리려 하지 않을 거라고 생각했습니다. 저 자신의 평판을 완전히 망가뜨렸지만 저는 신경 쓰지 않았습니다. 사람들 앞이 아니라 하나님 앞에 바로 서야 한다는 것을 알았으니까요.

이 일이 있기 전에는 저의 업적이 자랑스러웠습니다. 그러나 하나님의 관점에서 그것은 자기 의라는 것을 깨달았고 하나님께서 저를 죽이실 일만 남았다고 생각했습니다. 하나님께서 저를 죽이실 때 최소한 천국에 갈 수 있도록 기억나는 모든 죄를 회개했습니다. 제가 그 모든 죄를 이제 막 깨달은 것처럼 하나님께서도 그때 처음 아셨을 거라고 생각한 것이지요. 저는 거의 한 시간 반 동안이나 기도하며 회개했습니다. 그것은 제 평생 한 번에 15분 이상 기도한 첫 번째 사건이었습니다.

기도를 마쳤을 때 더 이상 할 말도 없었고 더 하나님께 드릴 것도 고백할 것도 없었습니다. 그날 밤 저 자신을 하나님께 산 제물로 드린 것입니다. 저 자신을 겸손하게 낮추었습니다. 하나님은 의로우시고 저는 의롭지 않다는 것을 깨달았습니다. 제가 너무나 의롭지 못해 하나님께서 저를 죽이실 거라고 생각했습니다. 그러나 하나님의 진노와 거절 대신 피부로 느껴지는 하나님의 사랑이 저를 덮었고 저의 삶을 변화시켰습니다. 너무나 생생한 경험이었습니다! 그날 저녁 이후 한동안 한 번에 한 시간 이상 잘 수가 없었고 앉아서 밥을 먹어 본 적이 없었습니다. 연명할 정도로만 먹었습니다. 하나님께서 저를 얼마나 사랑하시는지 알고 나니 잠을 잘 수가 없었습니다! 성경을 읽을 수 있는 시간에 어떻게 앉아서 밥을 먹을 수 있겠습니까?

이렇게 하나님의 사랑을 경험하고 나서 저의 삶이 완전히 변했습니다. 저는 하나님께서 저를 버리고 벌하실 거라 생각했는데 오히려 하나님은 그분의 사랑을 저에게 보여주셨고 하나님의 사랑은 저의 어떠함과는 아무런 상관이 없다는 것을 알았습니다. 제 생애 처음으로 저는 제가 "완전히 아무것도 아닌 존재"였다는 것을 깨달았습니다. 저는 하나님의 사랑을 발견했고 그 사랑은 오직 그분의 은혜에 근거한다는 것을 깨달은 것입니다. 그것은 저의 선함이나 악함과는 상관이 없었습니다. 하나님은 그냥 무조건적으로 저를 사랑하셨습니다. 이 진리를 깨닫고 저는 완전히 변화되었습니다.

모든 사람들이 저처럼 드라마틱한 체험을 하는 것은 아니겠지만 비슷한 경험을 할 필요는 있습니다. 즉 삶의 왕좌에서 내려와 자신의 인생을 마음대로 결정하는 일을 그만두기로 결단하는 그런 시간 말입니다. 하나님께 통제권을 넘길 때 우리는 제물이 됩니다. 이것이 바로 하나님께서 우리 모두에게 이루고자 하시는 가장 중요한 일입니다. 우리가 그렇게 할 수 있을 때까지 하나님은 그분의 온전하신 뜻을 보여주실 수 없습니다. 물론 그분의 뜻을 전부 다 알려주실 수는 더더욱 없습니다. 우리 자신의 힘으로 그 뜻을 이루려다 상처를 받거나 남에게 상처를 주는 것으로 끝나고 말 것이기 때문입니다.

하나님은 당신의 섬김보단 당신의 마음을 더 원하십니다. 당신은 항복의 백기를 들고, "하나님, 저는 당신 것입니다. 당신이 원하시는 것이면 무엇이든 하겠습니다."라고 해야 합니다. 당신이 가진 계획보다 하나님의 계획이 훨씬 더 낫다고 장담할 수 있습니다. 그러나 하나님의 계획을 알려면 시간이 좀 걸립니다. 하나님께서 당신 안에서 일하실 시간 또한 필요합니다. 그렇게 하면 주님은 당신이 상상하는 가장 흥미진진한 길로 인도하실 것입니다. 그리고 그것은 당신이 꿈꾸는 그 어떤 삶보다도 더 나을 것입니다.

그러나 주님께 순복하는 것은 한 번의 결정으로 완성되진 않습니다. 결단을 하면 그 여정이 시작됩니다만 하나님은 한순간에 당신의 모든 정욕을 다 해결하실 수 없습니다. 당신은 계속해서 순복하는 선택을 해야 할 것입니다. 정욕의 문제를 완전히 해결하는 유일한 방법은 죽는 것뿐입니다. 숨을 쉬는 한 자아가 살아

있기에 육신적 본성이 고개를 들기 때문입니다.

  1968년 3월 23일 제가 하나님께 저의 삶을 드린 이후에도 저는 완벽하지 못했습니다. 하나님을 흠 없이 사랑하지 못했고 저의 이기심을 모두 버리지는 못했습니다. 그러나 저는 그날 저녁 온 마음을 다해 헌신했고 그 뒤로 이기심이 올라오면 즉시 회개했습니다. 저는 이렇게 말했습니다. "**자아**가 다시 올라오네. 아버지, 그래도 저는 그 길로 가지 않을 겁니다. 이것을 보여 주셔서 감사합니다." 그러고는 다시 제 궤도로 돌아와야 하지만 저의 헌신을 잃어버린 것은 아닙니다. 저는 1968년에 저 자신을 하나님께 드렸고 그 뒤로 취소한 적이 없습니다. 항상 그 헌신에 걸맞은 삶을 살지는 못했지만 그렇다고 처음부터 다시 시작해야 하는 것은 아닙니다.

  오늘날 대부분의 사람들은 조금만 헌신했다가 완전히 하나님을 거역하고는 다시 돌아와 재헌신을 합니다. 그들의 삶은 요요처럼 오르락내리락합니다. 그러나 모든 것을 하나님께 드리는 것은 가능합니다. 바로 하나님께서 시키시는 일은 토 달지 않고 순종하는 그런 것 말입니다.

  하나님께서 제 아내와 저를 콜로라도의 프리쳇Pritchett으로 가라고 하셨을 때 저는 거기 가고 싶은 생각이 없었습니다. 그곳은 인구 144명의 조그만 도시로 거기서 가장 가까운 큰 도시라 해봐야 인구 천 명 정도의 작은 도시였고 게다가 50km나 떨어져 있었습니다. 사실 처음 우리가 프리쳇을 지날 때 함께 있던 친구를 놀리며 이렇게 말했습니다. "하나님이 가라사대, 던Don, 나는 너를 이곳으로 부른다." 그런데 두 달도 되지 않아 그곳에 살게 된 것은 바로 **저**였습니다!

내키지는 않았지만, 그것이 하나님의 뜻이란 걸 확신한 뒤 저는 바로 순종했습니다. 다 이해가 되었던 것은 아닙니다. 인구 144명의 동네에 열 명이 다니는 교회에서 목회하는 것은 어떤 일에도 디딤돌이 되는 경력은 아니었으니까요. 이런 상황을 벗어나는 유일한 방법은 우선 한 걸음 디뎌 보는 것입니다. 저는 그것이 하나님의 뜻이란 것을 알았기 때문에 바로 순종했습니다. 일단 프리쳇으로 가기로 결정하자 하나님께서 그분의 소망을 제 마음에 넣어 주셨고 그러자 저는 프리쳇과 사랑에 **빠졌습니다**. 저는 프리쳇을 사랑했고 거기서 좋은 시간을 보냈습니다.

제가 마음속에 인도받는 것이 정말로 하나님의 뜻인지 헷갈렸던 적도 몇 번 있었습니다. 그러나 일단 그것이 하나님의 뜻이란 것을 확인하면 그것은 논의의 여지가 없는 것이기에 바로 순종했습니다. 대부분의 사람들은 그렇지 않습니다. 그래서 하나님께서 그들에게 그분의 뜻을 보여주지 않으시는 것입니다. 그들에겐 하나님의 뜻이 우선순위가 아니기에 하나님과 씨름하는 것입니다. 하나님은 오직 한 분이시고, 당신이 하나님이 아니라는 것을 깨달으면 그때 많은 문제가 해결됩니다! 당신이 하나님 노릇을 하며 할 일을 직접 고르고 선택하는 한 당신은 산 제물이 아닙니다.

당신을 향한 하나님 뜻의 핵심은 당신이 하나님께 헌신된 산 제물이 되는 것입니다. 그렇게만 된다면 선하시고 기뻐하시고 온전하신 하나님의 뜻이 당신의 삶에 이루어지지 않는다는 것이 오히려 불가능한 일입니다(로마서 12:2). 하나님께 필요한 것은 은 그릇이 아닙니다. 하나님은 헌신된 그릇을 찾으십니다. 당신의 삶을 하나님께 드리면 하나님께서 원하시는 곳으로 당신을 보내 높여주실 것입니다. 당신은 형통할 것이고 하나님의 호의를 받을 것입니다. 당신이 모든 걸 주관할 때보다 모든 일이 훨씬 더 잘 풀릴 것입니다. 믿거나 말거나 하나님께서 당신보다 더 현명하십니다! 하나님께서 당신보다 더 잘 아십니다. 하나님께서 당신의 인생을 당신보다 더 잘 인도하실 것입니다(예레미야 10:23). 그러니 자신의 명철을 의존하지 마십시오(잠언 3:5).

하나님께 온전히 헌신하는 것이 출발점입니다. 이 단계를 건너뛸 수는 없습니다. 대부분 사람들은 이 단계를 생략하고 꼭대기에 이르기를 원합니다. 하나님의 뜻 한가운데로 한 번에 들어가 위대한 일들을 이루려고 합니다. 그러나 그런 식으로는 오래가지 못합니다. 사역자들이 간음이나 횡령에 휘말리는 이유는 그들이 인격을 단련하고 정직함의 기초를 세우는 데 충분한 시간을 보내지 않기 때문입니다. 하나님께서 들어 쓰시기를 기다리지 않았기 때문에 그들의 명성이 오히려 그들을 부패하게 하는 것입니다. 산 제물이 되는 과정을 건너뛰고 회피함으로써 이와 같은 우를 범치 않으시길 바랍니다. 이기심은 사탄에게 문을 열어 당신의 삶으로 들어오게 합니다.

대부분의 사람들은 스스로 높이느라 너무나 바빠서 하나님께서 그들을 높여 주신다는 것을 신뢰하지 못합니다. 보통의 경우 우리는 상대방이 나를 존중해 줄 것을 강요하며 우리의 권리를 강력하게 주장합니다. 내가 얼마나 중요한 사람인지 알라는 말이지요. 이는 산 제물과는 정반대의 자세입니다. 하나님께 헌신한다는 것은 문제에 봉착할 때마다 당하기만 하라는 말은 아닙니다. 우리의 상황을 변화시키기 위해 하나님께서 뭔가를 하라고 하시면 해야 합니다. 이기적인 욕심에 의해 움직여서는 안 된다는 말입니다.

산 제물이 되는 것은 하나님의 뜻을 발견하는 첫 번째 단계입니다. 신앙생활에 극적인 활력을 불어넣으려면 당신이 앉아 있는 그 왕좌에서 내려와야 합니다. 그리고 이렇게 기도해야 합니다. "예수님, 저는 **당신께서** 저의 삶을 주관해 주시길 원해요." 그리고 이것은 긴 여정입니다. 현재 완전히 이기적인 삶을 살고 있다면 갈 길이 멉니다. 초고속으로 달리다가 갑자기 유턴할 수는 없는 일이니까요. 주께서 당신을 갑자기 변화시킨다면 마치 시속 100킬로로 달리던 차가 갑자기 유턴하여 뒤집히는 것 같을 것입니다. 반대 방향으로 가던 당신을 하나님께서 유턴시켜 올바른 방향으로 가게 하는 데에는 시간이 좀 걸립니다.

그러면 이 여정을 어떻게 시작할까요? 하나님께 당신을 변화시킬 권한을 내어 드리는 것입니다. 온 마음으로 헌신하기로 결단을 한 뒤에도 여전히 다루어야 할 "자아"가 남아 있습니다. 자신의 "자아"로부터 해방될 수는 없습니다. 그러려면 바로 죽는 길밖에는 없으니까요.

궤도 수정

짐 어윈은 달에 착륙했던 사람입니다. 그 일이 일어나는 동안 저는 베트남에 있었기 때문에 달 착륙에 관해서는 늘 궁금했습니다. 어느 날 저는 한 TV 프로그램에 출연했었는데 거기에 짐 어윈도 있었습니다. 그래서 달 착륙에 관해 함께 이야기할 기회가 있었습니다. 저는 첨단기술로 인해 우주선이 달을 향해 일직선으로 날아가 목표지점에 정확히 착륙하는 줄 알았습니다. 그러나 짐의 얘길 들어보니 전혀 그런 게 아니었습니다. NASA에서는 우주선을 발사만 했고 그 후에 나흘 동안 10분마다 그들이 직접 궤도 수정을 했다고 합니다. 어떤 때는 몇 센티미터 정도만 벗어났었지만 때로는 영 딴 방향으로 가고 있어서 엔진을 가열해 본래의 궤도로 다시 들어간 적도 있었다고 합니다.

달까지 직선으로 날아간 것이 아니라 지그재그로 날아갔다고 합니다. 착륙 목표 지점의 반경은 800km나 됐었는데 도착하여 우주선을 나와 달에 발을 디뎠을 때는 경계선에서 1.5m 안쪽이었다고 합니다. 반경 800km나 되는 착지점을 거의 벗어날 뻔했던 것입니다! 그래도 착지점 안에 착륙한 것은 맞습니다.

짐이 이런 이야기를 할 때 주께서 저에게 이렇게 말씀하셨습니다. "너의 삶을 나에게 헌신할 때도 이와 같다." 한 번 헌신했다고 이후로 전혀 실수가 없지는 않습니다. 완전한 헌신을 한 뒤 바로 궤도 수정을 해야 할 일이 생길 것입니다. 마트에서 줄을 서 있는

데 누군가 새치기를 하거나 운전하는데 누가 끼어들거나 아니면 누군가 당신에게 무례한 말을 할 것입니다. 앞으로 살아가는 동안에도 10분마다 궤도 수정을 해야 할 일이 생길 것입니다.

산 제물의 문제는 제단에서 자꾸 기어 내려가려고 한다는 것입니다. 그래서 온전한 헌신을 해야 합니다. 어느 날 이런 생각을 하며 깨어나더라도 놀라지 마십시오. "그러면 나는? 내 꿈이랑 내 야망은?" 이런 생각을 한다고 해서 헌신하지 않았다거나 앞으로도 할 수 없을 거라는 뜻은 아닙니다. 이는 여전히 "육신"이 남아 있다는 뜻입니다. 그럴 때는 육신을 부인하고 궤도 수정을 하면 됩니다.

'나의 끝'에 도달하면 '하나님의 시작'을 경험하게 됩니다. 그 전에는 하나님을 경험할 수 없다거나 하나님께서 당신을 만나주지 않으신다는 뜻은 아닙니다. 하나님은 당신을 사랑하시기 때문에 당신이 문을 여는 만큼 당신의 삶 가운데서 역사하실 것입니다. 그러나 자기 힘으로 모든 일을 하려는 노력을 멈추고 하나님을 최우선 순위에 높여드리지 않으면 기적을 행하시는 하나님의 능력이 항상 역사하는 것을 경험할 수는 없습니다.

태어나면서부터 우리는 완전히 자기중심적입니다. 하나님을 최우선으로 여기는 단계를 거치지 않았다면 당신은 **아직도** 자기중심적일 것입니다. 아직도 삶의 중심이 **자기 자신**이라고 생각하는 20세, 30세, 40세, 또는 60세의 어른아이일 것입니다. 자기중심적인 사람들은 전구를 갈 때 전구를 돌리지 않고 잡고만 있습니다. 왠지 아십니까? 자기가 전구를 잡고 있으면 세상이 자기를 중심으로 돌아야 한다고 믿기 때문입니다. 바로 이것이 자기중심적인 사람들의 사고방식입니다.

하나님께서 우리를 창조하신 목적은 우리가 우리 자신만의 필요를 채우며 사는 것 그 이상입니다. 우리는 겸손하게 자신을 낮추고 자신을 산 제물로 드려야 합니다. 하나님의 뜻을 이루기 위해 이것만 있으면 된다는 말은 아니지만, 이 첫 단계를 거치지 않고는 다른 어떤 것도 할 수가 없습니다. 하나님께 완전히 헌신했지만, 나중에 잘못된 길로 이탈한 사람들도 있습니다. 만약 그것이 당신이라면 하나님께서 저를 통해 이렇게 말씀하고 계실지도 모르겠습니다. "너는 경로를 벗어났어!" 그러나 큰일이 난 것은 아닙니다. 궤도를 수정하고 하나님을 따르기로 했던 그 헌신으로 다시 돌아가면 됩니다.

하나님의 뜻을 구하는 사람들도 대부분 자신들 삶의 통제권을 주님께 드린 적이 없을 것입니다. 만약 당신도 "나는 나이만 먹었지 어린애처럼 나만 위해 사는 사람이야. 완전히 자기중심적이야. 평생 나만 위해 살았어."라고 생각된다면 하나님께 헌신해야 합니다. 앞으로 어떻게 해야 할지 하나님의 인도를 구하십시오. 자신이 하나님께 온전한 헌신을 했는지 아닌지 조금이라도 의심스럽다면 아직 하지 않은 것입니다. 지금 헌신을 하고자 하는 마음이 있다면 그것은 성령님의 인도입니다. 지금 응답하십시오.

산 제물이 되는 것은 대단한 사람들만 위한 것이 아닙니다. 거듭난 모든 믿는 자들은 산 제물이 되어야 합니다. 슬프게도 많은 교회에서 "자기개발"을 행복에 이르는 길로 소개합니다. 그러나 신앙생활은 긍정적 자아상을 위한 것이 아닙니다. 우리 안에 '긍정적인 자아상'이 아니라 '그리스도의 상'이 있는가가 관건입니다. 우리는 "자아"가 아닌 그리스도를 높여야 합니다.

"나는 산 제물이 되어야 해!"라고 생각한다면, 그리고 당신의 삶을 주관할 권한을 하나님께 드리고 싶다면 지금 하십시오. 다음 단계를 보여주시는 하나님께 감사하십시오. 자신의 힘으로는 자아에 대해 죽을 수 없다는 것을 인정하십시오. 산 제물이 되기로 결심하고 주께서 당신을 자기중심적인 사고방식에서 끌어내어 당신을 향한 그분의 계획으로 인도하실 것을 신뢰하십시오. 하나님께 당신이 가야 할 길을 자유롭게 보여주실 권한을 내어드리고 그분의 인도를 따르기로 굳은 결심을 하십시오.

하나님의 능력의 손아래 자신을 겸손히 내려놓으면 하나님께서 당신을 높여주실 것입니다. 당신의 삶을 하나님께 드릴 때 하나님께서 당신을 새롭게 하실 것입니다. 이 과정은 단순히 감정적인 것이 아닙니다. 이것은 초자연적인 회복의 절차로서 당신의 초점이 예수님께로 집중되기 시작할 것입니다. 이 결단을 하는 순간 하나님께서 당신의 삶에 역사하셔서 어떻게 당신을 축복하고 어떻게 당신의 삶을 인도하시는지 알게 될 것입니다. 하나님께 당신의 삶을 넘겨 드릴 때 하나님은 당신의 마음을 만지셔서 완전히 새로운 사람으로 만들어 주실 것입니다.

04
생각(mind)을 새롭게 하기

　산 제물이 되는 것이 중요한 만큼 새롭게 된 생각mind을 갖는 것 역시 동일하게 중요합니다. 새롭게 된 생각이 없다면 하나님의 완전한 뜻을 놓칠 수도 있기 때문입니다. 하나님의 말씀의 진리를 모르면 하나님을 위해 어디라도 가고 무엇이라도 하겠다는 헌신된 마음이 오히려 마귀의 밥이 되는 계기가 될 수도 있습니다.

　하나님께서 저에게 학교를 그만두라고 하셨을 때 결과적으로 저는 베트남으로 가게 되었습니다. 당시 저는 하나님의 참된 본성에 관해 일부 잘못된 생각을 가지고 있었습니다. 제가 어렸을 때부터 다니던 교회에서 배운 것 때문에 제 안에는 하나님께서 허락하지 않으시면 아무것도 일어날 수 없다는 생각이 자리잡고 있었습니다. 그래서 일어나는 모든 일들이 하나님의 뜻이 틀림없다고 생각했던 것이지요. 우리에게는 원수가 있고 이 세상에 존재하는 악은 하나님께로부터 온 것이 아니라는 것을 몰랐습니다. 베트남에 있는 동안 성경을 공부하며 많은 시간을 보냈지만, 하나님은 악으로 사람을 시험하지 않으시며 그분은 온전히 선의 근원이시라는 진리를 미처 배우지 못했던 것입니다(야고보서 1:13, 17).

제가 베트남에서 돌아온 직후에 한 순회 사역자가 우리 교회에 설교하러 왔는데 그분은 일곱 가지 불치병을 가진 사람이었습니다. 그가 우리 지역에 머무는 동안 심전도 전문의에게 검사를 받았는데 그 의사는 검사 결과를 연구소에 의뢰했고 그 연구소는 이렇게 답했습니다. "잘못 보내신 것 같은데요? 죽은 사람의 심전도입니다!"

그 사역자에겐 일곱 가지 불치병이 있었고 죽은 사람의 심전도를 가지고 있었지만 살아서 설교를 했습니다. 겨우 목숨을 연명하고 있었다는 말이지요. 그는 고군분투하고 있었습니다. 제대로 서 있을 수 없어서 한두 시간 앉아서 설교했습니다. 그의 설교의 요지는 이것입니다. "사탄은 하나님께서 보내신 자다." 하나님께서 허락하지 않으시면 사탄은 아무것도 할 수 없다는 것이었습니다. 우리에게 어떤 문제가 생긴다면 그것은 그 문제를 통해 뭔가를 가르치셔서 우리를 더욱 성숙하게 하시려고 하나님께서 허락하신 일이라는 주장이었습니다.

당시에 저는 하나님께 헌신했고 무엇이든 할 준비가 되어 있었는데 여기 일곱 가지 불치병을 가진 사람이 와서 하나님은 우릴 가르치기 위해 사탄을 사용한다고 설교하는 것입니다. 그분의 설교를 듣는 동안 저는 이렇게 생각했습니다. **"어이쿠! 하나님께서**

나에게도 뭔가 가르치려 하신다면 어떻게 되는 거지?" 당시 저는 약혼한 상태였기 때문에 이 사역자가 우리 교회에서 설교하던 그 주간에 결혼 증명에 사용할 건강검진을 했었습니다. 그 결과 제가 황달이 있는 것으로 나왔습니다. 의사는 제게 "한 달 동안 누워서 쉬지 않으면 정말로 병이 심해질 수도 있다."고 했습니다. 그는 육체적으로 힘든 일을 하면 죽거나 식물인간이 될 수 있다고 했습니다. 그러나 저는 한 달 동안 누워있지 않기로 결정했으며 하나님께서 치유해 주실 것을 믿기로 했습니다.

저의 건강 문제에 대해 알게 된 후, 그 순회 사역자는 저를 포함하여 열댓 명의 교회 사람들과 식사하러 갔습니다. 우리가 모두 앉아서 함께 식사하는 동안 그분이 저에게 예언을 시작했습니다. "너는 8년 동안 식물인간이 될 거야." 그는 이어서 말하길 하나님께서 저를 식물인간 상태에서 성화시켜 제가 깨어날 때는 사도 바울처럼 될 것이라고 했습니다. 식물인간 상태에서 하나님이 저에게 엄청난 계시를 주실 것이라는 말이었습니다. 하나님은 저를 판단하고 깨뜨리시기 위해 그 일을 하시는 것이라고 했습니다.

그가 저에게 죽음과 멸망을 예언할 때 그것을 들으며 저는 눈물을 흘렸습니다. 하나님께 온전히 헌신했으므로 '이것이 하나님의 뜻이라면 받아들이자.'고 생각했습니다. 그 사역자가 하는 말을 다 믿었습니다. 이렇듯 마귀는 저를 설득시켜서 하나님께서 뭔가를 가르치려고 병을 주신다고 믿게 했지만 거기서 끝나지 않고 너무 나갔습니다. 만일 그 사역자가 거기서 멈췄다면 여러분들은 저를 볼 일이 없었을 것입니다. 식물인간이 되어 죽었을 테니까요.

  그 사역자는 저를 말로 꽁꽁 묶었고 멈추지 않고 계속 퍼부었습니다. 그는 자신에게 미친 고통이 얼마나 끔찍한 것이었는지 이야기하며 이렇게 말했습니다. "내게 주어진 시련 중에 최악이 뭔 줄 아나? 하나님께서 나로 하여금 8년 동안 말씀을 읽지 못하게 한 것이지. 하나님은 8년 동안 내가 성경을 읽을 수 없으며 유일하게 성경을 볼 수 있는 것은 다른 사람들에게 설교할 때뿐이라고 하셨네." 그가 이 말을 했을 때, 저는 정신이 번쩍 들었습니다. 그 당시엔 아는 것이 별로 없었지만, 하나님께서 성경을 읽지 못하게 하실 분은 아니라는 것 정도는 알았습니다.

  저는 하나님과 사랑에 빠져있었고 말씀을 배우는 데 열심이었습니다. 하루 종일 대부분의 시간을 성경을 읽으며 보냈던 베트남에서 막 돌아온 터였습니다. 말씀을 주야로 묵상하던 때였지요. 그 사역자가 그 말을 하자마자 저는 벌떡 일어나 말했습니다. "나는 예수님의 이름으로 그 말을 거절합니다. 당신의 예언을 받아들이지 않겠습니다. 제가 아는 것이 많이 없어도 하나님께서 말씀을 읽지 못하게 하시진 않는다는 것 정도는 분명히 압니다." 그리고 저와 제 약혼녀는 그 교회를 떠났고, 가까운 사람들 곁을 떠났으며, 그 잘못된 가르침에서도 떠났습니다. 할렐루야! 저는 그가 거짓을 전하고 있다는 것을 깨달을 정도의 진리는 알고 있었던 것입니다.

우리가 산 제물이 되어야 하는 것은 맞지만 생각이 진리로 새롭게 되지 않으면 하나님을 위해 무엇이든지 하려는 우리의 소원함을 사탄이 이용할 수 있습니다. 그렇기 때문에 주님을 향한 헌신 그리고 성경 말씀을 통한 진리의 계시, 이 둘 사이에 균형을 맞추어야 합니다. 당시 저와 제 약혼녀 제이미가 재앙을 피할 수 있었던 것은 우리의 생각을 어느 정도 새롭게 하여 하나님은 절대로 성경을 읽지 못하게 하실 분이 아니라는 것 정도는 알았기 때문입니다. 그러나 그 진리를 알지 못했더라면 어떤 일이 벌어졌을까요? 생각해 볼 필요도 없습니다. 그 사역자같이 됐을 테니까요.

사실 그 일이 있기 2년 전, 바로 그 사역자가 같은 내용으로 설교한 것을 테이프로 들었는데 제목은 "사탄은 하나님이 보내신 자"였습니다. 저는 그 설교 테이프를 제이미의 가까운 친구였던 저의 첫 번째 여자 친구에게 들려주었습니다. 그녀는 온 마음을 다해 하나님을 사랑했고 주님께 산 제물이 되겠다고 헌신을 했었습니다.

그 설교에 나오는 얘기 중에 주님을 증거 하기를 원하지만, 내성적이고 부끄러움 많은 어떤 소년의 이야기가 있습니다. 그는 축구팀 동료들에게 주님을 전하려 했지만, 내성적인 성격 탓에 힘들어 했습니다. 그래서 주님께 기도하기를 자신에게 불치병을 주셔서 자기가 죽음을 두려워하지 않는다는 것을 보여줄 수 있게 해 달라고 했습니다. 그 일은 실제 일어났으며 그의 장례식에서 그의 축구팀 중 네 명이 거듭났습니다.

이 설교를 들은 저의 첫 번째 여자 친구도 그와 유사한 기도를 했고 바로 다음 날 아침 병원으로 실려 가야 했습니다. 급성 백혈병이라는 진단이 나왔고 그녀는 이것이 주님의 기도 응답으로서 자기를 깨뜨려 주님께서 영광을 받으시기 위한 것이라고 믿었습니다. 그 당시 저는 베트남에 있었는데 제가 그 여자 친구와 정식으로 약혼한 사이는 아니었지만, 그녀의 부모님이 약혼한 사이라고 신고를 해서 휴가를 받아 미국으로 왔고 임종을 함께 했습니다.

제가 곁에 있었을 때 그녀는 심한 출혈로 생사의 갈림길에서 괴로워했습니다. 그것은 끔찍한 일이었지만 당시 우리는 그것이 하나님의 뜻이라고 믿었습니다. 그리고 그 설교에 나온 내성적인 소년의 이야기처럼 그녀의 장례식에서도 네 명이 거듭났습니다. 물론 지금은 이것이 하나님께서 하신 일도, 허락하신 일도 아니라는 것을 압니다. 우리의 잘못된 믿음 때문에 우리가 허락한 것입니다. 주님은 이 상황을 사용하셔서 몇몇 사람을 그분께로 돌아오도록 하셨지만, 그 질병의 원인은 주님이 아닙니다. 사탄은 이것을 이용해 가까운 사람에게 상처를 입혔고 그들은 아직도 그 문제로 괴로워하고 있습니다. 우리의 마음은 순수했을지 몰라도 우리의 생각은 잘못되었던 것이지요. 이것은 하나님의 말씀의 진리로 생각을 새롭게 하지 않은 상태에서 산 제물이 된다는 것은 위험하다는 것을 보여줍니다.

틀은 내가 선택한다

> 너희는 이 세대를 본받지 말고 오직 마음을 새롭게 함으로 변화를 받아 하나님의 선하시고 기뻐하시고 온전하신 뜻이 무엇인지 분별하도록 하라   로마서 12:2

이 구절에서 **본받는다**고 번역된 헬라어는 "틀에 붓다"라는 뜻입니다. 그리스도인으로서 우리는 이 세상의 틀에 부어져선 안 됩니다. 제가 베트남에 징병 되었을 때 일입니다. 다른 지원병들과 함께 어떤 방에 앉아 있었는데 간부들이 들어와서 우리는 전쟁에 투입될 거라고 말하자 많은 지원병들이 울기 시작했습니다. 그래서 군목을 불렀는데 그가 이렇게 말했습니다. "군대는 용광로이고 너희를 녹일 것이다. 그러나 어느 틀에 부어질지는 너희가 선택해야 한다."

저는 그때, 제가 제대할 때는 들어갈 때와는 다른 사람이 되어 있을 것을 깨달았습니다. 군에서의 경험은 저를 녹일 것이지만 제가 부어질 틀은 제가 선택할 일이었습니다. 저는 예수님의 형상에 부어지기로 선택했습니다. 저는 그 군목의 말을 마음에 새기고 군에서 나올 때는 들어갈 때보다 주님 안에서 열 배나 더 강해져서 나왔습니다.

이와 같이 인생에서 경험하는 여러 가지 일들이 우리를 녹입니다. 우리가 이 세상을 떠날 때는 올 때와는 다른 사고방식을 가지고

생각(mind)을 새롭게 하기

떠나게 됩니다. 삶이 우리를 시험할 것이고 우리는 녹을 것입니다. 그러나 우리가 들어갈 틀은 우리가 선택합니다. 그리스도인으로서 우리는 그리스도의 형상으로 부어져야 합니다.

이 세상의 형상을 본받지 않으려면 생각을 새롭게 해야 합니다. 성경은 말합니다. "… 마음을 새롭게 함으로 변화를 받아 …" "변화"를 뜻하는 헬라어는 **메타모르파오**인데 **변이**의 어원으로 유충이 고치로 변했다가 얼마 후에 나비 되는 과정을 뜻합니다. 이는 우리의 삶을 묘사하는 단어입니다. 땅을 기어 다니다가 하늘을 나는 예쁜 나비로 변화되길 원한다면, 즉 변이하고자 한다면 생각을 새롭게 해야 합니다.

하나님의 말씀이라는 씨

이것은 너무나 간단해서 누군가 도와주지 않으면 오해하기도 힘들지만 많은 교회가 이점을 놓치고 있습니다. 대부분의 사람들이 이렇게 기도합니다. "하나님, 전부 다 바꿔 주세요. 저의 재정을 풀어주시고 부부관계가 해결되도록 도와주세요." 사람들은 하나님께 불가능한 것이 없다는 것을 알기 때문에 그들의 삶을 한순간에 전부 다 바꿔 달라고 기도합니다. 그러나 모든 일이 기도만으로 일어나는 것은 아닙니다. 기도를 과소평가하는 것은 아닙니다. 저는 기도의 능력을 믿습니다. 그러나 성경은 우리가 썩지 아니할 씨,

하나님의 말씀으로 거듭났다고 합니다(베드로전서 1:23). 예수님은 또 씨를 뿌리는 자는 말씀을 뿌린다고 하셨습니다. 그리고 제자들에게 간단한 그 원리를 이해하지 못한다면 다른 어떤 비유도 이해할 수 없다고 하셨습니다(마가복음 4:13-14).

우리가 살고 있는 세상은 모든 것이 씨에 의해 움직입니다. 씨가 새 생명을 탄생시키고 그것이 자라나 성숙하여 다시 씨를 맺습니다. 자연의 모든 것은 씨로부터 나옵니다. 식물, 동물, 그리고 사람까지 모두 씨로부터 탄생합니다. 예수님은 하나님의 나라도 역시 씨와 같다고 하셨습니다(마태복음 13:31). 하나님 나라의 결실을 맺으려면 하나님의 말씀이라는 씨를 뿌려야 합니다(누가복음 8:11). 기도 응답을 받기 원한다면 말씀을 뿌려야 합니다. 하나님의 말씀은 하나님께서 생각하는 방식을 보여줍니다. 말씀은 우리의 생각을 새롭게 하여 그 결과 그리스도께서 우리를 위해 이미 값 주고 사신 모든 것을 마음껏 받을 수 있도록 그것을 방해하는 장애물을 무너뜨립니다.

사람들이 저에게 치유기도를 받으러 올 때 저는 이렇게 묻습니다. "이 병을 고치기 위해 무엇을 하고 계십니까?" 보통 그들은 병원에 가고 약을 먹고 기도한다고 합니다. 그러나 제가 알고 싶은 것은 그분들이 어디에 믿음을 두는가, 어떤 씨를 뿌렸나, 하나님의 진리에 따라 생각을 새롭게 하기 위해 어떤 성경 구절을 사용하였나와 같은 것들입니다. 그런데 이에 대한 답으로 하나님의 말씀을 언급하는 사람은 백 명 중의 한 명도 안 되는 것 같습니다. 그래서 저는 이렇게 물었습니다. "어느 성경 구절에 믿음의 기초를 두시나요?" 그러면 대부분 이렇게 답을 합니다. "성경 어딘가 '예수님께서 채찍에 맞으므로 우리가 나음을 입었다'는 내용이 있지 않나요?" 하나님 말씀에 대한 그 정도의 지식으로는 한계가 있습니다.

말씀은 생각을 새롭게 함으로써 변화가 된다고 합니다. 기어 다니는 징그러운 존재가 날아다니는 아름다운 존재로 변하는 것입니다. 대부분의 믿는 자들은 생각을 새롭게 하지 않습니다. 대부분의 사람들도 이 세상에서 일어나는 일에 집중함으로써 그들의 생각이 오염되도록 내버려 둡니다. 그 결과 이 세상의 틀에 찍히는 것입니다.

911 테러가 발생하자 두려움 때문에 비행기를 타지 않는 그리스도인들이 있었습니다. 그러나 성경은 매우 분명하게 말합니다. "너희는 마음에 근심하지 말라"(요한복음 14:1). 또 시편 기자는 이렇게 썼습니다. "하나님은 우리의 피난처요 힘이시며 고난 중에 나타나시는 도움이시라. 그러므로 땅이 없어지고 산들이 바다 가운데로 옮겨진다 해도 우리가 두려워하지 아니하리니"(시편 46:1-2, 한글킹제임스). 이 구절은 바다가 온 땅을 덮을지라도 우리는 두려워하지 않을 것이라고 합니다. 우리가 어떻게 반응해야 하는지 하나님의 말씀이 가르쳐주고 있습니다. 그런데 재앙이 덮치면 그리스도인들도 믿지 않는 자들처럼 두려워합니다. 말씀으로 생각을 새롭게 하여 주님의 형상이라는 틀에 자신을 부어 넣지 않고 이 세상의 틀에 찍혔기 때문입니다.

말씀을 묵상하면 세상과는 다르게 생각하게 됩니다. 그 결과 세상의 틀에 찍히지 않습니다. 세상과는 다른 시각, 다른 태도를 갖게 됩니다. 당연히 그리스도인들은 믿지 않는 자들과 달라야 합니다. 우리는 예수님을 모르는 사람들처럼 두려워해서는 안 됩니다. 우리는 영적으로 살았고 그들은 영적으로 죽었습니다. 엄청난 차이가 있습니다. 그리고 산 자와 죽은 자의 차이는 모든 사람이 알 수 있도록 분명해야 합니다.

보통의 그리스도인들이 신앙 때문에 모두 체포된다면 그들을 기소할 만한 충분한 증거가 없을 것입니다. 하나님을 모르는 사람들만큼 믿는 자들도 똑같이 아프고 가난합니다. 구조조정 기간이 되면 그리스도인들도 믿지 않는 사람들과 똑같이 두려워합니다. 여러분이 부족하다고 정죄하는 것이 아닙니다. 다만 우리가 이 세상의 틀에 찍혔다는 것을 지적하는 것입니다. 우리는 믿지 않는 자들과는 아주 달라야 합니다. 우리가 다르지 않은 이유는 생각을 새롭게 함으로 자신을 변화시키지 않아서입니다. 하나님의 사고방식을 받아들이지 않고 막장 드라마를 보며 세상의 사고방식을 진리로 받아들이기 때문입니다.

진리가 너희를 자유롭게 하리라

진리를 알지니 진리가 너희를 자유롭게 하리라   요한복음 8:32

예수님은 하나님의 말씀이 진리라고 하셨습니다(요한복음 17:17). 우리를 자유케 하는 것은 진리이며 우리가 아는 진리만이 우리를 자유케 합니다. 성경을 옆구리에 끼고 다니거나 침대 옆에 둔다고 "나는 성경을 믿어!"라고 할 수는 없습니다. 성경을 읽어서 성경에 뭐라고 쓰여 있는지 알아야 합니다.

캐리스 바이블 칼리지(앤드류 워맥이 설립한 성경학교_역자 주)에는 학생들이 일 년에 한 번 성경을 통독하는 성경 읽기 프로그램이 있습니다. 이것에 대해 불평하는 학생들이 매년 있습니다. 그러면 저는 그들에게 말합니다. "여기는 성경학교가 아닌가요? 졸업하기 전에 최소한 성경을 한 번은 읽어야죠." 성경학교에 오는 대다수 사람들이 성경을 처음부터 끝까지 읽어보지 않았으면서도 자신들은 성경을 믿는다고 합니다.

일단 성경을 처음부터 끝까지 다 읽고 나면 한 번 읽어본 소설처럼 지루해질 것이라고 염려하지만 결코 그렇지 않습니다. 저는 성경을 수백 번 읽었지만, 매번 읽을 때마다 새로운 것을 깨닫습니다. 제 생각에는 적어도 성경을 30년 정도는 공부해야 말씀에 대해 제대로 된 질문을 할 수 있는 것 같습니다. 저는 이제 막 완전히 새로운 방식으로 성경을 이해하기 시작했습니다. 그래서 성경 다 읽었다 해도 전부 이해할 수는 없을 거라고 확신합니다. 매일매일 성경 공부를 하면서 그 말씀으로 생각을 새롭게 해야 합니다.

사람들은 말합니다. "저는 능력이 없어요. 아무것도 할 줄 몰라요. 저를 위해 기도해 주시겠어요?" 그 사람들에게 없는 특별한 능력은 저에게도 없습니다. 하나님은 거듭난 모든 믿는 자들에게 동일한 권세를 주셨습니다. 그리고 그리스도 안에 있는 자신의 정체성을 깨닫고 나면 자신의 권세를 취하여 질병은 떠나라고 명령할 수 있습니다. 성경은 이렇게 말합니다. "마귀를 대적하라 그리하면 너희를 피하리라"(야고보서 4:7). 평범한 그리스도인들은 하나님께서 이미 이루신 일을 깨닫지 못합니다. 그래서 하나님께 기도 응답을 구걸하며 나갑니다. 그러나 우리는 이런 잘못된 생각을 버려야 합니다. 그런 생각이 우리를 죽이고 있습니다.

만약 예수님이 지금 이 땅에 계신다면 이러한 우리의 무능함을 기뻐하지 않으실 것입니다. 마태복음 17장에는 제자들이 한 남자를 예수님께 데려오는 장면이 나옵니다. 그 사람의 아들에게서 귀신을 쫓아내지 못해서 예수님께 도움을 청한 것입니다. 예수님은 이에 대해 뭐라고 하셨을까요? "얘들아, 너무 자책하지 마. 너희끼리 내버려 둔 내 잘못이야." 아닙니다. 예수님은 그들을 믿음이 없고 패역한 세대라고 부르시며 이렇게 말씀하셨습니다. "내가 얼마나 너희와 함께 있으며 얼마나 너희에게 참으리요 그를 이리로 데려오라"(마태복음 17:17).

이 사건은 예수님께서 죽으시고 부활하시기 전의 사건으로 당시에는 아무도 거듭나지 못했기 때문에 성령의 전이 될 수 없었을 때입니다. 그 당시 제자들은 오늘날 우리가 가진 유익을 갖지 못했습니다. 우리에겐 거듭난 영이 있기 때문에 성령님의 능력을 받아 예수님께서 하신 일을 할 수 있습니다. 그리고 손만 뻗으면 아주 가까운 곳에 하나님의 말씀의 진리인 성경이 있습니다. 그러나 치유를 위해 우리에게 도움을 구하는 사람들은 우리의 기도를 받아도 원하는 만큼 회복되지 못합니다. 예수님은 우리에게 사람들의 필요를 채워주라고 명하셨지만 우리는 그 근처에도 가지 못하고 있습니다.

나는 곧 내 생각

대저 그 마음의 생각이 어떠하면 그 위인도 그러한즉 잠언 23:7

변화는 생각을 새롭게 할 때 옵니다. 그러므로 우리 삶에 긍정적인 변화를 경험하기 원한다면 생각하는 방식을 바꿔야 합니다. 우리의 삶은 우리가 주로 생각하는 방향으로 흘러가기 때문에 우리의 생각을 우리가 바라는 것과 일치시켜야 합니다. 우리 안에 그리스도의 "부활 능력"을 가지고 있다고 믿을 때 기적의 응답을 훨씬 더 많이 받습니다. 우리에게 질병을 다스리는 권세가 있다는 사실을 믿지 않으면 질병에게 우리 몸에서 떠나라고 명령해도 원하는 결과를 얻지 못할 것입니다. 그 마음의 생각이 어떠하면 그 위인도 그러하기 때문입니다(잠언 23:7). 자신에게는 능력이 없다고 생각하면 그렇게 됩니다.

대부분의 그리스도인들이 자신들의 특권에 훨씬 미치지 못하는 삶을 사는 것을 보는 것은 매우 슬픈 일입니다. 그들은 누군가의 기도를 받아야 치유 받는다고 생각합니다. 그러면서 하나님께서 치유해 주실 거라고 믿기 위해 생각을 새롭게 하지는 않습니다. 저는 모든 종류의 치유와 기적을 체험했지만, 저에게 특별한 치유의 기름 부음이 있는 것은 아닙니다. 평범한 성도들에게 없는 특별한 능력은 저에게도 없습니다. 제가 다른 사람들보다 더 많이 기도 응답을 받는 이유는 하나님께서 저에게 주신 것이 무엇인지를 알고 그것을 사용하기 때문입니다.

전능하신 하나님께서 모든 믿는 자들 안에 계시지만 우리는 마치 그분이 은하계 어딘가에 계신 것처럼 행동합니다. 마귀가 우리의 기도를 막아서 우리 기도가 하나님께 상달 되지 않는 것이기 때문에 "영적 전쟁"을 위해 수천수만 명의 사람들을 모아 하늘문을 여는 기도를 해야 된다고 생각합니다. 하지만 그럴 필요 없습니다. 하나님은 우리가 힘들게 기도해야 응답하시는 분이 아닙니다. 그분은 우리 안에 살아 계시고 결코 우리를 떠나지도 버리지도 않으십니다(히브리서 13:5). 우리의 기도는 마귀를 통과해야 하나님께 상달 되는 것이 아니며 기도의 용사들을 모아야만 하나님께서 우리 기도를 들으시는 것도 아닙니다. 이런 이상한 내용들은 우리가 말씀을 몰라서 나온 것들입니다.

모르는 것이 약이다라는 말은 거짓입니다. 모르는 것이 당신을 죽입니다. 우리는 세상의 틀에 찍혀왔고 하나님 말씀의 진리에 대한 무지가 우리를 죽이고 있습니다. 당신의 삶을 향한 하나님의 목적을 발견하고, 따라가고, 성취하기 원한다면 생각을 새롭게 해야 합니다. 출발은 주님께 헌신을 결단하는 것이지만 그다음에는 하나님의 말씀 안으로 들어가야 합니다. 가장 즐겨보는 TV 프로그램보다는 하나님의 말씀을 더 잘 아는 상태에 이르러야 합니다.

우리가 집중하는 것이 우리의 생각을 지배하게 됩니다(잠언 23:7). 이 세상의 것들이 우리의 생각을 지배하고 있다면 우리는 삶에서 세속적인 결과를 얻게 될 것입니다. 하나님께서 원하시는 결과를 얻기 원한다면 하나님께 집중해야 합니다. 그래서 예수님은 "하나님의 나라를 먼저 구하라"고 하셨습니다(마태복음 6:33). 우리는 세상에서 일어나는 일에 몰입해서는 안 됩니다. 그런 모든 것들은 결국 아무것도 아닙니다. 우리는 영원에 초점을 두어야 합니다.

하나님의 뜻이 삶에 나타나지 않아 힘들어하는 사람들은 아마도 하나님께서 생각하는 방식으로 자신들의 생각을 새롭게 하지 않았을 것입니다. 당신이 이 부류에 속하더라도 낙심하지 마십시오. 이제 그 문제점을 알았으니 고칠 수 있습니다. 하나님의 말씀으로 생각을 새롭게 하십시오. 그러면 하나님의 선하시고, 기뻐하시고, 온전하신 뜻을 입증하게 될 것입니다. 이렇게 간단한 것입니다. 그렇게 되면 당신의 삶을 향한 하나님의 뜻을 모르려야 모를 수가 없습니다. 생각을 새롭게 하면 하나님의 뜻이 삶 가운데 이루어지는 것을 틀림없이 경험하게 될 것입니다. 하나님의 말씀에 전념하면 놀라운 일들이 일어나는 것을 경험하게 될 것입니다.

05

나의 영적 정체성

우리의 영적 정체성과 우리의 삶을 향한 하나님의 뜻을 찾아가는 과정에서 하나님의 말씀이 얼마나 중요한 역할을 하는지 아무리 강조해도 지나치지 않습니다. 그런데 많은 사람들이 성경책을 이렇게 생각합니다. "이 책은 수천 년 전에 기록된 것인데 나에게 무슨 도움이 되겠어?" 하지만 성경은 그냥 책이 아닙니다. 말씀은 살아있고 능력이 있습니다. 우리 스스로의 힘으로는 결코 알아낼 수 없는 것들을 말씀이 계시해 줍니다.

> 하나님의 말씀은 살았고 운동력이 있어 좌우에 날선 어떤 검보다도 예리하여 혼과 영과 및 관절과 골수를 찔러 쪼개기까지 하며 또 마음의 생각과 뜻을 감찰하나니   히브리서 4:12

이 성경 구절은 혼과 영을 구분하는 것이 가능하지만 어렵다는 것을 알려줍니다. 실제로 그렇습니다. 대부분의 사람들은 둘 사이의 차이를 모르고 혼과 영이 동일하다고 생각합니다. 그러나 영은 우리가 예수님을 믿고 영접할 때 거듭나는 부분입니다. 우리의 영은 예수님과 동일합니다. 우리는 사랑과 희락과 화평과 오래 참음과 자비와 양선과 충성(킹제임스(KJV)에는 '믿음'으로 번역_역자 주)과 온유와 절제 같은 성령의 열매를 가지고 있습니다(갈라디아서 5:22-23). 이러한 것들은 우리가 거듭난 순간부터 항상 우리의 영 안에 있었습니다. 우리의 영 안에는 그리스도의 생각mind이 있고 성령으로부터 오는 영감이 있으며 우리 영은 또한 모든 것을 알고 있습니다(고린도전서 2:16, 요한일서 2:20).

어떤 이는 이 말을 듣고 이렇게 생각할 것입니다. "아니야. 나는 불안 속에 살고 있어. 평안이 없고 모든 것을 알지도 못해." 그러나 모든 것을 아는 부분은 우리의 머리mind가 아닙니다. 거기에는 다들 동의할 것입니다. 열쇠를 주머니에 넣어놓고 한참 찾은 적이 다들 있을 것입니다. 또한 뭐든지 틀리고 싶은 사람은 없지만 자주 틀리는 이유는 우리의 두뇌가 알아야 할 걸 다 알지 못하기 때문입니다. 그러나 우리의 영은 모든 것을 알고 있습니다. 우리의 생각mind은 물리적인 것들을 인식하는 기관입니다. 그렇기 때문에 그러한 육적인 수단으로는 영적인 일을 인식할 수 없습니다. 생각mind은 보고, 듣고, 맛보고, 냄새 맡고, 느끼는 오감을 통해서 인지하기 때문입니다. 생각은 혼에 속하며 혼은 거듭날 때 새롭게 되지 않았습니다. 새롭게 된 것은 영입니다. 우리의 영은 예수님과 동일합니다. 우리는 성령의 능력, 기름 부음, 지혜, 기쁨, 평안 그리고 사랑을 가지고 있는데 그 이유는 성령께서 우리의 영 안에서 계속 열매를 맺고 계시기 때문입니다.

우리의 감각은 세상이 망하고 있다고 아우성치지만 그럴 때도 우리의 거듭난 영 안에는 사랑과 기쁨과 평안이 있습니다. 그리고 우리의 영 안에 무엇이 있는지 알 수 있는 유일한 방법은 하나님의 말씀을 통해서입니다. 말씀은 영과 혼을 구분합니다. 우리가 자신에 대해 어떻게 느끼든 상관없이 말씀은 우리의 진짜 정체성을 말해줍니다.

하나님의 뜻을 발견하는 것은 사실상 우리의 느낌이 영에서 오는지 아니면 육에서 오는지 구분하는 것만큼이나 간단합니다. 간단한 일이지만 결코 쉽지는 않습니다. 대부분이 우리 영에 대한 진리를 잘 모르며 오감에 의해 지배를 받고 영적으로 생각하지 않기 때문입니다.

사도 요한은 주께서 그러하심과 같이 우리도 이 세상에서 그러하다고 했습니다(요한일서 4:17). 그는 우리가 죽어서 천국에 간 후에 그렇게 될 거라고 말하지 않았고 **우리도 이 세상에서 그러하다고** 했습니다. 우리의 영은 예수님과 동일합니다. 믿기 어렵지만, 그것은 진리입니다. 거울 속 허점투성이의 자신을 보며 이렇게 말할지 모르겠습니다. "아냐, 분명히 난 예수님 같지 않아." 맞습니다. 물리적인 몸은 예수님과 같지 않지만, 영은 그분과 정확하게 동일합니다. 그런데 또 사람들은 우리의 영이 예수님과 동일하다면 어떻게 해서든 그것을 알 수 있었을 거라 생각합니다. "나에게 사랑이 있었다면 당연히 알 수 있었겠지." 그렇지 않습니다. 성경은 이렇게 말합니다.

> 육에 속한 사람은 하나님의 성령의 일을 받지 아니하나니 저희에게는 미련하게 보임이요 또 깨닫지도 못하나니 이런 일은 영적으로라야 분별함이니라 　　　　　　고린도전서 2:14

우리의 두뇌는 우리가 거듭날 때 우리의 영에 어떤 일이 일어났는지 알지 못하기 때문에 우리의 지성으로는 우리의 영적인 정체성을 깨닫지 못합니다. 하지만 어떤 것은 영적으로만 분별할 수 있습니다. 그런데 우리의 영은 거울로 볼 수 있는 것이 아니며 영을 느끼거나 감각을 통해 인지할 수도 없습니다. 영 안에 기쁨이 있는지 없는지를 감정으로 느껴보려고 해도 안 됩니다. 영은 육체적인 감각기관으로는 느낄 수 없습니다. 그러나 이렇게 직관적으로 알 수 없는 것들을 하나님의 말씀이 알려줍니다.

　예수님께서 제자들에게 하신 말씀입니다. "내가 너희에게 이른 말이 영이요 생명이라"(요한복음 6:63). 영의 상태에 대해 알 수 있는 유일한 방법은 말씀을 통해서입니다. 말씀이 우리의 영적 정체성을 보여줍니다. 하나님의 말씀을 모르면 우리가 영적으로 어떤 존재인지 알 수 없습니다. 죽은 자 가운데서 그리스도를 살리신 바로 그 영이 우리 안에 있는데도 불구하고 우리의 육체적인 감각은 우리를 지배하려고 합니다(로마서 8:11, 에베소서 1:19-20). 따라서 우리의 영 안에 있는 것들이 우리의 삶으로 흘러나오게 하는 유일한 길은 하나님의 말씀을 읽고 그것에 의해 인도받는 것입니다.

제가 이것을 이해하는 데 20년이 걸렸습니다. 이것은 능력 있는 진리입니다! 우리가 영, 혼, 몸으로 구성되었다는 것을 이해하면 삶이 변화될 것이라고 장담할 수 있습니다. 그런데 대부분의 사람들은 이것을 한 귀로 듣고 한 귀로 흘립니다. 말씀의 계시를 통해 자신이 누구인지, 무엇을 소유했는지 알려고 하지 않습니다. 하나님께 결과만 달라고 떼를 쓰지 말씀을 취하여 그리스도 안에서 자신의 정체성을 발견하고 그 말씀을 검으로 사용하지 않습니다.

저의 책 「**영혼몸**」을 권합니다. 꼭 한번 읽어보십시오. 여기서 설명하는 것보다 훨씬 더 자세하게 다뤘기 때문에 영혼몸의 진리를 이해하는데 좋은 기초가 될 것입니다.

당신은 이미 가졌습니다

예수 그리스도의 종이며 사도인 시몬 베드로는 우리 하나님과 구주 예수 그리스도의 의를 힘입어 동일하게 보배로운 믿음을 우리와 함께 받은 자들에게 편지하노니 베드로후서 1:1

사도 베드로가 이 편지를 쓴 대상은 **동일하게 보배로운 믿음**을 가진 사람들입니다. 이 구절을 헬라어로 찾아보면 말 그대로 "동일한 믿음"이라는 뜻입니다. 즉 이 편지는 베드로의 믿음과 동일한 믿음을 가진 사람들에게 쓴 것입니다. "그럼 나는 아니네!"라고 생각한다면 당신의 성경에서 베드로후서를 찢어버려야 할 것입니다. 왜냐하면 베드로후서는 베드로가 그런 사람들에게 쓴 것이니까요. 하지만 누구든지 거듭난 사람이라면 베드로가 가진 만큼의 믿음을 가지고 있습니다. 베드로는 어떤 사람이었습니까? 그는 물 위를 걸었습니다(마태복음 14:29). 죽은 도르가를 살렸습니다(사도행전 9:39-40). 그의 그림자가 닿을 때 사람들이 치유되었습니다(사도행전 5:15). 베드로는 이렇듯 위대한 기적을 일으킨 사람입니다. 그리고 그의 믿음과 동일한 믿음을 당신도 가지고 있습니다!

거듭난 뒤 성령으로 세례를 받은 모든 사람들 안에는 베드로처럼 죽은 자를 살리고, 물 위를 걷고, 그림자로도 사람을 치유할 수 있는 충분한 능력과 기름 부음이 있습니다. 우리 각 사람이 모두 이 능력을 가졌습니다. 누군가는 이렇게 말할 것입니다. "맞아요. 나에게는 믿음이 있어요. 그러나 작은 씨의 수준이고 아직 자라나지 못했어요." 그렇지 않습니다. 당신의 믿음은 자라는 중이 아닙니다. 당신의 믿음은 이미 완전합니다. 당신 안에는 온전한 분량의 믿음이 있습니다. 문제는 당신이 무엇을 가졌는지 모른다는 사실입니다. 그렇기 때문에 할 일은 오직 생각을 새롭게 하는 것입니다.

> 이는 너의 믿음의 교제가 그리스도 예수 안에서 네 안에 있는 모든 선한 것을 인식함으로 인하여 효과가 있게 하려 함이라.
>
> 빌레몬 1:6, 한글킹제임스

믿음이 효과가 있게 하고 역사하게 하는 방법은 당신이 이미 가진 것이 무엇인지 인식하는 것입니다. 우리의 믿음은 이미 온전하기에 하나님께서 우리에게 더 많은 믿음을 주셔야 할 필요가 없습니다. 믿는 자들은 모두 구원받을 때 똑같은 믿음을 받았습니다(로마서 12:3, 베드로후서 1:1, 갈라디아서 2:20). 그렇기 때문에 우리가 해야 할 일은 하나님께서 이미 주신 것을 활용하는 것입니다. 누가복음에 보면 제자들이 예수님께 더 큰 믿음을 달라고 한 적이 있습니다. 그때 예수님은 그들에게 이미 가진 것을 사용하라고 말씀하셨습니다(누가복음 17:5-10). 필요한 것은 더 많은 믿음이 아니라 이미 믿음을 가지고 있다는 것을 깨닫는 것입니다. 그리고 내가 이미 가진 것이 무엇인지 보여주는 것은 하나님의 말씀입니다. '동일하게 보배로운 믿음을 가진 사람들에게'라고 자신의 서신을 시작한 베드로는 계속해서 이렇게 말합니다.

> 하나님과 우리 주 예수를 앎으로 은혜와 평강이 너희에게 더욱 많을지어다 그의 신기한 능력으로 생명과 경건에 속한 모든 것을 우리에게 주셨으니 이는 자기의 영광과 덕으로써 우리를 부르신 이를 앎으로 말미암음이라 이로써 그 보배롭고 지극히

큰 약속을 우리에게 주사 이 약속으로 말미암아 너희가 정욕 때문에 세상에서 썩어질 것을 피하여 신성한 성품에 참여하는 자가 되게 하려 하셨느니라   베드로후서 1:2-4

은혜와 평강은 하나님과 예수 그리스도를 앎으로써 더욱 많아집니다. 하나님과 예수 그리스도에 대한 지식이 없으면 평강도 없을 것입니다. 기도를 아무리 많이 해도 상관없습니다. 안수기도를 너무 많이 받아서 머리가 다 벗어진다 해도 생각을 새롭게 하지 않으면 하나님의 평강을 누릴 수 없습니다. 자신의 주된 생각과 반하여 행동할 수는 없기 때문입니다. 자신의 문제와 세상의 모든 문제에 집중한다면 평강을 누릴 수 없습니다. 우리가 생각을 예수님께 집중할 때 하나님께서 완전한 평강으로 우리를 지키십니다(이사야 26:3).

하나님의 말씀은 그분을 앎으로 말미암아 **이미 모든 것**을 우리에게 주셨다고 합니다. 그리고 우리는 구원을 통해 하나님의 모든 충만한 것을 받았습니다. 이 충만함은 하나님의 말씀으로 우리의 생각을 새롭게 할 때 경험하게 됩니다. 우리가 경험하는 삶의 모든 문제는 어떤 면에서 지식의 문제입니다. 평강, 치유, 하나님의 인도 등은 모두 하나님을 아는 지식에서 오며 그것은 하나님의 말씀 안에 나타나 있습니다. 그렇기 때문에 영적인 영역에서 우리가 누구이며 무엇을 가졌는지를 반드시 알아야 합니다.

예수님은 우리에게 생명을 주시고 풍성히 주기 위해 오셨다고 말씀하셨습니다(요한복음 10:10). 예수님은 우리에게 축복으로 가득한 삶을 주시기 위해 오셨으며 마귀에 눌린 자들을 모두 치유하심으로써 이를 증명하셨습니다(사도행전 10:38). 풍성한 생명을 누리기 위해 필요한 모든 것 즉 치유, 기쁨, 평강, 형통, 풍요, 비전, 그리고 그 외 모든 축복은 하나님을 아는 것을 통해 옵니다.

하나님의 말씀이 하나님에 관한 지식이기 때문에 우리가 필요로 하는 모든 것은 말씀을 통해 옵니다. 그러나 하나님을 앎을 통해 모든 것이 온다고 하는 그 약속은 우리가 그 지식에 따라 행동할 때 성취됩니다. 행함이 없는 믿음은 죽은 믿음이기 때문입니다(야고보서 2:20). 형통을 예를 들어 보면 우리가 형통에 관한 말씀을 알고 그 말씀대로 행할 때 형통이 따라옵니다. 건강 역시 예수님께서 이미 십자가 위에서 치유를 베풀어 놓으셨다는 것을 알고 그것을 받기 위한 단계를 밟을 때 누릴 수 있습니다. 하지만 우리가 아는 것에 근거하여 행하지 않는다면 하나님께서 우리에게 주시고자 하는 형통과 치유를 누리지 못할 수도 있습니다.

하나님의 능력보다 더 큰 문제는 있을 수 없습니다. 우리에게 어떤 문제가 있더라도 하나님은 해결하실 수 있습니다. 세상이 생각하는 방식이 아닌 '하나님께는 불가능한 것이 없다'는 진리로 우리의 생각을 새롭게 하면 됩니다. 세상이 말하는 우리의 정체성이 아니라 하나님께서 말씀하는 우리의 정체성을 발견해야 합니다. 그러면 하나님의 말씀 안에 있는 우리의 영적 정체성에 대해 알게 될 것입니다.

내 발에 빛

성경 전체에서 가장 긴 장은 시편 119편입니다. 그런데 그 장의 모든 절이 하나님의 말씀이 얼마나 중요한지에 대해 말하고 있습니다. 여호와의 율법, 주의 증거 등 다양한 표현으로 말씀을 묘사했지만 결국 모두 하나님의 말씀을 뜻하는 표현들입니다.

> 청년이 무엇으로 그의 행실을 깨끗하게 하리이까 주의 말씀만 지킬 따름이니이다   시편 119:9

1968년 하나님께서 저의 삶을 만지셨을 때 그리스도인이라면 능력과 승리로 행해야 한다는 것을 알게 되었습니다. 그리스도인의 삶에는 그동안 보고 들었던 것보다 백만 배 이상의 것들이 더 있다는 것을 알았지만 내가 있는 자리에서 내가 있어야 할 자리로 어떻게 옮겨 갈 수 있는지 몰랐습니다. 그러던 어느 날 침대 옆에 무릎을 꿇고 기도를 하다가 눈을 떴는데 침대에 놓여있는 저의 성경이 보였고 그때 주께서 이렇게 말씀하셨습니다. **"네가 나의 말을 너의 마음에 두면, 그것이 네게 필요한 모든 것을 알게 하리라."** 그때 저의 고민이 즉시 풀렸습니다. 그 이후 성경을 읽는데 혼신의 힘을 다했고 성경 공부를 통해 생각을 새롭게 하였습니다.

내가 주의 증거들을 늘 읊조리므로 나의 명철함이 나의 모든 스승보다 나으며   시편 119:99

하나님의 말씀은 깨달음을 줍니다. 주야로 말씀을 묵상하면 형통과 성공이 따라옵니다(여호수아 1:8). 모두가 형통과 성공을 원하지만, 말씀을 주야로 묵상하진 않으면서 결과만 바랍니다. 말씀을 묵상하다가 좋아하는 TV 프로를 놓치거나 취미생활에 지장이 생길 수도 있기 때문입니다. 우리가 하나님 말씀보다 그런 하찮은 일들을 더 중시한다고 해도 하나님은 여전히 우리를 사랑하십니다. 화내지 않으십니다. 하나님의 말씀을 잘 몰라도 천국 갈 수 있습니다. 사실 천국에 더 빨리 갈지도 모릅니다. 말씀을 모르니 치유도 받지 못할 테니까요. 그러니 우리에게 주신 시간을 다 살지 못하고 더 빨리 죽을 수도 있습니다. 그렇기 때문에 승리하는 삶을 원하고 깨달음을 원한다면 말씀을 묵상해야 합니다.

주의 말씀은 내 발에 등이요 내 길에 빛이니이다   시편 119:105

하나님은 우리의 걸음을 인도하십니다. 그러나 처음부터 그 길의 끝을 보여주시지는 않습니다. 바로 다음 단계가 보일 정도로만 비춰주십니다. 첫걸음부터 백 번째 걸음까지 단번에 보여주시지 않는다는 말입니다. 우리에게 모든 것을 한꺼번에 보여주시면 우리는 큰 부담으로 그것에 압도되거나 또는 하나님보다 앞서 달려가다가 타협을 통한 편법의 지름길을 택할 수도 있습니다. 하나님은 우리를 사랑하기 때문에 한 번에 한 걸음씩만 보여주십니다.

캐리스 바이블 칼리지에 가는 것이 자신을 향한 하나님의 뜻이라는 것을 알면서도 망설이는 사람들이 있습니다. 차후 모든 일이 어떻게 돌아갈지 모르기 때문입니다. 그들은 처음부터 끝을 알려고 합니다. 한번은 어떤 남자가 제 사무실에 찾아와 하나님께서 캐리스에 가라고 말씀하셨다고 한 뒤 그 일이 왜 불가능한지 여러 가지 이유를 늘어놓으며 설명했습니다. 직장을 그만둬야 하고 약혼녀가 반대하고 부모님과 목사님이 반대한다는 것이었습니다. 말을 다 마친 후에 그가 저에게 물었습니다. "상황이 이렇습니다. 어떻게 생각하세요?" 저는 말했습니다. "하나님께서 형제님께 캐리스에 가라고 하셨다는 말 이후로는 듣지 않았어요. 하나님께서 가라고 하셨다면 나머지는 잊어버리세요." 정말 간단합니다. 하나님께서 하라고 하신 그 일을 하세요!

우주 만물을 운행하시는 전능하신 하나님께서 당신에게 시간을 내어 뭔가를 말씀하시며 그것을 하라고 하셨다면 왜 합리화를 하면서 할 것인가 말 것인가 고민합니까? 그것은 너무나 잘못된 태도입니다. 그런 식으로 사고하는 이유는 하나님의 뜻이 자기에게 항상 최선이라는 것을 확신하지 못하기 때문입니다. 나를 향한 하나님의 계획은 나 자신의 계획보다 훨씬 좋습니다. 그러니 주님께서 당신에게 명하신 것이 있으면 그것을 하세요!

하나님의 음성이라고 생각해서 시도했는데 잘못 들어서 실수를 한 것이, 하나님께서 하라고 하신 일을 실수하기 싫어서 안 하는 것보다 훨씬 낫습니다. 그랬다면 하나님 앞에 설 때 뭐라고 하겠습니까? "주님, 당신의 계획이 얼마나 많은 문제를 가져올지 예상하지 못하셨어요?"라고 할까요? 그것은 하나님이 더 잘 아시고 당신이 직면할 어려움도 잘 아십니다. 저는 제가 세상을 떠날 때 하나님께서 제 안에 넣어 놓으신 기적들 중에 어떤 것도 쓰임받지 않고 남아있기를 원치 않습니다. 저는 그 기적들을 전부 다 사용하고 싶습니다!

하나님께서 내 삶에 어떤 계획을 가지셨는지 그것을 다 보여주실 때까지 한 발짝도 움직이지 않는 것은 좋지 않습니다. 우리는 아무것도 하지 않는데 미리 알려주시는 그런 일은 없을 것입니다. 하나님은 그분의 뜻을 우리에게 하나씩 단계별로 보여주시기 때문입니다. 칠흑같이 깜깜한 밤중에 등불을 들고 나간다 한들 몇백 미터 앞까지 볼 수는 없습니다. 등불로는 한 치 앞을 볼 수 있을 뿐입니다. 말씀이 바로 그렇게 역사합니다. 그렇기 때문에 말씀을 읽을 때 하나님께서 무슨 말씀을 하신다면 그것을 행동에 옮겨야 합니다. 하나님께서 하신 말씀을 의지하여 발걸음을 옮겼을 때 그다음 걸음 또 그다음 걸음을 볼 수 있게 될 것입니다.

씨, 시간 그리고 수확

또 이르시되 하나님의 나라는 사람이 씨를 땅에 뿌림과 같으니 그가 밤낮 자고 깨고 하는 중에 씨가 나서 자라되 어떻게 그리 되는지를 알지 못하느니라 땅이 스스로 열매를 맺되 처음에는 싹이요 다음에는 이삭이요 그 다음에는 이삭에 충실한 곡식이라 열매가 익으면 곧 낫을 대나니 이는 추수 때가 이르렀음이라

마가복음 4:26-29

씨는 성장할 시간이 필요합니다. 씨를 심자마자 즉시 싹이 터서 열매를 맺지는 않습니다. 성장하는 데는 과정이 있기 때문입니다. 그 과정은 싹, 이삭, 충실한 곡식의 순서입니다. 하나님의 뜻도 이와 같이 단계별로 옵니다. 이 원리를 깨달으면 그 과정을 지날 때 많은 도움이 됩니다.

한번은 어떤 사람이 찾아와서 제가 사는 도시에서 실행하겠다며 자신의 청소년 사역 계획을 밝혔습니다. 그는 청소년 사역이 필요하다고 생각했고 버려진 마트 건물을 2백만 달러(한화 약 22억 _ 역자 주)에 사들인 뒤 추가로 또 2백만 달러가 드는 리모델링을 하면 청소년 센터를 운영할 수 있다는 것이었습니다. 그는 모든 통계 자료를 저에게 보여주었고 그의 말대로 이 지역에 청소년 센터가 필요한 것도 사실이었습니다. 그래서 저는 그에게 물었습니다.

"성경 공부를 가르쳐 본 적이 있나요?"

"아니요."

"청소년 사역 단체에서 일해본 적은 있나요?"

"아니요."

"청소년들을 다루어 본 적은 있나요?"

"아니요."

그는 사역을 전혀 해 보지 않은 사람이었습니다. 그래서 저는 이렇게 말했습니다. "참 좋은 생각이긴 한데 당신에게는 역사하지 않을 겁니다."

그는 "왜 안 된다는 말씀입니까?"라며 청소년 사역의 필요성에 입각해서 자신의 계획이 옳다고 주장했습니다.

저는 말했습니다. "싹, 이삭, 충실한 곡식의 순서입니다. 당신은 작게 쓰임 받은 적이 없었기 때문에 갑자기 크게 쓰임 받지는 못할 것입니다."

당신의 삶을 향한 하나님의 뜻은 즉시 이루어지지 않습니다. 시속 0km에서 갑자기 100km가 되는 것은 가속이라 부르지 않고 급발진이라 부릅니다. 즉 **사고죠**. 운전할 때도 속력을 올리려면 시간이 필요합니다. 이와 같이 하나님의 뜻을 발견하고, 따라가고, 성취하는 데에도 성장하는 과정을 밟는 것이 필수입니다. 그렇게 하나님의 인도하심을 한참 따라가다 보면 더 큰 그림을 보게 될 것입니다. 하지만 한 번에 다 볼 수는 없다는 말씀입니다.

한 가지를 하라

> … 오직 한 일 즉 뒤에 있는 것은 잊어버리고 앞에 있는 것을 잡으려고 푯대를 향하여 그리스도 예수 안에서 하나님이 위에서 부르신 부름의 상을 위하여 달려가노라   빌립보서 3:13-14

사람의 힘은 그 사람의 집중력에 달려 있습니다. 레이저 광선을 생각해 보십시오. 초점이 흩어지면 힘을 잃고 맙니다. 레이저 광선으로 철을 절단하려면 가는 선으로 초점을 맞춰야 합니다. 바울은 "오직 **한** 일"이라고 말합니다. 그것이 바로 그가 세상을 제자리로 뒤집은 비결입니다. 당신이 무언가를 진정으로 성취하고 싶다면 그것에 집중해야 합니다.

사람의 비전을 망가뜨리는 방법은 그에게 두 가지 비전을 주는 것입니다. 주의가 분산된 사람은 퍼진 레이저 광선처럼 쓸모가 없습니다. 세상일에 주의가 산만해져서 그의 마음은 어두워질 것입니다. 세상적으로 살면 영적인 분별력에 방해를 받기 때문에 이 세상은 하나님을 아는 데에 도움이 되지 않는 것입니다. 불경건하고 적그리스도적인 사회가 선전하는 가치와 삶의 방식은 하나님께서 우리에게 바라는 것과 반대되는 것들입니다.

슬프게도 많은 그리스도인들이 세상에 몰입하여 마음이 나뉘고 명철이 어두워지고 하나님의 생명으로부터 멀어져 갑니다. 하나님의 말씀에 무지한 그리스도인들이 그토록 많은 이유는

TV 속 쓰레기 같은 내용들을 보느라 하루에 대여섯 시간씩 시간을 빼앗기기 때문입니다. 5분 정도 큐티 책을 읽었을 뿐인데 자신은 말씀 안에서 충분한 시간을 보냈다고 생각합니다. 남는 시간에 짬짬이 하나님과의 관계를 세워 가려 하십니까? 그렇게 해서는 하나님의 뜻 한가운데로 들어갈 수 없습니다. 그것은 하나님과 교제하고 말씀을 읽는 것을 최우선 순위로 삼아야 가능한 일입니다.

> 여호와의 율법은 완전하여 영혼soul을 소성시키며 여호와의 증거는 확실하여 우둔한 자를 지혜롭게 하며 여호와의 교훈은 정직하여 마음을 기쁘게 하고 여호와의 계명은 순결하여 눈을 밝게 하시도다
> 시편 19:7-8

하나님의 말씀은 완벽하며 우리가 길을 잃었을 때 하나님께로 돌아가는 길을 알려줍니다. 실수를 했거나 낙심했거나 상처를 받았을 때 당신의 혼을 소생시켜 줄 수 있는 것은 하나님의 말씀입니다. 말씀은 기쁨과 믿음을 회복시킬 것입니다. 혼은 정신적 감정적 부분으로 동요를 겪을 수 있지만, 당신의 거듭난 영은 완벽하며 하나님의 말씀이 당신의 참된 정체성을 상기시켜 줄 것입니다.

하나님의 말씀은 당신을 지혜롭게 하며 마음의 눈을 밝혀줍니다. 위의 성경 구절은 육신의 눈을 말하는 것이 아닙니다. 마음

으로 깨닫는 능력에 관해 말하고 있습니다. 믿음으로 보는 것, 즉 육신의 눈으로는 볼 수 없는 영적인 것들을 인식하는 것에 대해 말하는 것입니다. 하나님의 말씀은 우리의 마음을 열어주어 오감으로는 알 수 없는 것들을 알게 합니다.

하나님의 말씀은 우리가 직면할 모든 문제에 해답을 줍니다. 성경은 사람의 지혜를 담고 있는 것이 아니라 사람을 위한 하나님의 지혜를 담고 있습니다. 성경은 하나님으로부터 온 책이기 때문에 당신의 삶과 경건함에 필요한 모든 것을 담고 있습니다. 저는 킹제임스 성경이 최고의 번역본이라고 생각합니다만 킹제임스에 쓰인 고어들이 거슬린다면 읽기 편한 번역본을 택하십시오. 하나님의 말씀을 열고 그 안에 있는 하나님의 사고방식을 배우면 당신을 향한 하나님의 뜻을 발견할 수 있습니다.

당신의 삶을 향한 하나님의 뜻을 발견하면 그것은 당신에게 분명한 목적을 줄 것이고 직면하는 여러 가지 문제들 때문에 옆길로 새는 것을 막아 줄 것입니다. 어려움이 닥쳐도 내가 바른 방향으로 가고 있다는 것을 알면 그 시간을 견뎌내기가 훨씬 쉽기 때문입니다. 하나님께서 당신을 창조하신 목적대로 살고 있다는 것을 알면 인생의 풍랑을 견딜 수 있는 힘을 얻게 됩니다.

하나님께서 만드신 것은 쓸모없는 것이 하나도 없습니다. 하나님께는 실패작이 없습니다. 이 세상에 태어난 모든 사람들은 하나님의 특별한 목적을 위해 창조되었습니다. 우리 모두가 놀라운 존재가 될 잠재력을 가지고 있습니다. 또한 하나님의 뜻,

그 중심에 있을 때만 오는 만족감이 있습니다. 당신이 하나님과 형성하는 관계는 당신의 삶으로 흘러넘쳐서 주변 사람들에게 축복이 될 것입니다. 그런데 좋은 소식은 하나님의 뜻을 발견하는 것이 어렵지 않다는 것입니다. 하나님도 당신이 그분의 뜻을 알게 되길 원하십니다! 그러나 그러기 위해서는 반드시 자신을 산 제물로 드리는 좁은 문을 통과해야 합니다. 그러나 일단 하나님의 뜻을 찾으려는 결단을 하고 나면 하나님께서 당신의 삶에 역사하는 것을 경험하게 될 것이며 당신의 삶에 놀라운 일들이 일어나기 시작할 것입니다.

06

여호와를 기뻐하라

하나님은 우리 각 사람을 향해 구체적인 계획을 가지고 계십니다. 또한 우리 삶을 향한 그분의 뜻을 발견하는 것은 어려운 일이 아닙니다. 하나님께서 어리석은 자가 되지 말고 주의 뜻이 무엇인가 이해하라고 말씀하셨다면 그것이 가능하기 때문에 명령하신 것입니다(에베소서 5:17). 주님은 우리의 삶을 향한 그분의 뜻을 우리가 발견하길 원하시며 그것은 우리 삶에 있어서 절대적으로 중요한 일입니다. 하나님의 뜻은 우연히 발견되지 않습니다. 발견하려고 찾아야 합니다(마태복음 7:7). 우리의 삶을 향한 하나님의 뜻을 아는 것은 목표를 설정하고 어려움을 견디게 합니다. 이렇듯 하나님의 뜻을 발견하는 것은 필수적으로 중요하지만, 그것은 이 과정의 출발점에 불과합니다. 하나님의 뜻을 **발견하는 것**과 **따라가는 것** 사이에는 큰 차이가 있습니다. 우리 삶을 향한 하나님의 뜻을 발견한 후에는 의지적으로 그것을 계속 추구해 나가야 합니다. 어떻게든 되겠지 하고 운명에 맡겨둘 수 없습니다.

당신의 삶을 향한 하나님의 뜻을 발견했다면 그다음으로는 하나님의 인도하심을 따라가야 합니다. 거기에 도움이 될 몇 가지를 나누고자 합니다. 제가 나눌 내용은 정말로 간단하지만, 앞에서 나눴듯이 자신을 계속해서 산 제물로 드리고 하나님의 말씀으로 생각을 새롭게 해나가는 것이 기본이 되어야 합니다. 이 본질적인 필요조건을 무시하고는 한 발짝도 움직일 수 없습니다. 자신을 산 제물로 드리고 하나님의 말씀으로 생각을 새롭게 해나가는 것은 한 번 하고 마는 것이 아닙니다. 하나님의 뜻을 따라가고 성취하는 것은 앞서 나눈 것들 위에 세워지는 것입니다. 만약 그 두 가지를 계속하고 있다면 단순하지만 심오한 다음의 성경 구절이 도움이 될 것입니다.

> 여호와를 의뢰하고 선을 행하라 땅에 머무는 동안 그의 성실을 먹을 거리로 삼을지어다 또 여호와를 기뻐하라 그가 네 마음의 소원을 네게 이루어 주시리로다 네 길을 여호와께 맡기라 그를 의지하면 그가 이루시고 시편 37:3-5

우리가 주님 안에서 기뻐할 때 주님은 그분의 소원을 우리 마음에 넣어주십니다. 어떤 이들은 이 구절을 잘못 해석하여서 자신이 원하는 것은 무엇이든 주신다고 생각합니다. 10억짜리 집,

고급 자동차, 원하는 직업, 승진 외 뭐든지 말입니다. 그러나 이 말씀은 우리가 원하는 육신적인 것은 무엇이든지 다 가질 수 있는 복권 같은 게 아닙니다. 어떤 이는 다른 사람의 배우자를 탐합니다. 하나님은 당연히 그런 욕망을 채워주지 않으실 것입니다. 우리가 주님을 온 맘 다해 찾을 때 주님은 우리 마음이 하나님적인 것들을 갈망하도록 변화시켜 주십니다. 우리의 삶을 주님께 드리면 이전에 행하던 불경건한 것들에 대한 흥미가 갑자기 떨어집니다. 많은 사람들이 거듭난 후에 그러한 경험을 합니다.

기뻐하라고 번역된 히브리 원어의 뜻은 "부드러운, 유연한"입니다. 이것은 주님을 향해 민감한 마음을 가지라는 뜻입니다. 그러므로 주 안에서 기뻐하라는 말의 의미는 그분의 뜻과 길을 추구하도록 우리의 삶을 그분께 헌신하라는 것입니다. 또한 주님을 최우선의 자리에 두는 것입니다. **만약** 우리가 그렇게만 한다면 하나님께서 우리 마음의 소원을 이루어주실 것입니다. 여기서 **"만약"**이 매우 중요합니다. 저는 **"만약"**을 강조합니다. 왜냐하면 온전히 하나님께 헌신하는 것은 모든 그리스도인의 임무이지만 (로마서 12:1) 그런 사람을 보기가 쉽지 않기 때문이지요. 이 말은 우리가 완벽해야 한다는 뜻이 아닙니다. 온 마음을 다해 하나님을 추구해야 한다는 말입니다.

우리는 모두 각자의 육신적인 본성을 반드시 다루어야 합니다. 그리고 우리가 죄로 타락한 세상에 살고 있다는 사실과 우리를 딴 길로 가게 하는 생각과 감정을 가지고 있다는 사실에 대해 잘

대처해야만 합니다. 완벽한 삶을 살아야만 하나님께 완전한 헌신을 할 수 있다는 말은 아니지만 자기 자신보다는 하나님을 위해 살려는 소원을 가져야 합니다. 그것이 바로 여호와를 기뻐하는 것이며 그렇게 할 때 하나님께서 그분의 소원을 우리 마음에 넣어주십니다. 아주 간단한 이치입니다.

하나님께서 우리를 인도하시는 방법 중에 가장 일반적인 것은 우리 마음의 소원을 통해서입니다. 그런데 우리의 소원을 신뢰하려면 우리가 정말로 주님을 기뻐하는지 반드시 확인을 해 봐야 합니다. 그리고 우리가 하나님을 우선시하는지 아닌지를 판단하는 것은 어렵지 않습니다. 솔직해지면 됩니다. 잠언에 자기 마음은 자기가 안다고 했으니까요(잠언 14:10). 하나님이 자신의 삶에 최우선이 아닌 사람들은 그 마음의 소원에 의해 인도받는 것을 신뢰해선 안 됩니다. 불경건한 정욕을 쫓을 수도 있습니다. 여호와를 기뻐하지 않는 자의 소원은 하나님의 뜻과 일치하지 않기 때문입니다.

영적인 생각을 하라

저는 율법적인 교회에서 성장하며 이렇게 배웠습니다. "무엇이든지 네가 하고 싶은 것과 정반대로 해라. 그러면 그것이 하나님의 뜻이야." 저는 그 방법을 권하지 않습니다만 자기의 필요를 만족시키는 것이 최우선인 육신적인 그리스도인들에게는 그 말이 맞습니다. "육신의 생각은 하나님과 원수가 되나니 이는 하나님의 법에 굴복하지 아니할 뿐 아니라 할 수도 없음이라"(로마서 8:7). 그렇기 때문에 거듭났어도 하나님과의 관계를 추구하지 않는 사람들은 자신의 소원을 신뢰해선 안 됩니다. 구원은 받았을지 모르지만, 자신들의 육신적 본성에 속박되어 있기 때문입니다. 그런 사람들이 자신의 마음으로 소원하는 것들은 하나님적이라고 할 수 없습니다.

하지만 진정으로 하나님께 헌신한 사람들이라면 자신의 마음이 소원하는 바를 따라가도 됩니다. 하나님은 마음의 소원함을 따라가는 이 간단한 원리를 통해 저로 하여금 최고의 결정을 하도록 해주셨고 그러한 간증은 수십 개가 넘습니다. 예를 들어 저는 바이블 칼리지를 설립하고 싶지 않았습니다. 많은 사람들이 저에게 바이블 칼리지를 설립하라고 했지만, 바이블 칼리지를 나온 사람들에게 너무 진저리가 나서 저는 바이블 칼리지 설립을 원치 않았습니다. 그 사람들 중에는 성경을 좀 안다고 다른 사람들을 깔보면서도 막상 자신은 하나님과 좋은 관계를 갖지도 않았고 하나님을 사랑하지도 않았던 사람들이 있었습니다. 그래서 그런 사람들과 연관되고 싶지 않았기 때문에 제자를 삼으려는 강한 소원은 늘 있었지만, 바이블 칼리지를 설립할 생각은 없었던 것입니다.

그러던 어느 날, 1993년 여름 영국의 한 집회에 참석했는데 강사 중에 한 사람이 이렇게 설교했습니다. "하나님께서 당신에게 보여주신 것들을 제자훈련을 통해 다른 사람들에게 전달하지 않으면 아무리 훌륭한 일을 했다고 해도 당신은 실패한 것이다." 수십만 명에게 그리스도를 전해도 소용없습니다. 이 땅의 삶은 제한되어 있기 때문에 자신이 가진 것을 다른 사람들을 통해 재생산하지 않는다면 궁극적으로는 당신은 실패한 것입니다. 그리스도인은 예수님을 영접시키라는 명령을 받은 것이 아니라 제자를 삼으라는 명령을 받았기 때문입니다.

저 역시 그것이 진리라는 것을 알고 있었기 때문에 다른 사람의 설교를 통해 그 말을 들었을 때 제 안에서 화답이 있었습니다. 저는 이렇게 생각했습니다. **"하나님, 어떻게 하면 믿는 자들을 무장시켜서 당신께서 이미 공급하신 풍성한 삶을 경험하도록 도울 수 있을까요?"** 그러자 주께서 "성경학교"라고 대답하셨습니다. 또 하나님은 새로운 성경학교에 대한 지혜도 함께 주셨기 때문에 그 한 번의 예배로 제 마음의 소원이 완전히 바뀌게 되었습니다. 성경학교 설립을 완강히 반대하던 제가 이제는 그 생각만 해도 기대와 흥분으로 가득 차게 된 것입니다.

캐리스 바이블 칼리지는 그날 하나님께서 제 마음에 심어주신 소원으로부터 자라난 학교입니다. 이 학교 커리큘럼의 핵심은 2년 동안의 강의를 통하여 성경 지식을 배울 뿐만 아니라 하나님과의 관계를 형성하는데 중점을 둔 것입니다. 지금은 미국 내 뿐 아니라 전 세계에 수많은 분교가 있습니다.(2018년 기준 70개_역자 주) CBC 졸업생들은 미국 내뿐만 아니라 러시아, 아프리카, 인도, 남아메리카, 외 세계 여러 나라에서 말씀을 전하고 가르치는 사명을 훌륭하게 감당하고 있습니다.

이 학교의 미래와 하나님의 나라를 위해 우리 졸업생들이 미칠 영향력에 대해 생각하면 저의 마음은 기대로 가득 찹니다. 그리고 이 모든 것이 하나님께서 저의 소원을 바꾸시면서 시작되었다는 것을 말씀드리고 싶습니다. 주님은 귀에 들리는 음성으로 말씀하신 것이 아니었으며 저 또한 '소름이 돋는 예언을 세 번 이상 들으면 하나님의 뜻인 줄 알겠습니다.'라고 한 것도 아닙니다. 단순하게 저의 소원을 바꾸시는 방법으로 저를 인도하셨습니다.

TV 방송도 그렇게 시작했습니다. 다른 점이 있었다면 언젠가는 TV로 방송을 할 것을 알았고 그것이 큰 도전임을 알았던 것뿐입니다. TV 방송은 몇십 년 동안 해 오던 라디오 방송에 비해 비용이 훨씬 많이 듭니다. 만약 하나님께서 이 일에 함께하지 않으신다면 제가 그동안 쌓아온 모든 것을 한꺼번에 잃어버릴 수도 있다는 것을 알았습니다. 그렇기 때문에 언젠가는 TV 방송을 할 것이란 사실을 알았지만, 그 걸음을 떼는 일이 별로 달갑지 않았습니다.

1998년 여름에 우리 사역을 점검해 보았는데 하나님께서 저에게 보여주신 진리를 전하려면 당시의 성장 속도로는 전 세계는 고사하고 미국 내에 전파하는 것도 150년 이상 걸린다는 것을 알게 되었습니다! 저는 "하나님, 이래서는 안 되겠어요. 어떻게 해야 할까요?"라고 물었습니다. 그때 갑자기 **TV 방송**이 생각났습니다. 그리고 가장 놀라운 것은 제가 그것을 하려는 소원이 생겼다는 것입니다.

그리고 바로 방송 세트를 직접 그렸고 제가 그린 그 세트를 12년 동안 사용하게 되었습니다. 그리고 우리 프로그램이 어떤 모습이 될지 그려 보았습니다. 제가 정장을 차려입고 많은 청중 앞에서 왔다 갔다 하면서 땀을 뻘뻘 흘리며 설교를 하는 그런 장면은 상상할 수 없었습니다. 그러나 하나님께서 저에게 원하시는 것이 무엇인지 알 수 있었기 때문에 TV 방송에 큰 흥미를 가질 수 있었던 것입니다. 하나님께서 저의 소원을 바꾸시기 전과 180도로 변한 것입니다.

저의 소원이 그렇게 갑자기 바뀌고 하나님께서 새로운 길로 인도하신다는 생각이 들 때, 그리고 특별히 그 결과로 큰 변화가 요구되는 경우에 저는 제가 온 마음을 다해 주님 안에서 기뻐하는지 그것을 확인합니다. 그것이 불확실할 때는 금식하며 TV도 켜지 않고 사람들을 만나지 않으면서 저의 생각mind을 최대한 하나님께 집중하려고 노력합니다. 하나님을 예배하고, 기도하고, 성경을 공부하면서 이전보다 더 열심히 하나님을 구합니다. 즉 온 마음을 다해 하나님의 뜻을 찾는 것입니다.

이렇게 하나님을 찾을 때 마음의 소원이 더 커지기도 하고 더 작아지기도 합니다. 만약 저의 소원이 점점 작아진다면 저는 그것이 제 육신의 소원이었다고 결론을 내립니다. 그러나 소원이 점점 더 강해지고 온 마음을 다해 하나님을 찾을 때 계시가 계속해서 더 나타나면 그것은 하나님께서 저를 인도하는 것으로 압니다. 이렇게 하나님을 찾고 주 안에서 기뻐할 때 하나님은 제 마음에 그분의 소원을 넣어주신다는 이 지식이 저의 삶의 근간이 되어왔습니다. 그동안 제 인생의 중대한 결정을 할 때 먼저 하나님을 찾고 그다음에 마음의 소원을 따르는 것 이외에 다른 것은 의지하지 않았습니다.

이 원리는 반드시 역사합니다. 하나님은 우리 단체를 위해 놀라운 일을 하고 계시며 저는 지금 올바른 방향으로 가고 있다는 것을 전적으로 확신합니다. 아직 도착하지는 않았지만, 출발은 했습니다. 할렐루야! 저는 옳은 방향으로 가고 있습니다. 제가 하나님께서 원하시는 곳에 있음을 저는 압니다. 이것이 바로 목적지에 도달하는 방법입니다. 하나님을 삶의 최우선에 두었다면 마음의 소원을 따르십시오. 불행히도 대부분의 사람들은 그들의 마음을 따르지 않습니다. 전통적인 지혜가 자신을 지배하게 내버려 둡니다. 마음의 소원을 따르기보다 환경과 돈이 그들의 인생의 방향을 결정하도록 합니다.

하지만 이것은 어떻게 해요?

자신의 능력 문제, 재정적 책임과 지금 가진 모든 문제가 없다고 가정해 보십시오. 그 모든 문제가 없다면 무슨 일을 하고 싶습니까? 원하는 그 일을 지금 하고 있습니까?

많은 사람에게 이 질문을 해 보았는데 그중에 대부분은 자신이 정말 하고 싶은 일을 하고 있지 않다고 대답했습니다. 그렇게 살기에는 인생이 너무 짧습니다. 도전적인 삶을 살지 않으면 인생을 낭비하는 것입니다. 나가십시오. 뭐든지 시도해 보십시오. 인생은 예행연습이 아닙니다. 인생에 두 번은 없습니다. 당신이 이 세상을 떠난 뒤에 누군가 당신을 그리워할 만한 인생을 살고 있습니까? 세상을 조금이나마 달라지게 하고 있습니까? 당신이 진정으로 하나님을 최고의 우선순위에 두었다면 당신이 가진 그 소원함이 바로 당신이 태어난 목적을 말해주고 있습니다. 당신의 마음은 인생의 목적을 알고 있기 때문입니다.

우리 학교 CBC에서는 비전에 관해 많이 설교합니다. 그래서 졸업할 때가 가까워지면 학생들이 찾아와 이렇게 묻곤 합니다. "하나님께서 저에게 뭘 원하시는지 아직 모르겠어요. 계속 기도해 왔지만, 아무것도 못 들었어요." 그러면 저는 방금 여러분과 나눈 내용을 말해 줍니다. "돈 문제가 없다고 생각해 보세요. 재산이 1조가 넘어서 돈은 전혀 문제가 안 된다고 생각해 보세요. 친척들과 친구들이 어떻게 생각할까, 그것도 문제가 되지 않는다고 생각해 보세요. 과거의 실패도 잊어버리세요. 그런 것들은 다 문제가 되지 않는다면 무엇을 하고 싶으세요?"

모든 사람에게 소원이 있습니다. 자신도 소원함을 가졌다는 것을 확신하지 못할 뿐 모든 사람 안에는 소원이 있습니다. 제가 상담했던 사람들도 모두 꿈을 가지고 있었습니다. 일단 두려움을 극복하고서 다른 사람들의 기대를 만족시켜야 한다는 부담을 버리고 나면 그들은 자신들의 꿈을 표현하기 시작합니다. 그런데 저는 실제로 하나님께 말씀을 받은 수백 명의 사람들과 이야기해 보았는데 그들은 자신의 소원을 믿지 않았습니다. 그 소원이 자기 자신에게서 온 것으로 생각했기 때문에 그것은 무시하고 대부분 천사가 나타나 알려주기를 또는 불타는 떨기나무가 귀에 들리는 음성으로 말해주기를 기다리고 있었습니다.

저는 평생 귀에 들리는 하나님의 음성을 들어보지 못했습니다. 제 말은 하나님께서 귀에 들리는 음성으로 사람들에게 말씀하지 않으신다는 뜻이 아니라 그것은 하나님께서 우리와 소통하는 전형적인 방법이 아니라는 것입니다. 보통의 경우 하나님의 음성을 듣는 것이란 하나님을 삶의 최우선 순위에 두고 온 마음으로 그분을 구한 후, 마음의 소원을 따르는 것입니다. 거듭 강조하지만, 그 소원함이 하나님의 말씀에 합당한지 아닌지 반드시 살펴보아야 합니다. 은행을 턴다든지 그 외 다른 여러 죄를 짓는 것은 분명히 하나님에게서 온 것이 아닙니다. 그러나 당신이 하나님의 뜻을 더 간절히 찾고 기도할 때 점점 커지는 소원이 있다면 그것을 따라가야 합니다.

많은 사람이 자신들의 꿈을 버리는 이유는 과거의 실패 때문이라고 저는 생각합니다. 그동안 너무 많이 실망했기 때문에 더는 실망하고 싶지 않아서 위험을 감수하려고 하지 않습니다. 또 어떤 사람들은 꿈은 아이들이나 꾸는 것이라고 생각하여 자신들의 꿈은 제쳐 두고 세상의 가치를 추구합니다. 그러나 하나님은 힘들게 간신히 살아가도록 우리를 창조하시지 않았습니다. 삶은 흥미진진한 것입니다. 우리의 삶이 세상을 변화시키고 있다는 것을 알 때 오는 기쁨이 있으며 우리는 그 기쁨을 누리도록 만들어졌습니다.

하나님을 섬기는 것은 지루한 일이 아닙니다. 만약 지금 지루함을 느끼고 있다면 당신의 삶을 향한 하나님의 뜻을 아직 발견하지 못한 것입니다. 하나님의 뜻을 따라가는 것은 마치 롤러코스터를 타는 것과 같습니다. 커브를 돌 때마다 신이 납니다. 물론 어려운 일이 있을 것이고 그에 따른 성장통이 따라올 것입니다. 모든 사람들이 전임 사역자가 되어 수백만을 주님께 인도하진 않겠지만 모두가 다가올 자신의 미래가 기대되고 자신이 하는 일이 즐거워야 합니다. 하나님은 자리나 차지하는 쓸모없는 사람은 단 한 명도 창조하지 않으셨습니다.

그리스도의 몸

콜로라도주 라마에서 성경 공부를 인도한 적이 있습니다. 그 성경 공부에 참석하는 일곱 자매가 있었는데 그들 모두 하나님께 열심이었습니다. 그중에 한 자매에게 걸음마를 하는 아기가 있었는데 그 아기가 오토바이 밑에 깔려 가슴이 짓눌렸습니다. 그 자매는 눌린 그 아기의 가슴을 밀어내서 다시 제 모습대로 해 놓고

30분 정도 계속 기도했습니다. 그녀는 아들에게 살아나라고 명령했고 그 아이는 살아났습니다.

그 후 그 일곱 자매의 어머니가 돌아가셨는데 그들이 기도해서 다시 살아났습니다. 그 어머니는 바로 벌떡 일어나서 시장까지 3km를 걸어갔고 장까지 봐 왔습니다. 그 자매들은 TV에 나오는 유명한 사역자도 아닌데 하나님의 초자연적인 능력을 행하며 삽니다. 그 지역에서 그 자매들을 모르는 사람들이 없고 그들의 이야기로 인해 사람들이 거듭났습니다. 그들은 자신들의 세상을 변화시키고 있습니다. 그들의 삶은 의미가 있다는 말이지요!

하나님은 우리가 모두 전임 사역자가 되기를 원치 않으십니다. 그러나 우리 모두가 그분의 사랑으로 세상을 섬기기를 원하십니다. 우리 모두가 하나님의 나라에 영향을 미치는 능력 있는 삶을 살기를 하나님은 원하십니다. 그래서 우리는 의미 있는 삶을 살아야 합니다. 우리 자신보다 더 큰 어떤 것에 소속될 수 있도록 교회의 한 지체가 되어야 합니다. 우리 자신의 아성을 쌓는 아메리칸 드림은 하나님의 드림dream이 아닙니다. 우리의 삶이 다른 사람들에게 긍정적인 영향을 미치기를 하나님은 바라십니다.

임종을 앞두고 유언을 하면서 "아! 좀 더 큰 집에 살고 더 좋은 차를 몰았어야 했는데. 더 많은 보석을 가졌어야 했는데!"라고 말할 사람은 없을 것입니다. 임종 시 사람들이 후회하는 것은 실패한 관계에 관한 것들입니다. 인간관계가 인생의 모든 것이기 때문에 자신의 삶이 다른 사람들에게 더 큰 영향력을 미치지 못한 것을 후회하는 것입니다. 하나님은 사람을 중요시하십니다. 당신의 삶을 향한 하나님의 목적이 무엇이든 간에 그것은 다른 사람들을 변화시키는 것과 관련이 있습니다.

우리 직원의 친구 하나는 자신이 하나님의 뜻으로 환경미화원이 되었다고 철썩 같이 믿는다고 합니다. 그의 말에 의하면 어차피 누군가는 쓰레기를 수거해야 한다고 했는데 옳은 말이지요. 그 일을 아무도 하지 않는다면 환경이 더러워질 것입니다. 그는 쓰레기통을 전부 깨끗하게 비우고 항상 말끔하게 정돈합니다. 그는 자신이 하는 일을 자랑스러워했고 쓰레기통을 비우는 자기 일을 하나님의 사랑을 전하는 기회로 삼았습니다. 그는 매일 누군가에게 친절을 베풀며 주님을 전하기 때문에 성취감을 통해 삶의 의미를 느낀다고 했습니다. 믿는 자들은 누구나 초자연적인 하나님의 사랑과 하나님의 능력을 가졌습니다. 하나님께서 무슨 일로 당신을 부르셨든, 하나님의 사랑과 능력을 사용하며 주변의 사람들에게 영향력을 미칠 수 있습니다.

배에서 내리라

하나님께서 우리를 인도하시는 방법에는 여러 가지가 있습니다. 그중에 가장 주된 방법은 우리가 하나님을 최우선시할 때 하나님께서 마음에 넣어주시는 소원함을 따르는 것입니다. 우리가 주님 안에서 기뻐하면 하나님은 우리의 소원함을 바꾸셔서 우리를 만드신 그분의 목적과 일치하도록 해 주십니다. 그래서 그 소원함을 신뢰해도 되는 것입니다. 하나님은 대부분의 경우 이 방법으로 성도를 인도하십니다. 귀에 들리는 음성으로 말씀하시거나 눈에 보이는 모습으로 나타나시는 경우는 거의 없습니다. 그래서 하나님의 인도를 따르는 데는 믿음이 필요한 것입니다.

> 믿음이 없이는 하나님을 기쁘시게 하지 못하나니 하나님께 나아가는 자는 반드시 그가 계신 것과 또한 그가 자기를 찾는 자들에게 상 주시는 이심을 믿어야 할지니라   히브리서 11:6

하나님은 세미한 방식으로 자신을 나타내십니다. 예수님은 747 제트기를 타고 예루살렘에 오실 수도 있었지만 그렇게 하지 않으시고 겸손한 방법을 택하셨습니다. 또한 그로 인해 요셉은 마리아의 임신이 육체적인 관계가 아닌 성령님에 의한 것이었다는 사실을 믿음으로 받아들여야 했습니다. 예수님은 부활하신 후 예루살렘 상공을 떠다니며 그분을 십자가에 못 박은 사람들에게 자신이 다시 살아나셨음을 증명하실 수도 있었습니다. 그러나 예수님은 부활하신 후에도 그분을 믿는 사람들에게만 나타나셨습니다. 예수님은 사람들로 하여금 그분이 부활하신 사실을 인정하도록 만드실 수 있었지만, 그것은 하나님의 방법이 아닙니다. 하나님은 우리의 믿음을 원하시기 때문입니다. 하나님은 그분의 뜻을 아무에게도 강요하지 않으십니다.

당신이 하나님을 최우선의 자리에 모시면 하나님은 그분의 소원함을 당신의 마음에 넣어 주셔서 그 소원함으로 당신을 인도하실 것입니다. 그러나 그 인도함을 따르려면 당신은 그 배에서 내려야 합니다. 발걸음을 옮겨 물 위에 발을 내디뎌야 합니다. 담대하게 발걸음을 내딛고 마음의 소원함을 따르십시오. 그렇게 하면 당신의 삶은 의미를 가지게 되고 흥미진진하게 될 것입니다! 다른 사람들의 삶에 선한 영향을 미치게 될 것입니다. 위험을 감수하고서 안락함의 영역을 벗어나는 것은 그만한 가치가 있는 일입니다.

이렇게 생각할 수도 있습니다. "그러다 물에 빠지면 어떻게 해요. 그냥 배 안에 있을래요." 베드로가 물 위에 계시는 주님을 향해 가려고 배에서 나왔을 때 그 배는 이미 물로 가득 차 있었습니다(마태복음 14:25-33). 그들은 모두 물에 빠질 지경이었습니다. 배 **안**이나 배 **밖**이나 매한가지였습니다. 많은 그리스도인들이 두려움 때문에 발걸음을 내딛지 않고 주님의 인도를 따르지 않지만 그들의 상황이 비참하기는 마찬가지입니다. 다른 사람들처럼 직장에 갔다 돌아와서 TV를 보다 잠자리에 들고 다음 날 아침 또다시 그것을 반복하는 다람쥐 쳇바퀴 도는 삶의 연속입니다. 배 밖으로 나간다고 해서 잃을 게 있습니까? 그 배에서 내린다면 당신은 최소한 하나님을 따르게 될 것입니다. 기회를 잡게 될 것입니다. 그러나 물 위를 걸으려면 우선 그 배에서 내려야 합니다!

하나님의 시간에, 하나님께서 인도하시는 일을 하려면 지혜를 사용해야 합니다. 하나님의 일이 저절로 이루어지기를 기다리지 마십시오. 뭐라도 해야 합니다. 첫걸음을 떼십시오. 하나님께서 CBC로 인도하신다는 느낌이 있는데 어떻게 해야 할지 모르겠다는 사람들에게 저는 일단 접수비를 내고 어떤 일이 일어나는지 기다려 보라고 권합니다. 그것이 하나의 걸음입니다. 일단 배가 조금이라도 움직이면 키를 돌려 방향을 바꿀 수 있습니다. 그러나 배가 움직이지 않으면 키를 아무리 돌려도 절대 방향을 바꿀 수 없습니다. 하나님께서 당신의 삶을 인도해 주시기 바란다면 당신도 뭔가를 해야 합니다. 확신이 없다면 전속력으로 가지 말고 그쪽으로 천천히 움직여 보십시오. 뭔가를 시작하십시오.

제가 말씀드리는 것에 대한 적절한 사례가 열왕기하에 나옵니다. 열왕기하 7장에는 네 명의 나병환자 이야기가 나오는데 그들은 포위당한 사마리아 성문 앞에 앉아 있었습니다. 성안에서는 굶주림에 소똥을 먹거나 심지어 자신의 갓난아이를 먹는 사람들도 있었습니다. 적들이 성을 에워쌌고 보급로는 끊어졌습니다. 그때 그 나병환자들이 이렇게 말합니다.

우리가 어찌하여 여기 앉아서 죽기를 기다리랴 만일 우리가 성읍으로 가자고 말한다면 성읍에는 굶주림이 있으니 우리가 거기서 죽을 것이요 만일 우리가 여기서 머무르면 역시 우리가 죽을 것이라 그런즉 우리가 가서 아람 군대에게 항복하자 그들이 우리를 살려 두면 살 것이요 우리를 죽이면 죽을 것이라 하고

열왕기하 7:3-4

적진으로 가는 것이 위험하다는 것을 그들도 알고 있었지만, 이러나저러나 죽는다는 사실을 깨우친 것입니다. 그러나 위험을 감수하면 살아날 기회가 될 수도 있었습니다. 그래서 그들은 아람군대 진영으로 갔고 이미 주께서 적을 물리치신 것을 발견했습니다. 그곳에는 한 사람도 없었으며 음식은 아직도 따뜻했습니다. 그들은 금과 은, 옷가지를 취하여 졸지에 부자가 되었습니다. 그리고 적이 도망쳤다는 좋은 소식을 전하기 위해 사마리아 성으로 돌아갔습니다.

그 결과 이들 네 명의 나병환자들은 사마리아 성 전체에 구원을 가져다주었습니다. "언제까지 여기 이렇게 앉아 있을 것인가? 죽을 때까지?" 누군가가 던진 그 질문으로 인해 그들은 영웅이 되었습니다. 믿음의 걸음을 뗐는데 그 결과가 실패라 할지라도 아무것도 안 하고서 '적어도 실패는 하지 않았으니 성공이야!' 라고 억지 위로를 하는 것보다는 낫습니다. 하나님은 두려움 때문에 아무것도 안 하는 것보다 믿음으로 행하려다 실수하는 것을

축복하십니다. 두려움은 곧 불신앙이기 때문입니다. 하나님께서 당신의 마음에 어떤 소원함을 넣어주셨다면 죽을 때까지 기다리지만 말고 뭔가를 하십시오.

성령님께서 이 말씀을 통해 당신을 불일 듯 일으켜 세워 주시려는 것을 느끼시기 바랍니다. 불일 듯 일어나지 않으면 바닥으로 내려앉을 뿐입니다. 하나님은 당신이 자신의 잠재력을 모두 펼치기를 원하십니다. 제 삶이 끝날 때 저는 이렇게 말할 것입니다. "하나님 감사합니다. 저는 경주를 했습니다. 저는 달려갈 길을 마쳤습니다(디모데후서 4:7). 제가 가진 모든 것을 쏟아부었습니다." 저는 인생의 마지막에 이렇게 말하고 싶지는 않습니다. "내 마음에 원했던 그 일을 했었어야 했는데." 저는 지금 최선을 다해 제 마음이 원하는 일을 하고 있습니다. 여러분도 똑같이 하시라고 용기를 드립니다. 결승선에 도달할 수 없을지 모르지만 일단 출발은 해야 하지 않을까요?

하나님의 뜻을 발견하는 것만으로는 부족합니다. 첫걸음을 떼어 그분의 인도하심을 따라가야 합니다. 하나님의 뜻 한가운데 있으면 그분의 뜻 밖에서는 경험해 보지 못한 만족을 알게 됩니다. 아무리 하나님을 사랑하고 거룩한 삶을 산다 해도 하나님의 뜻 한가운데 있지 않으면 그 만족감은 얻을 수 없습니다. 하나님을 사랑하고 거룩한 삶을 살면서 동시에 하나님께서 당신을 두기 원하시는 그곳에 있어야 합니다.

하나님께서 저를 그분의 뜻 한가운데로 인도하시는 주된 방법은 늘 마음의 소원함을 통해서였습니다. 당신의 삶 속에서도 그 무엇보다 먼저 하나님을 구하면 당신의 마음에 그분의 소원함을 주실 것이고 그 소원함을 따라 행할 것인가 말 것인가는 당신에게 달려있습니다. 만약 하나님께서 무엇을 하라고 인도하시는지 확신이 서지 않는다면 아직은 온 힘을 다해 실행하지 않아도 됩니다. 마음속의 소원함을 향하여 몇 발짝만 떼어 보십시오. 주님은 믿음을 기뻐하시기 때문에 당신이 믿음으로 걸음을 떼기 시작할 때 당신을 위해 그분의 뜻을 더욱 강하게 나타내실 것입니다 (역대하 16:9).

07

하나님의 시간 그리고 나의 준비

 모세는 위대한 하나님의 사람이었습니다. 그는 평생 엄청난 헌신의 결단으로 하나님을 따랐지만 큰 실수도 했습니다. 그 결과 자기 자신과 유대 민족 전체에게 큰 고통을 가져다주었습니다. 모세는 자신의 삶을 향한 하나님의 뜻을 계시 받았지만 그것을 성취하는 방법을 몰랐습니다. 그래서 자신의 방법으로 하나님의 뜻을 이루려고 했고 그 결과 많은 문제를 야기한 것입니다. 모세의 삶을 보면 하나님의 인도하심을 따라갈 때 하나님과 협력하는 방법을 배우는 것이 얼마나 중요한지 알 수 있습니다.

 모세가 태어났을 때는 바로가 이미 이스라엘 민족에게서 태어나는 남자아이를 전부 죽이라고 명령을 내린 상태였습니다(출애굽기 1:15-16). 당시 이스라엘 민족의 인구가 많이 증가했기 때문에 바로는 그들이 애굽을 차지할까 봐 두려워서 산파들에게 히브리 남자아이는 모두 죽이라고 명령한 것입니다.

역사적으로 예수님이나 모세처럼 강력한 하나님의 지도자가 등장할 때면 정권에 의한 유아 살해가 있었다는 사실은 매우 흥미롭습니다(마태복음 2:16). 마치 뭔가 오고 있음을 감지한 사탄이 이를 막기 위해 아이들을 죽이는 것 같습니다. 오늘날에도 미국에서만 1973년 이후로 5천만이 넘는 태아가 낙태되었습니다. 사실 낙태는 미국의 주요 사망 원인 중 하나입니다. 미국에서 연간 심장병으로 사망한 사람의 두 배 가까이가 낙태되고 있으며 낙태는 2005년 기준 미국 내 사망자의 39%를 차지하고 있습니다.[1]

슬픈 사실은 낙태가 전 세계적으로 원치 않는 임신의 해결책으로 각광받고 있다는 것입니다. 이렇듯 엄청난 태아 살해 운동이 일어나고 있다는 사실을 간과해선 안 됩니다. 저는 이것이 말세의 현상이라고 생각합니다. 모세와 예수님이 태어났을 때처럼 사탄은 하나님의 구속사역 마지막 단계를 막으려 하지만 하나님은 항상 사탄의 악한 계략을 포위하는 방법을 가지고 계십니다.

일례로 애굽의 유아 살해 기간 중에도 하나님은 모세를 보존하실 수 있었습니다. 그의 부모는 모세를 석 달 동안 숨겼고 더 숨길 수 없게 되자 모세의 어머니가 역청으로 칠한 바구니에 그를 담아 나일강물에 떠내려 보냅니다. 모세의 누이가 먼 거리에서

---

[1] "Abortion Blackout; end abortion by 2020," http://www.abortionblack out.com/ abortion-facts?page=2

어떻게 되는지 지켜보았는데 바로의 딸이 목욕을 하러 강가로 나왔다가 수초 사이에 있던 모세를 발견합니다. 그녀는 그가 히브리 민족의 아이라는 걸 알고 데려다 자기 아들로 키웁니다.

이렇듯 하나님께서 일하시는 방법은 너무 멋집니다. 사탄이 자신의 도구였던 바로를 통해 장래 이스라엘의 지도자를 죽이려 하자 하나님은 그 지도자를 바로에게 보내셔서 그로 하여금 모세를 키우고, 교육하고, 훈련하는데 들어가는 모든 비용을 지불하게 하십니다. 이렇듯 하나님께서는 그분의 뜻이 이루어지도록 하는 방법이 항상 있으십니다.

모세가 장성한 후에 한번은 자기 형제들에게 나가서 그들이 고되게 노동하는 것을 보더니 어떤 애굽 사람이 한 히브리 사람 곧 자기 형제를 치는 것을 본지라 좌우를 살펴 사람이 없음을 보고 그 애굽 사람을 쳐죽여 모래 속에 감추니라 이튿날 다시 나가니 두 히브리 사람이 서로 싸우는지라 그 잘못한 사람에게 이르되 네가 어찌하여 동포를 치느냐 하매 그가 이르되 누가 너를 우리를 다스리는 자와 재판관으로 삼았느냐 네가 애굽 사람을 죽인 것처럼 나도 죽이려느냐 모세가 두려워하여 이르되 일이 탄로되었도다 바로가 이 일을 듣고 모세를 죽이고자 하여 찾는지라 모세가 바로의 낯을 피하여 미디안 땅에 머물며 하루는 우물 곁에 앉았더라　　　　　　　출애굽기 2:11-15

이 적은 양의 정보가 모세 인생의 첫 40년을 요약해서 보여 줍니다. 저도 영화 십계를 좋아합니다만 영화의 디테일한 부분은 잘못된 것이 많습니다. 그 영화는 모세의 일생에 관해 출애굽기만 의존하고 있는 것 같은데 모세의 일생을 정확히 이해하려면 신약성경에 나와 있는 정보가 필요합니다. 그 정보 없이는 일부 부정확한 결론을 낼 수밖에 없습니다. 성령님께 영감을 받은 저자들이 출애굽기에는 없는 세부 내용을 사도행전과 히브리서에 기록해 놓았기 때문입니다. 이렇듯 성경은 성경을 자체 주석으로 삼아 해석해야 합니다. 꼭 기억하십시오.

영화 십계에서는 한 애굽인이 히브리인을 때리는 장면을 모세가 목격한 그 순간, 우연히 모세의 부르심이 시작된 것으로 묘사합니다. 또한 모세가 옳고 그름의 기준에서 히브리인의 편을 들어 애굽인을 죽인 것으로 그립니다. 영화 십계는 모세가 자신이 히브리인임을 몰랐다는 전제하에 전개되지만, 성경은 모세가 그의 혈통을 **알았다**고 합니다.

스데반은 첫 번째 순교자입니다. 그가 돌에 맞아 죽기 직전에 공회에서 자신이 유대인의 믿음을 위반한 것이 아니라는 것을 증명하기 위해 유대역사를 이야기합니다. 그는 아브라함으로부터 시작하여 메시아의 오심까지, 유대인에게 주신 약속과 예언을 설파했습니다. 스데반은 성령의 감동으로 말했으며 그가 말한 내용은 모세에게 일어난 일을 보다 온전히 이해하는데 중요한 역할을 합니다. 그는 다음과 같이 말했습니다.

그때에 모세가 났는데 하나님 보시기에 아름다운지라 그의 아버지의 집에서 석 달 동안 길리더니 버려진 후에 바로의 딸이 그를 데려다가 자기 아들로 기르매 모세가 애굽 사람의 모든 지혜를 배워 그의 말과 하는 일들이 능하더라 나이가 사십이 되매 그 형제 이스라엘 자손을 돌볼 생각이 나더니   사도행전 7:20-23

모세가 애굽 사람을 죽였을 때 40세였다는 것은 이 구절 외에 성경 어디에도 없습니다. 이 구절은 그가 40세가 되자 **"그 형제 이스라엘 자손을 돌볼 생각이 나더니"**라고 합니다. 이 구절은 제가 지금까지 말씀드린 원리, 즉 '주님을 기뻐할 때 하나님께서 그분의 소원함을 우리 마음에 넣어주신다'는 원리를 반영해 줍니다. 모세는 그가 유대인임을 알고 있었습니다. 그는 유대인의 고통을 보았고 그로 인해 마음이 움직였습니다. 하나님은 그에게 자기 민족을 돌볼 마음을 주셨습니다. 영화 십계는 마치 모세가 그냥 여기저기 돌아다니다 우연히 히브리인이 얻어맞는 것을 발견한 듯이 묘사했지만 아닙니다. 그 장소에 가려는 마음이 그에게 있었고 그래서 갔던 것입니다.

모든 것은 하나님의 시간표에 달렸다

한 사람이 원통한 일 당함을 보고 보호하여 압제 받는 자를 위하여

> 원수를 갚아 애굽 사람을 쳐 죽이니라 그는 그의 형제들이 하나님께서 자기의 손을 통하여 구원해 주시는 것을 깨달으리라고 생각하였으나 그들이 깨닫지 못하였더라 사도행전 7:24-25

이 구절은 모세가 하나님께서 자신을 부르셨다는 사실을 알고 있었음을 너무나도 분명하게 말해줍니다. 그는 하나님께서 유대인을 구원하시기 위해 그를 지도자로 세우셨다는 것을 알고 있었습니다. 모세는 그의 삶을 향한 하나님의 뜻을 알고 있었지만, 그것이 애굽 사람을 죽임으로써 성취될 거라고 생각했습니다. 모세는 또한 하나님께서 그에게 기름 부으신 이유가 자신의 지위, 즉 바로의 왕실 내의 지위를 통해 히브리인들을 구출하고 해방시키기 위함이라 믿었고 히브리인들도 자기와 같은 생각일 거라 여겼던 것입니다.

모세가 언제부터 자신의 삶을 향한 하나님의 뜻을 알고 있었는지는 알 수 없지만, 그가 알았다는 사실이 중요합니다. 모세는 자신을 통해 이스라엘 백성을 해방시키는 것이 하나님의 뜻이라는 것을 알고 있었지만, 그것을 성취하기 위한 하나님의 타이밍과 계획에 대해서는 완전히 잘못 짚었습니다. 이것은 우리에게 중요한 것을 알려주는 정보입니다. 우리 삶을 향한 하나님의 뜻을 발견하는 것은 절대적으로 중요합니다만 하나님의 뜻을 알아도 성령님에게 인도받을 만큼 민감하지 못하다면 모든 것을 망쳐버릴 수도 있기 때문입니다.

모세도 하나님의 뜻을 자신의 힘으로 성취하려 했을 때 그것을 완전히 망쳐버렸습니다. 모세는 자신의 실수로 인해 광야에서의 40년이라는 값을 치러야 했습니다. 또한 하나님이 의도하지 않으신 30년의 속박을 이스라엘 백성들이 추가로 견뎌야 했습니다. 하나님께서 아브라함에게 언약을 주실 때 이스라엘의 자손들이 이방 땅에서 400년 동안 객이 될 것이라고 예언하셨습니다(창세기 15:13). 애굽에서의 400년 노예 생활이 아니라 하나님께서 언약을 주신 때부터 전체가 400년입니다. 이스라엘 민족은 땅을 소유하지 못했기 때문에 그 땅에서는 항상 이방인이었으니까요. 그런데 사도 바울은 언약이 있은 지 430년 후에 율법이 왔다고 기록하고 있습니다(갈라디아서 3:17). 즉 모세가 이스라엘 민족을 애굽에서 인도해 낸 것은 430년째 되는 해였다는 뜻입니다(출애굽기 12:40).

이런 계산은 사람들이 "아멘"하며 은혜 받을만한 것은 아니지만 그래도 매우 중요한 내용입니다. 하나님께서 아브라함에게 언약하신 때로부터 이스라엘의 자손들이 애굽을 빠져나온 것은 정확히 430년이 걸렸는데 하나님께서 예언하신 것은 400년이었기 때문에 30년의 차이가 납니다. 그리고 모세가 애굽 사람을 죽인 후에 불붙은 떨기나무에서 하나님을 만나기까지 40년을 광야에서 보냈다는 것을 우리는 알고 있습니다(사도행전 7:30). 그러므로 애굽에서 그들이 나오기까지 걸린 430년에서 모세가 광야에서 보낸 40년을 빼면 모세가 하나님의 뜻을 이루기 위해 애굽 사람을 죽인 것은 언약으로부터 390년이 지난 시점이었습니다. 즉 하나님께서 모세의 마음에 넣어주신 소원함을 성취하기에는 아직 10년이란 기간이 남아있었다는 뜻입니다.

당신의 삶을 향한 하나님의 뜻은 그분의 시간표까지 포함한 것입니다. 하나님은 당신에게 한 단어를 말씀하셨는데 그것으로 한 문단을 만들어서 자기가 하고 싶은 대로 하면 안 됩니다. 하나님의 계획은 원래 계획보다 더 빨리 이루어질 수 없습니다. 내가 하나님의 계획을 지연시킬 수는 있지만(모세가 30년을 지연시킨 것처럼) 예정하신 것보다 시간을 당길 수는 없습니다.

모세가 어떤 생각을 했는지 성경에 자세히 기록되진 않았지만 추측할 수는 있다고 봅니다. 그는 애굽에서 행해진 유대인 남아 살해 기간에 기적적으로 살아남았고 게다가 어느 시골 촌구석에서 연명하며 살아남은 것이 아닙니다. 바로의 궁전에서 성장했습니다! 바로의 딸이 그를 키웠으니까요. 모세는 애굽에서 두 번째 아니면 세 번째 서열이었습니다. 역사책에는 그가 애굽의 군대를 이끌고 구스(에티오피아)를 정복한 위대한 장군이었다고 기록하고 있습니다. 모세는 애굽에 엄청난 영향력을 미쳤던 권세 있는 사람이었습니다. 그러니 모세가 자신의 지위와 권력을 통해 이스라엘 민족을 해방시킬 것이라고 생각했을 것이라는 추측이 가능합니다. 그러나 하나님은 사람의 힘을 의지하지 않으십니다.

하나님이 이스라엘을 구원하시려고 했던 방법은 그 공로가 전부 모세에게 돌아가는 방식이 아니었습니다. 이스라엘에게 자유

함를 주는 것은 바로의 궁전 내에서의 모세의 지위가 아니었습니다. 하나님은 기적적인 방법을 사용하심으로써 **누가** 그들을 구원했는지 오해하지 않도록 하실 예정이었습니다.

준비하는 기간은 허송세월이 아니다

하나님의 뜻에 접근할 때 모세처럼 하는 사람들이 많습니다. 어쩌다 하나님의 뜻을 발견하고는 이렇게 생각합니다. "하나님, 이제부턴 제가 할 수 있어요. 하나님은 그냥 저를 무대에 올려 소개만 해주세요. 나머지는 제가 알아서 하겠습니다. 그리고 주님, 저를 택하신 건 정말 현명한 선택이에요. 굉장히 지혜로우십니다." 하나님의 뜻에 이렇게 접근하는 사역자들도 많습니다. 하나님께서 그들의 마음을 만지신 것은 맞지만 그들은 하나님의 나라를 자신의 지혜와 능력으로 세우려 합니다. 이것은 그리스도의 몸인 교회에서 커다란 문제를 야기합니다.

하나님은 당신의 능력을 훨씬 뛰어넘는 일을 하라고 당신을 부르실 것입니다. 하나님은 그 일을 초자연적으로 이루셔서 그분의 영광을 증거하고 사람들을 향한 하나님의 사랑을 그들이 깨닫게 되기를 원하십니다. 하나님은 사람들을 사용하여 그들의 능력 밖의 일을 하게 하시고 다른 사람들이 그것을 보고서 "와! 이것은 틀림없이 하나님이 하신 일이야."라고 고백하게 하십니다. 하나님은 낮은 자들, 멸시받는 자들, 아무것도 아닌 자들을 사용하심으로써 아무도 주님 앞에서 "제가 한 일을 좀 보세요."라고 말할 수 없게 하십니다(고린도전서 1:26-30).

하나님은 당신의 능력 밖의 일을 위해 당신을 부르실 것이기 때문에 당신은 그분의 능력을 의지해야 합니다. 그러면 사람들이 당신의 능력이 아닌 하나님의 능력을 보게 될 것이고 하나님께 영광을 돌리게 될 것입니다. 하나님은 모세를 통해 그분이 직접 초자연적인 일을 하시려 했지만 모세는 자신의 힘으로 그 일을 이루려는 실수를 범했던 것입니다. 이스라엘 백성이 400년 후에 구원받을 것이라는 예언을 모세가 알았는지 확실하지 않지만, 유대인들은 그들의 역사를 성실히 전했기 때문에 아마 알았을 것으로 생각됩니다. 그래서 저는 모세가 자신이 하나님의 예언보다 10년 앞서간다는 사실을 알았을 거라고 생각합니다.

오늘날 우리도 기다리기보다는 일을 성취하는데 열심입니다. 그것이 성경에 위배되는 일일지라도 우리의 참을성 없음을 정당화하려고 합니다. 그것이 더 편리하니까요. 성경은 새 신자를 지도자 위치에 두지 말라고 가르치지만(디모데전서 3:6), 교회는 막 거듭난 영화배우, 운동선수, 정치인 등 유명인들을 대표로 내세우길 좋아합니다. 그들의 유명세를 이용해 이익을 얻으려는 것입니다. 그들의 영향력을 사용하여 복음을 전하겠다는 생각인데, 그들이 성숙하기를 기다리는 동안에 인기를 잃을 지도 모른다는 생각 때문에 기다리지 않는 것입니다. 이런 조급함 때문에 그

새신자는 교만에 차서 거드름을 피우거나 미성숙함 때문에 스캔들에 휘말려 역풍을 맞게 됩니다.

모세도 이와 유사한 논리를 폈을 것입니다. 아마도 그는 애굽의 혹독한 환경 아래 죽어가는 유대인들을 목격했을 것입니다. 한 해에 10만 명이 죽어갔다고 했을 때 다음과 같이 생각했을 것입니다. "하나님, 예언이 이루어지기까지 아직 10년이 남아 있는 것 저도 압니다. 그러나 지금 당장 뭔가 하지 않으면 하나님께서 이스라엘 백성들을 구원하실 때까지 백만 명이나 되는 사람이 죽습니다." 우리도 이와 같이 우리의 상황과 문제가 하나님께서 지시하신 것과 상충할 때 이러한 논리를 사용합니다. 그러나 이러한 논리에는 문제가 있습니다. 모세의 조급함이 실제로는 이스라엘의 구원을 30년이나 늦췄고 그로 인해 불필요하게 300만 명의 이스라엘 사람이 더 죽었다는 사실입니다. 모세가 하나님의 시간표를 따랐다면 하나님은 그들을 30년 일찍 구원하실 수 있었을 것입니다.

오늘날 우리도 이와 똑같이 행동합니다. 예를 들어 하나님께서 자신을 복음 전도자로 부르셨다는 것을 발견한 사람들은 이렇게 생각합니다. "그때까지 기다릴 수 없어요. 사람들이 지옥으로 가고 있습니다. 저는 성경학교에서 훈련받을 시간이 없어요. 지금 당장 사역을 시작해야 됩니다." 그러나 그들이 간과하는 것이 있습니다. 자신의 힘으로 사역을 할 때 오히려 많은 사람들이 주님으로부터 돌아설 수 있다는 사실입니다. 우리의 사역 실패로 인해 오히려 더 많은 사람들이 하나님에게서 돌아선다면 우리는 안타까운 통계만을 남길 것입니다. 하나님의 뜻을 성취하는 데에도 옳은 방법이 있고 그릇된 방법이 있습니다.

하나님은 앞날을 위해 모세를 준비시키시려고 유대인 해방 10년 전에 그분의 뜻을 모세에게 나타내셨습니다. 사무엘이 다윗에게 기름을 부은 후 실제로 그가 왕이 될 때까지 최소 13년이 걸렸습니다. 사도 바울도 14년간 사역을 준비했습니다. 성경의 주요 인물들의 삶을 공부해 보면 하나님께 크게 쓰임받기 위해 준비하느라 보낸 10년이란 시간은 최소한의 시간임을 알게 될 것입니다! 만약 모세가 10년을 더 기다렸다면 그는 광야에서의 그 모든 어려움 없이 호화로운 바로의 궁전에서 자기를 준비했을 거라고 저는 믿습니다. 모세를 광야로 내몬 것은 하나님이 아닙니다. 모세가 광야에서 40년을 보낸 이유는 하나님의 뜻을 자신의 힘으로 이루려고 살인을 한 자기 자신 때문입니다.

하나님의 방법대로 하라

대부분의 사람들이 하나님으로부터 어떤 지시를 받으면 **휙!** 하고 벌써 가고 없습니다. 그들은 하나님의 지침을 기다리지 않습니다. 하나님의 뜻을 발견하는 것도 중요하지만 그 뜻을 성취하기 위한 하나님의 계획을 아는 것도 그만큼 중요합니다.

당신이 하나님의 뜻을 성취하려면 하나님의 지혜가 필요합니다. 하나님은 당신이 이전에 경험해 왔던 것과는 완전히 다른 방식으로 일하기 원하십니다. 너무나 많은 사람들이 다른 설교자들이 하는 것들을 생각 없이 그냥 따라 합니다. 어떤 교회가 가난한 지역에 버스를 보내 무료로 교통수단을 제공함으로써 성공적인 사역을 하면 모두가 그 "버스 사역"을 시작합니다. 또 다른 목회자는 "구도자 중심" 교회를 시작합니다. 그러면 모두가 이런 것을 '잘 흉내 내는 방법'을 가르쳐 주는 집회에 참석합니다. 하나님께는 **당신**을 향한 계획이 있고 그분이 직접 **당신에게** 할 일을 알려주실 것입니다. 그리고 하나님께서 인도하는 길은 그분과의 관계를 통해서만 알 수 있습니다.

하나님께서 일하시는 방식은 우리의 방법과는 다릅니다. 예를 들어 세상적인 관점에서는 재정의 어려움을 겪을 때 돈을 움켜쥐라고 하는데 성경적으로 그것은 잘못된 일입니다. 성경은 주라, 그러면 부요가 우리에게 주어지리라고 가르칩니다. 이처럼 하나님께서 일하시는 방법은 우리가 일하는 방법과 상당히 다릅니다 (이사야 55:8-9).

어느 날 이른 아침, 밤새 고기를 잡으려 애를 썼지만, 아무것도 잡지 못한 베드로, 야고보, 요한에게 예수님께서 다가오셨습니다 (누가복음 5장). 그들은 고기 잡는 것을 포기하고 일을 마무리하려 했습니다. 그때 예수님은 깊은 데로 나가서 다시 한번 그물들을 내리라고 하셨습니다. 이에 베드로가 대답합니다. "선생님 우리가 밤이 새도록 수고하였으되 잡은 것이 없지마는 말씀에 의지하여 내가 그물을 내리리이다." 그들은 지난밤 내내 자신들이 했던 것과 똑같은 행동을 했지만 다른 점이 있었다면 이번에는 하나님의 지시를 따른 행동이었습니다. 그러자 갈릴리 호수의 물고기들이 전부 그들의 그물로 뛰어들었습니다. 너무 많은 고기를 잡아 그물이 찢어졌습니다.

예수님은 그들에게 **그물**들을 내리라고 복수로 말씀하셨지만 (킹제임스 흠정역 참고_역자 주) 그들은 그물 **하나**만 내린 것을 주의하여 보십시오. 그들이 순종한 것은 사실이지만 **온전히** 순종한 것은 아니었습니다. 크게 기대하지 않았기 때문에 반만 순종했습니다. 그래서 여러 개의 그물을 내려야 했는데 하나만 내린 것입니다. 그 하나의 그물로는 하나님이 주신 모든 물고기를 담을 수 없었기에 그 그물은 그만 찢어지고 말았습니다. 많은 고기들이 빠져나갔을 것입니다. 그들이 만약 여러 그물들을 내리라는 예수님의 명령에 순종했다면 그때 잡을 수 있었던 어획량을 한번 생각해 보십시오.

하나님의 인도하심을 깨달았지만, 과거에 해 왔던 것을 하도록 인도하신다고 느낄 수도 있습니다. 그렇더라도 "이거 전에 해 봤는데 안 되던데?"라고 속단하지 마십시오. 아마도 하나님의 방법이 아닌 자신의 생각으로 했기 때문에 안 됐을 것입니다. 전에 했던 일과 똑같은 일일지라도 이번에는 하나님의 기름 부음과 지도하심 아래 하는 것이기 때문에 완전히 다른 결과를 얻을 것입니다.

하나님은 그분의 나라를 세우실 때 "만능" 접근법을 사용하지 않으십니다. 예수님과 우리의 일대일 관계를 통해 우리 각자를 개별적으로 인도하십니다. 이것이 지상의 모든 종교와 기독교의 차이점입니다. 다른 종교들은 시스템과 규칙과 규정이 있지만, 우리에겐 하나님과의 친밀한 관계가 있습니다. 믿는 모든 사람들은 하나님의 소유이며 예수님은 우리 안에 살고 계십니다. 그리고 성령님이 오셔서 우리를 채우십니다. 그분은 우리에게 말씀하시고, 가르치고, 인도하십니다. 설교자나 목회자에게만 말씀하시지 않습니다. 거듭난 믿는 자들은 모두 성령님의 도우심을 직접 받을 수 있습니다.

모세는 하나님의 말씀을 받았으나 하나님의 시간표를 따르지 않았습니다. 모세는 우리 대부분이 했을 만한 일을 했습니다. 즉 자기 생각대로 해서 망친 것입니다. **우리의 힘과 능력으로는 하나님을 나타내고 그분의 계획을 이루어낼 수 없습니다.** 주님은 우리를 풀어놓아 우리가 정한 속도와 힘으로 일하도록 하지 않으십니다. 그런 것은 장난감 태엽 인형 로봇이지요. 우리는 하나님을 의지해야 합니다. 제가 좋아하는 구절 중 하나가 "여호와여 내가 알거니와 사람의 길이 자신에게 있지 아니하니 걸음을 지도함이 걷는 자에게 있지 아니하니이다"(예레미야 10:23)입니다. 우리는 하나님의 뜻뿐만 아니라 그것을 성취하기 위한 하나님의 시간표와 계획도 발견해야 합니다. 그리고 그것은 기도와 성경 공부를 통해 형성되는 주님과의 관계를 통해서만 올 것입니다.

08

노력이 필요합니다

　모세가 애굽 사람을 죽인 순간 하나님의 계획을 망친 것 같았지만 결국 그는 회복했고 하나님의 뜻을 성취하기 위해 전진했습니다. 그는 광야에서 40년 동안이나 다시 한번 기회를 달라고 하나님께 간구하며 기도했습니다. 그의 삶을 향한 하나님의 계획이 있다는 것을 알았기 때문입니다. 그는 하나님을 구하는 것을 멈추지 않았고 자신의 삶의 목적을 성취하려는 노력도 멈추지 않았습니다. 이렇듯 모세는 적극적으로 하나님을 구했기 때문에 불이 붙었으나 타지 않는 나무를 발견했을 때 발길을 돌려 확인하러 간 것입니다.

　모세가 그의 장인 미디안 제사장 이드로의 양 떼를 치더니 그 떼를 광야 서쪽으로 인도하여 하나님의 산 호렙에 이르매 여호와의 사자가 떨기나무 가운데로부터 나오는 불꽃 안에서 그에게 나타나시니라 그가 보니 떨기나무에 불이 붙었으나 그 떨기나무가 사라지지 아니하는지라 이에 모세가 이르되 내가 돌이켜 가서 이 큰 광경을 보리라 떨기나무가 어찌하여 타지 아니하는고 하니 그 때에 여호와께서 그가 보려고 돌이켜 오는 것을 보신지라 하나님이 떨기나무 가운데서 그를 불러 이르시되 모세야 모세야 하시매 그가 이르되 내가 여기 있나이다 출애굽기 3:1-4

하나님의 음성이 그에게 들린 것은 모세가 불붙은 떨기나무를 확인하기 위해 돌이켜서 보려고 한 직후입니다. 모세는 그냥 지나칠 수도 있었습니다. 그는 양 떼들과 너무 멀리 가지 않으려고 항상 신경을 써야 했을 것입니다. 적당한 때에 양 떼들을 먹일 물을 찾고 있었을 수도 있습니다. 그러나 그러한 바쁜 일상 속에서도 그는 여전히 하나님을 찾고 있었던 것입니다. 그러다 뭔가 범상한 것을 발견하자 멈춰서 확인해 보려고 했던 것입니다.

이와 같은 일이 갈릴리에서 힘겹게 폭풍우와 싸우던 제자들에게도 일어났습니다. 예수님이 물 위를 걸어 그들에게 오신 것입니다. 성경은 예수님께서 제자들을 지나쳐 가려 하셨다고 기록합니다(마가복음 6:48). 예수님께서 그곳에 오신 이유는 물론 제자들을 구하기 위함이었습니다. 호숫가에서 한가롭게 다니시다 우연히 그쪽으로 오신 것이 아니었다는 말입니다. 즉 예수님은 그들을 도우러 오셨는데도 불구하고 그냥 지나치려 하셨던 것입니다. 이것이 바로 하나님께서 일하시는 방식입니다. 그분은 믿음을 기뻐하시기 때문에 우리가 그분을 찾아야 합니다.

하나님은 그분의 임재를 드러내시지만, 아무에게도 강요하지 않으십니다. 우리의 삶에 쳐들어와 우리로 하여금 강제로 그분을 따르도록 만들지 않으신다는 것입니다. 모세가 잘한 것은 포기하지 않고 계속해서 하나님을 찾았다는 것입니다. 그는 하나님께서 자신을 사용하실 것을 믿었습니다(히브리서 11:27). 만약 모세가 불붙은 떨기나무를 보려고 돌이키지 않았다면 하나님께서 그에게 말씀하지 않으셨을 가능성이 높습니다.

하나님에 대하여 민감하지 못하게 하는 것은 우리의 굳어진 마음입니다. 하나님의 뜻을 찾는 것은 어렵지 않습니다. 다만 많은 사람들이 잘못된 곳에서 찾고 있으며 엉뚱한 일들에 붙잡혀 있습니다. 성경은 찾으면 찾는다고 하는데 우리는 이렇게 말합니다. "하나님, 제가 좋아하는 TV 프로그램이 5분 후에 시작하는데 그 전에 저에게 나타나시면 남은 인생 하나님만 섬기겠습니다." 하나님은 우리의 시간표대로 움직이지 않으십니다. 우리가 하나님의 개입하심을 기대하며 온 맘 다해 그분을 찾아야 합니다(예레미야 29:13).

> 하나님이 이르시되 이리로 가까이 오지 말라 네가 선 곳은 거룩한 땅이니 네 발에서 신을 벗으라 또 이르시되 나는 네 조상의 하나님이니 아브라함의 하나님, 이삭의 하나님, 야곱의 하나님이니라 모세가 하나님 뵈옵기를 두려워하여 얼굴을 가리매
>
> 출애굽기 3:5-6

그리고 이스라엘 백성을 인도해 내도록 그를 애굽으로 보내실 거라고 하셨습니다. 그러자 모세는 이렇게 대답합니다. "내가 누구이기에 바로에게 가며 이스라엘 자손을 애굽에서 인도하여 내리이까?"(출애굽기 3:11)

모세는 하나님께 이렇게 반응한 것입니다. "저는 말을 할 줄 몰라요. 지혜도 없고 교육도 제대로 받지 못했어요. 그들이 제 말을 듣지 않을 겁니다." 그러나 사실 모세는 애굽의 지혜를 모두 배웠고 말과 행동에 능했습니다(사도행전 7:22). 애굽은 문명이 매우 발달한 곳이었기 때문에 그곳의 지혜를 모두 배웠다면 적어도 모세는 바보가 아니었다는 것을 알 수 있습니다. 그는 지혜가 있었습니다. 그런데도 불구하고 모세의 대답을 들어보면 마치 하나님께서 어떤 일을 명령하실 때 '나는 할 수 없다'고 하는 우리의 모습과 똑같습니다. 사실 우리도 하나님께서 명하신 그 일을 할 수 있지만, 겁을 먹고 분위기에 압도되어서 못한다고 말하는 것입니다. 하나님의 도움과 기름 부음만 있다면 하나님께서 하라고 하시는 모든 일을 할 수 있습니다(빌립보서 4:13).

모세의 이러한 태도는 40년 전 그의 자신감과 매우 대비됩니다. 즉 모세가 자신의 한계를 인정하는데 몇십 년이 걸렸던 것입니다. 자기 혼자 충분하다고 느끼고 자기 자신을 의지하는 한 하나님을 신뢰하는데 어려움을 겪게 될 것입니다. 자신의 끝에 도달하지 못하면 하나님의 시작을 볼 수 없기 때문입니다. 40년 뒤 모세는 다른 관점을 지닌 다른 사람이 되었습니다. 그는 더 이상 애굽의 2인자가 아니었습니다. 광야에서 장인의 양 떼를 치는 사람이었습니다. 세계 제일의 나라 왕자로서의 교만함과 자기 의지를 잃어버린 것입니다.

하나님의 지팡이

모세는 애굽으로 돌아가 하나님의 뜻을 이룰 기회를 찾고 있었지만 자기 자신에 대한 확신을 잃어버린 상태였습니다. 그는 하나님께서 여전히 자신을 사용하실 것을 알고 있었지만, 그것을 자신의 힘으로는 할 수 없다는 것을 깨달아야 했습니다. 모세는 주님이 명하신 일을 할 능력이 자신에게는 없으며 사람들도 그의 말을 믿지 않을 것이라고 주님께 말했습니다.

여호와께서 그에게 이르시되 네 손에 있는 것이 무엇이냐 그가 이르되 지팡이니이다 여호와께서 이르시되 그것을 땅에 던지라 하시매 곧 땅에 던지니 그것이 뱀이 된지라 모세가 뱀 앞에서 피하매 여호와께서 모세에게 이르시되 네 손을 내밀어 그 꼬리를 잡으라 그가 손을 내밀어 그것을 잡으니 그의 손에서 지팡이가 된지라   출애굽기 4:2-4

모세는 두려움에 뱀으로부터 도망쳤습니다. 그러자 하나님께서 그를 다시 부르셨고 뱀의 꼬리를 집어 들라고 하셨습니다. 뱀의 꼬리를 잡는다는 것은 뱀을 제어할 수 없는 상태가 된다는 뜻입니다. 뱀을 제어하려면 목을 잡아야 하는데 반대로 꼬리를 잡으면 뱀이 돌아서 물 수 있기 때문입니다. 그렇기 때문에 모세가 독사의 꼬리를 잡았을 때 그는 자신의 목숨을 걸었던 것이며 그것은 하나님께 순종하기 위해 죽음도 불사했다는 그의 결단을 보여주는 것입니다.

모세는 40년간 "광야 학교"를 다녔던 것이며 이것이 그의 마지막 시험이었습니다. 그는 이 시험에 합격했을까요, 아니면 떨어졌을까요? 모세에게 뱀의 꼬리를 잡으라고 말씀하셨을 때 하나님은 "이제는 내 방법을 따를 것이냐?"고 물으신 것입니다. 모세가 뱀의 꼬리를 잡은 것은 그가 더 이상 자신의 방법을 의지하지 않기로 결심했다는 것을 보여줍니다. 모세는 뱀이 자신을 죽일 수도 있다는 것을 알면서도 뱀의 꼬리를 집어 들었는데 그 순간 그 뱀은 지팡이로 변했습니다. 이 모든 일 후에 모세는 마침내 하나님의 방식이 더 낫다는 것을 깨달았습니다.

주님은 이 동일한 일을 모든 사람에게 행하십니다. 우리는 모두 자신의 삶을 스스로 통제하려고 합니다. 게다가 누군가에게 지시받는 것을 아무도 좋아하지 않습니다. 하나님의 지시까지도 말입니다. 이렇듯 모든 것을 자기 뜻대로 하려는 것은 타락한 인류의 특징입니다. 하나님의 뜻을 발견하고 그것을 성취하려는 과정 중에서도 우리가 하나님보다 더 잘 안다고 생각할 때가 있을 것입니다. 하나님은 우리를 인도하셔서 더 이상 우리가 자신의 삶을 이끌어가는 자가 아니라는 것을 깨닫고 하나님의 지혜를 신뢰하게 되기를 원하십니다.

> 모세가 그의 아내와 아들들을 나귀에 태우고 애굽으로 돌아가는데 모세가 하나님의 지팡이를 손에 잡았더라   출애굽기 4:20

모세가 불붙은 떨기나무에 가까이 갔을 때 손에 무엇을 들고 있는지 하나님께서 물으셨습니다. 모세는 지팡이를 들고 있다고 대답했습니다. 그리고 하나님은 그것을 던지라고 하셨습니다. 모세가 하나님 앞에 내던진 것은 일반적인 낡은 지팡이였습니다. 그러나 하나님께서 그 지팡이를 모세에게 돌려주시자 성경은 그것을 "하나님의 지팡이"라 불렀습니다. 그것은 더 이상 모세의 지팡이가 아니었습니다. 하나님의 지팡이였습니다. 하나님은 이것을 모든 믿는 자들에게 요구하십니다. 하나님의 뜻을 따르기를 원한다면 "너는 정말로 나를 신뢰하느냐?"라는 하나님의 질문에 답해야 하는 과정을 통과할 것입니다. 하나님은 당신에게 무언가를 희생하라고 요구하실 것입니다. 당신의 삶을 그분께 맡기라고 요구하실 것입니다. 만일 당신이 계속해서 자신의 삶을 주관한다면 자신의 삶이라는 한계, 그 이상의 능력은 가질 수 없습니다. 그러나 자신의 삶을 산 제물로 하나님께 드리는 사람들은 자신의 능력이 아닌 하나님의 능력을 갖게 될 것입니다.

모세가 하나님께 드린 것보다 하나님께서 모세에게 주신 것이 훨씬 많았습니다. 그는 죽은 나무토막에 불과한 지팡이를 포기했는데 하나님께서 그에게 주신 지팡이는 강을 피로 변하게 했고 바다를 갈랐으며 맑은 하늘에서 우박을 내리게 했고 바위에서 물이 솟아나게 했습니다. 모세는 하나님의 능력을 받은 것입니다! 하나님과의 거래는 항상 최상의 결과를 가져옵니다. 하나님께서 당신이 가진 모든 것을 요구하실 수도 있지만, 그 대신 하나님께서 가지신 모든 것으로 되돌려 주실 것입니다. 하나님을 위해 삶을 내려놓는 것이 항상 더 좋은 결과를 가져오기 때문입니다.

제가 주님을 따르려고 결정한 뒤 사역 초반에 정말로 도움이 되었던 것 중의 하나는 요양원에서 복음을 전하는 것이었습니다. 일주일에 두세 번 요양원을 방문했는데, 한때 매우 성공하여 부요했으나 나이가 들어 그런 이점이 사라진 사람들을 만날 수 있었기 때문에 저에겐 매우 좋은 기회였습니다. 나이가 들었다고 해서 쇠약하거나 병들 필요는 없다고 저는 믿지만, 우리도 언젠가는 할머니, 할아버지가 되고 언젠가는 우리의 전성기가 지나갈 것입니다.

예수님께서 함께하지 않으시면 우리 모두 언젠가 자기 육신의 한계에 부딪혀서 머지않아 무참히 무너지고 탈진할 수밖에 없습니다. 그렇기 때문에 자기 자신의 힘과 능력으로는 하나님의 뜻을 성취할 수 없다는 것을 깨달아야 합니다. 하나님께서 우리에게 완전한 항복으로 우리 자신을 그분께 내어드리라고 요구하실 때 하나님께서 명하시는 것은 무엇이든 해야 합니다. 그러면 그분의 힘과 능력을 받아 이전보다 훨씬 나은 상태가 될 것입니다.

너희 안의 그리스도

> 우리가 애굽에서 당신에게 이른 말이 이것이 아니냐 이르기를 우리를 내버려 두라 우리가 애굽 사람을 섬길 것이라 하지 아니하더냐 애굽 사람을 섬기는 것이 광야에서 죽는 것보다 낫겠노라 모세가 백성에게 이르되 너희는 두려워하지 말고 가만히 서서 여호와께서 오늘 너희를 위하여 행하시는 구원을 보라 너희가 오늘 본 애굽 사람을 영원히 다시 보지 아니하리라 여호와께서 너희를 위하여 싸우시리니 너희는 가만히 있을지니라
>
> 출애굽기 14:12-14

이스라엘 민족이 애굽을 떠나자마자 양쪽에 산으로 막힌 골짜기에 이르렀는데 앞에는 홍해가 막고 있었고 뒤에는 바로의 군대가 따라오고 있습니다. 진퇴양난이었지만 하나님은 그곳에 진을 치라고 명하셨습니다. 하나님께서 바로의 마음을 강퍅하게 하셔서 바로로 하여금 이스라엘 민족이 협곡에 갇힌 것이라고 믿게 하셨습니다. 바로는 이 상황이 애굽에 내린 전염병과 굴욕에 대해 하나님께 보복할 기회라고 생각했습니다. 즉 하나님께서 바로

에게 덫을 놓으신 것입니다. 무슨 일이 일어날지 하나님께서 모세에게 말씀해 주셨지만, 백성들은 모두가 반란을 일으킬 기세였습니다. 백성들은 공포에 질려 이렇게 말했습니다. "왜 우리를 이리로 끌어내 죽게 하느냐? 그냥 애굽에 있었어야 했어." 논리적으로는 소망이 없는 상황이었습니다.

이어 모세에게 하나님의 기름 부음이 임하자 그는 사람들을 조용히 시키고 이렇게 말했습니다. "너희는 가만히 있어 주님의 구원을 보라." 모세는 하나님께서 싸워 주실 테니 자신들은 싸울 필요도 없다고 말한 것입니다. 그러자 갑자기 반란이 멈췄습니다. 그들은 완전히 조용해졌습니다. 이렇게 모세는 백성들의 반란을 잠재웠으나 애굽 사람들은 여전히 뒤쫓아 오고 있었습니다.

> 여호와께서 모세에게 이르시되 너는 어찌하여 내게 부르짖느냐 이스라엘 자손에게 명령하여 앞으로 나아가게 하고 지팡이를 들고 손을 바다 위로 내밀어 그것이 갈라지게 하라 이스라엘 자손이 바다 가운데서 마른 땅으로 행하리라   출애굽기 14:15-16

하나님께서 "너는 어찌하여 내게 부르짖느냐?"고 하신 것을 보니 모세가 백성에게 "너희는 가만히 있어 하나님의 구원을 보라"고 한 뒤 "하나님, 이제 어떻게 하실 건가요?"라고 하나님께 부르짖었던 것으로 보입니다. 그는 하나님께 기적을 행하여서 애굽 사람들을 막아달라고 간구했습니다. 상황을 따져보면 매우 합리적인 것으로 보입니다만 하나님은 오히려 "너는 왜 나에게 부르짖느냐? 지팡이를 들어 바다 위로 내밀고 그것을 가르라."고 말씀하십니다. 주님의 말씀은 이런 뜻입니다. "뱀의 꼬리를 잡을 때 너의 삶을 나에게 맡긴 것을 기억하지 못하느냐? 네가 들고 있는 것은 너의 지팡이가 아니다. 그것은 **나의** 지팡이다. 이제 내가 너에게 준 권세를 사용하여라." 이것이 오늘날 우리를 향한 하나님의 말씀입니다. 우리 인생은 우리의 것이 아니며 그리스도께서 우리를 통해 사시는 것입니다. 우리는 우리의 상황을 개선하기 위해 그분이 주신 능력을 사용해야 합니다(갈라디아서 2:20).

위기 상황을 만났을 때 하나님께 해결해 달라고 기도하는 대신 우리 안에 하나님의 능력을 가지고 있음을 인식해야 합니다. 일단 우리의 삶을 하나님께 드렸으면 상황은 우리의 능력 아래 놓입니다. 암, 질병, 모든 종류의 결핍이 우리 앞에 벌벌 떨 것입니다. 하나님께서 아무것도 이루어 놓은 것이 없는 것처럼 그분께 뭔가 해 달라고 간청하는 것은 이제 그만 해야 합니다. 하나님은 우리에게 능력을 주셨습니다. 우리는 그분께 우리의 삶을 드렸으므로 이제 그분이 주신 능력을 취해 우리의 상황이 변하도록 명령해야 합니다. 하나님께서 주신 권세를 사용하여 우리의 문제를 직접 해결해야 합니다.

하나님은 모세에게 이렇게 말씀하셨습니다. **"일어나라. 지팡이를 들고 뭔가를 해라."** 만약 그런데도 모세가 거기서 그대로 주저

앉아 하나님께 간구하고 탄원했다면 그들 모두 멸망했을 것이라고 저는 확신합니다. 물론 기도가 필요할 때가 있습니다. 그러나 내가 뭔가를 해야 할 때도 있습니다. 하나님의 말씀을 믿고 상황을 변화시킬 능력과 권세를 하나님께서 이미 우리에게 주셨다는 것을 받아들여야 하는 때 말입니다. 당신의 권세를 사용하십시오. 질병에게 떠나라고 명하고 마귀에게 당신의 삶에서 떠나라고 명령하십시오. 당신을 대신해서 하나님에게 마귀를 꾸짖어 달라고 할 수는 없는 일입니다. 하나님은 이미 **우리에게** 마귀를 대적하라고 말씀하셨기 때문입니다(야고보서 4:7). 그러므로 우리는 담대해야 합니다.

모든 상황 속에서 하나님을 신뢰하려면 하나님과의 관계가 친밀해야 합니다. 자기 자신을 산 제물로 드린 뒤 당신을 위해 일하시는 하나님을 경험하기 전에 그분을 완전히 신뢰할 수는 없습니다. 믿는 자라면 자신이 사는 것이 아니라 그들 안에 계신 그리스도께서 사신다는 것을 깨달아야 합니다(갈라디아서 2:20). 그리스도께서 당신 안에 사신다는 것을 알지 못하면 원수의 궤계에 대항하여 싸울 담대함을 갖지 못합니다. 일단 자신의 삶을 주님께 드렸으면 주께서 주신 권세를 사용해야 광야에서 원수가 당신을 공격할 때에도 압도당하지 않을 수 있습니다.

하나님의 뜻을 우리 스스로의 힘으로 성취할 수 없다는 것은 사실이지만 그 사실과 함께 "능력 주시는 자 안에서 모든 것을 할 수 있다"(빌립보서 4:13)는 진리와 균형을 맞추어야 합니다.

그리스도 없이 나는 아무것도 할 수 없습니다. 그러나 그리스도께서 나와 함께 하십니다. 할렐루야! 하나님은 우리를 떠나지도 버리지도 않으십니다(히브리서 13:5). 자신을 신뢰하지 말고 당신 안에 계시는 그리스도를 굳게 신뢰하십시오. 하나님 안에서의 자신감과 겸손은 서로 상충하는 진리가 아닙니다. 이들은 동전의 양면입니다. 하나님과 건강한 관계를 누리고 승리 안에서 행하려면 두 가지 관점 모두가 필요합니다.

모세가 바위를 치다

이스라엘 자손들은 40년을 광야에서 보냈습니다. 그 기간 중에 하나님은 모세로 하여금 지팡이로 바위를 치게 하셨고 그로 인해 이스라엘 백성 3백만, 그리고 그들과 함께 있던 짐승들이 마실 충분한 물을 공급하신 사건이 있습니다(출애굽기 17:6). 그것은 기적적인 일이었습니다. 그러다가 40년이 다 되어가는 시점에 물이 다시 부족해졌습니다. 그런데 이번에는 바위를 치는 대신 바위에게 명하라고 하셨습니다(민수기 20:8). 모세는 회중에게 가서 바위 앞에 섰습니다. 그리고 불평하는 사람들을 꾸짖은 다음 지팡이를 들어 바위를 내리쳤습니다. 아무 일도 일어나지 않았습니다. 하나님은 바위에게 명하라고 하셨지 바위를 내리치라고 하지 않으셨기 때문입니다. 모세가 다시 바위를 두 번째로 치자 물이 쏟아져 나왔습니다. 그러나 주님은 모세가 바위를 쳐서 불순종했으므로 약속의 땅으로 들어갈 수 없다고 말씀하셨습니다(민수기 20:10-12).

그 당시 모세는 120년 동안 하나님을 따랐습니다. 모세가 한 것은 단지 바위를 내리친 것뿐인데 하나님은 그가 약속의 땅에 들어가는 것을 허락하지 않으신 것입니다. 이 성경 구절에 대해 늘 들어왔던 해석은 이렇습니다. 바위는 예수님을 상징하기 때문에(고린도전서 10:4) 모세가 바위를 두 번 친 것은 그리스도를 두 번 십자가에 못 박으려 한 것과 같다는 것입니다. 즉 십자가에 한 번 못 박히신 그리스도께서 십자가에 또다시 달릴 수 없다는 논리의 상징을 모세가 깨 버렸다는 것입니다(히브리서 6:6). 그들이 무슨 말을 하려는 것인지 저도 알겠지만, 만약 그렇다면 상징 하나 깼다고 모세의 인생 전체의 목적을 이루지 못하게 하신 것은 좀 가혹해 보입니다.

제가 믿기로는 이 사건에서 정말 문제가 되었던 것은 모세의 자기 의지였다고 생각합니다. 전에 그가 애굽 사람을 죽였을 때 그는 자기 힘으로 하나님의 뜻을 이루려고 했었으며 그 대가로 이스라엘 자손들이 추가로 30년을 속박 아래 있어야 했습니다. 그리고 광야에서 40년 동안 사람들을 인도한 후에 그의 자기 의지가 다시 살아나기 시작했습니다. 하나님은 바위에게 명하라고 하셨는데 그는 바위를 내리치는 것이 더 드라마틱할 것이라고 생각한 것 같습니다. 자신의 지혜를 발휘하여 자기 방식으로 한 것입니다. 만약 하나님께서 모세의 자기 의지를 처리하지 않으셨다면 이스라엘 민족은 또 40년을 광야에서 보낼 수도 있었을 것입니다. 바위를 내리치는 것은 그저 상징만이 아니었습니다. 하나님은 모세로부터 이스라엘을 보호하시기 위하여 그렇게 하셨던 것입니다.

겸손을 완전히 터득하는 사람은 없습니다. 주님을 한 번 극적으로 경험했다고 해서 자기 자신을 의지하려는 성향이 완전히 사라지는 것은 아닙니다. 모세는 불타는 떨기나무에서 자신을 내려놓았지만, 다시 자기 의지로 돌아갔습니다. 그래서 하나님은 모세가 다시 하나님을 의지하도록 그를 돌려 놓으셔야 했습니다.

어떤 사람들은 예수님을 영접하면 그 이후의 삶이 완벽하게 돌아가야 한다고 생각하지만 그렇지 않습니다. **하나님은 우리의 모습 때문에 우리를 사용하는 것이 아니라 우리의 모습에도 불구하고 우리를 사용하시는 것입니다.** 완벽한 건강을 위해 기도했는데 감기에 걸려 자신의 기록에 오점이 남더라도 노하지 마십시오. 그것은 큰 문제가 아닙니다. 그것은 하나님께서 당신의 기대를 저버리셨다는 뜻이 아니라 당신이 지금 성장하는 과정이란 뜻입니다. 우리는 결코 어떤 것도 완벽하게 할 수 없습니다. 완벽주의를 가진 사람들은 뭔가 잘못될 것 같은 염려 때문에 아무것도 하지 못합니다. 사람들을 너무 조심하게 만들어 아무것도 성취할 수 없게 하는 것이 완벽주의입니다. 그러나 세상을 바꾸는 사람들은 첫발을 떼어 행동에 옮기는 것을 두려워하지 않는 사람들입니다.

우리는 모세의 삶을 통해 배울 수 있는 것이 많습니다. 뱀과 전갈이 있는 광야에서 40년을 보내지 않아도 모세의 경험을 마음에 새김으로써 우리의 삶을 변화시킬 결단을 할 수 있습니다. 분명하고 큰 음성을 들어야 하나님께 쓰임 받을 수 있는 것은 아닙니다. 만약 그런 경험을 하셨다면 하나님께 감사할 일입니다. 그러나 꼭 그럴 필요는 없습니다. 성령께서 우리를 가르치셔서 하나님의 방법이 우리의 계획보다 낫다는 것을 보여주실 수 있습니다. 하나님 앞에 당신의 삶을 내려놓고 그분께 통제권을 내어 드리십시오. 하나님은 당신의 삶을 받으시고 그 대가로 그분의 생명과 능력을 주실 것입니다.

09

평강이 주장하게 하라

> 그리스도의 평강이 너희 마음을 주장하게 하라 너희는 평강을 위하여 한 몸으로 부르심을 받았나니 너희는 또한 감사하는 자가 되라
> 골로새서 3:15

위의 구절 중 **'주장'**에 해당하는 그리스어는 **심판**과 같은 어원에서 나왔으며 그 뜻은 "다스리다, 중재하다"입니다. 야구 심판이 하는 일을 생각하면 이 단어의 뜻을 쉽게 이해할 수 있습니다. 일단 심판이 선언하면 판정이 결정됩니다. 투수가 포수를 향해 공을 던지면 심판이 볼인지 스트라이크인지 선언하는 것이지요. 그 결정은 최종적인 결정입니다. 논쟁의 여지도 없고 다시 던질 기회도 없습니다. 이와 같이 하나님의 평강이 우리 마음의 심판과 같은 역할을 해야 합니다. 어떤 것을 기회로 삼을지 어떤 것을 그냥 지나가게 할지, 하나님의 평강이 결정하도록 해야 합니다.

평강은 성령의 열매입니다. 그러므로 거듭난 영 안에는 항상 평강이 있습니다(갈라디아서 5:22-23). 그 평강을 항상 느끼지 못하는 이유는 항상 영을 따라 살지 않기 때문입니다. 감정이나 생각에 사로잡힐 때에도 평강은 늘 우리 안에 존재합니다. 따라서 우리가 해야 할 일은 외부로부터 우리를 지배하려고 들어오는 것들을 차단하고 우리의 영 안에 있는 평강을 따르는 것입니다.

성령께서는 항상 우리 마음에 증거를 주시지만, 항상 말씀으로만 증거하시는 것은 아닙니다. 예를 들어 어떨 때는 우리가 하려는 일에 대해 평강이 있지만 어떨 때는 그렇지 않습니다. 어떤 일에 대해 마음에 평강이 없다면 그 일은 하면 안 됩니다. 이것은 주 안에서 기뻐하는 원리를 반대로 적용한 것입니다(시편 37:4).

오래전에 저는 사역 목적으로 코스타리카에 가려고 했습니다. 그전에도 초대를 받아 말씀을 전했었는데 반응이 매우 좋아서 그분들이 다시 초청한 것이었습니다. 그래서 항공권을 일찍이 구매해 놓고 그곳에서 다시 설교할 기대로 마음이 부풀어 있었습니다. 그곳으로 가기 몇 주 전, 어머니의 이사를 도와드렸습니다. 이삿짐을 싣고 텍사스에서 콜로라도까지 운전하는 동안 코스타리카 사역을 위해 기도했습니다. 그러자 그곳에 가고 싶은 마음이 싹 사라졌습니다. 그전에 방문했을 때에도 놀라운 일들이 있었고 좋은 시간을 보냈기 때문에 다시 가고 싶지 않을 아무런 이유가 없었습니다. 그냥 가고 싶은 마음이 사라진 것입니다.

그것이 하나님의 음성인지 아니면 단순한 저의 감정인지 확실히 알아야 했기 때문에 콜로라도까지 17시간 운전하는 동안 하나님을 예배하며 방언으로 기도했습니다. 하나님께 집중하면 할수록 점점 더 코스타리카에 가기 싫어졌습니다. 저는 하나님의 평강이 제 마음을 주장하시도록 해야겠다고 결심했습니다. 가지 말아야 할 아무런 이유는 없었지만 평강이 전혀 없었습니다. 그래서 저는 저의 집회를 취소했고 그 집회를 주관하던 사람들은 단단히 화가 났습니다. 이미 홍보를 많이 한 상태라서 제가 왜 취소를 하는지 알고 싶어 했습니다. 딱히 가지 말아야 할 이유는 없지만 가고 싶은 마음이 사라졌다고 대답할 수밖에 없었습니다. 그것은 전혀 그럴싸한 이유가 아니었기 때문에 그분들은 매우 기분 나빠 했습니다. 그렇지만 저는 코스타리카에 가는 것에 대해 평강이 없다는 말 밖에 다른 말을 할 수가 없었습니다.

그리고 3주 후에 멕시코시티에서 이륙하려던 항공기가 추락했다는 소식을 들었습니다. 그것은 제가 탈 비행기였습니다! 그 비행기에 탄 사람들은 다 죽었습니다. 저는 이것 때문에 하나님께서 평강을 거두셨다는 사실을 깨달았습니다. 가지 말아야 할 논리적인 이유가 없으니 그냥 그 집회를 강행했더라면 저는 그 비행기에서 죽었을 것입니다. 그러나 저는 하나님의 평강이 심판의 역할을 하시도록 했기 때문에 생명을 구할 수 있었던 것입니다.

이 일이 있기 전에 엄청난 값을 치르고 평강의 인도를 따르는 방법을 배운 적이 있습니다. 콜로라도의 프리쳇에서 사역할 때의 일인데 그곳에서 사역할 때 죽은 사람을 살리는 일이 있었습니다. 그 외에도 놀라운 일들이 많이 있었고 우리 교회를 통해 그 지역사회가 변화되기 시작했습니다. 그 지역에는 고작 144명이 살고 있었는데 우리 교회 성도 수가 100명까지 성장했었습니다!

　제가 부임하기 전부터 그 교회에 있었던 장로 중에는 추수 때 다른 사람들의 논밭을 대신해서 수확해 주는 사람들이 있었습니다. 일 년에 6개월은 수확을 하러 다른 지역으로 가야 했기 때문에 자신들이 없는 동안 저를 도울 새로운 장로를 뽑자고 제안했습니다. 그분들은 제가 처음 부임했을 때 유일하게 저를 받아주었던 사람을 추천했습니다. 그는 제가 전하는 말씀을 매우 좋아했던 괜찮은 사람이었습니다. 그를 장로로 뽑지 말아야 할 아무런 이유도 없었습니다. 다만 제 마음속에 평강이 없었습니다.

　저는 그 장로들에게 그를 장로로 세우는 것에 대해 느낌이 좋지 않다고 말했습니다. 그들은 "왜요? 그가 뭐가 나쁜지 말해보세요."라고 했지만 대답할 만한 이유가 없었습니다. 그에게는 장로직에 적당하지 않은 면이 없었으니까요. 장로들은 그가 적임자인 여러 가지 이유를 대면서 반박했고 저는 단지 "느낌이 좋지 않아요."라고 밖에는 할 말이 없었습니다. 장로들은 제가 뜻을 꺾을 때까지 저를 책망했고 회의를 마칠 때쯤 그를 새로운 장로로 세우는 데 합의를 했습니다.

　그 뒤로 그 장로들은 일주일도 안 되어 밀 수확을 하러 갔고 새로 임명된 장로는 곧바로 마귀의 화신으로 변했습니다. 그는 제가 술과 마약을 하고 간음을 하며 교회에서 돈을 훔친다는 헛소문을 내고 다녔습니다. 당시 저는 교회에서 월급도 받지 않고 사역을 하고 있었는데 그는 상상할 수 있는 온갖 거짓말로 저를 음해하고 다녔습니다. 그는 저에게 오로지 문제만을 안겨주었던 것입니다. 그것은 정말 끔찍한 일이었습니다.

일이 이렇게 되자 저는 생각했습니다. **"그를 장로로 세우면 안 된다는 것을 내 마음은 알고 있었는데…"** 마음에 평강이 없었지만, 그것보다는 논리를 따라갔던 것입니다. 그 뒤로 저는 다시는 이런 실수를 하지 않겠다고 결심했습니다. 그 후로는 최선을 다해서 항상 하나님의 평강이 저의 마음을 다스리도록 합니다.

이 사건이 있고 나서 1, 2년 후에 코스타리카에 초대를 받았던 것입니다. 저는 그 장로 일로 마음의 평강을 따르지 않았던 것에 대해 큰 값을 치렀으므로 마음의 평강이 없는 상황을 무시하지 않을 수 있었고 그로 인해 목숨을 구한 것입니다!

아마도 거의 모든 사람들이 이와 유사한 경험을 했을 거라 생각합니다. 중요한 갈림길에서 마음에 인도받는 것과는 반대로 논리적인 결정을 한 적이 있을 것입니다. 우리는 이쪽 길로 가기를 원하지만, 세상의 논리와 다른 사람들의 조언은 반대쪽으로 가라고 제안합니다. 그래서 우리는 논리적 결정을 따릅니다. 그리고 모든 것이 잘못되고 나면 "이렇게 하면 안 된다는 것을 알았는데." 라며 후회합니다. 아무런 이유가 없어도 그것을 하면 안 된다는 것을 아는 것이지요. 그런데 하면 안 된다는 것을 알면서도 그냥 그렇게 합니다. 그것이 올바른 선택처럼 보이기 때문입니다. 그러나 우리가 귀를 기울이면 우리에게 말씀하시며 우리를 바른 길로 인도하시는 하나님의 음성을 듣게 될 것입니다.

큰 일과 작은 일

하나님의 평강이 우리 마음을 주장하도록 하는 것은 하나님의 인도하심을 분별하는 최고의 방법 중의 하나입니다. 하나님께서 우리 마음에 소원함을 넣어주시면 그것이 진정 하나님께로부터 왔는지 아닌지를 확인하는 것은 우리의 일이며 그것을 분별하는 잣대는 바로 평강입니다. 그 생각이 우리를 계속 기대하게 하고 기쁘게 하는지를 알기 위해서는 주님의 뜻을 구하는 시간을 따로 가져야 합니다. 이것은 직업을 결정하는 것과 같은 중요한 결정뿐 아니라 삶의 소소한 일에도 적용됩니다. 어떤 사람을 고용하거나 어떤 집을 구입하도록 하나님께서 당신을 인도하고 계십니까? 하나님의 뜻을 발견하는 방법은 간단합니다. 저는 일단 기도를 한 뒤 평강이 더 큰 쪽으로 결정합니다.

우리 단체가 현재(2012년 이전_역자 주) 사용하는 건물은 325만 달러(한화 약 36억_역자 주)에 매입한 것인데 당시 우리에겐 매우 큰 결정이었습니다. 이 건물은 빈 창고였기 때문에 매입하는데 필요한 대출 외에 내부 수리를 위한 320만 달러가 추가로 더 필요했습니다. 그런데 그 건물을 매입한 후에 내부 수리를 위해 받으려 했던 대출이 9개월간 지연되었습니다. 처음에 은행원은 대출이 확실하다고 했었습니다. 그들은 "내부 수리를 위한 대출을 해 주지 않을 거라면 건물 매입을 위한 대출도 안 해줬을 것입니다."라고 말했습니다. 그 은행원은 9개월 동안 계속해서 "다음 주"에 대출을 받게 될 거라고 했습니다. 참으로 어려운 상황이었고 중대한 결단을 내려야 했는데 그들은 돈을 주지 않았습니다. 그런데 그 은행원이 "처음부터 절차를 다시 밟아야겠습니다. 다시 감정을 받고 처음부터 다시 시작하겠습니다."라는 것 아닙니까?

그러면 또다시 9개월이 지연될 것은 뻔했습니다. 뭔가 잘못된 것 같아서 기도를 시작했는데 하나님께서 2년 전에 하신 말씀이 생각났습니다. 누군가가 저에게 예언을 했는데 저에게는 **저만의** 은행이 있기 때문에 대출할 필요가 없다는 것이었습니다. 성령님이 그 예언을 기억나게 해 주셨을 때 **'나에게 은행이 있다고? 도대체 어디에 있단 말인가?'** 하고 생각했습니다. 그러자 또 예언의 나머지 부분이 기억났습니다. 저의 후원자들이 재정의 통로라는 것이었습니다. 그런데 어찌 된 일인지 제가 그 예언을 건축과 연결하지 못했던 것입니다. 그러나 제가 기도하는 동안에 하나님께서 그 예언을 기억나게 하시고 말씀하셨습니다. "나는 네가 대출받는 것을 원치 않는다. 건축에 들어가는 돈은 내가 지불할 것이다."

여러분은 320만 달러를 어떻게 생각할지 모르겠지만 우리 단체가 저축하는 규모로 그만한 돈을 모으려면 100년 이상 걸리는 액수였습니다. 그러니 저축해서 건축을 하는 것은 분명히 아니었습니다. 그래서 하나님께서 크게 역사하시지 않는다면 대출을 받지 않고 건물을 개조하는데 매달린다면 우리 사역은 살아남지 못할 것이란 사실을 알았습니다. 그러나 저는 하나님께서 재정적 영역에 있어서 그분을 신뢰하도록 인도하신다는 것을 느꼈으므로 일단 결정하면 번복하지 않기로 했습니다. 성경 말씀에 하나님의 사람은 그의 마음에 서원한 것은 해로울지라도 변하지 않는다고 했습니다(시편 15:4). 그래서 저는 사람들에게 '빚을 내지 않고 건축하기로 했다면 100년이 걸려도 빚을 내지 않을 것이다.' 라고 말했습니다!

그것은 중대한 결단이었습니다. 일단 빚 없이 건축하겠다는 소원함을 품고 1~2주간 기도한 후에 하나님의 평강이 저의 마음을 다스리도록 했습니다. 그 결정은 우리 사역의 미래에 잠재적인 재앙이 될 수도 있었습니다. 320만 달러를 모금할 수 있을 거라는 어떠한 증거도 없었지만, 그것에 대해 평안이 있었기 때문에 대출을 받지 않고 공사를 시작하기로 결정했습니다. 그리고 14개월 후 우리는 320만 달러를 모았고 공사를 끝냈으며 대출 없이 입주할 수 있었습니다. 그것은 제가 내렸던 결정 중에 최고의 결정이었습니다. 그 결정이 비록 논리적이지는 않았지만, 마음에 평강이 있었기 때문에 그렇게 했고 그 결과 하나님께서 초자연적으로 공급해 주신 것입니다.

평안하고 잠잠하라

너희는 가만히 있어 내가 하나님 됨을 알지어다   시편 46:10

저는 우리가 신앙생활을 필요 이상으로 힘들게 해왔다고 생각합니다. 하나님께 인도받는 것은 어렵지 않습니다. 온 마음을 다해 하나님을 사랑하고 우리의 삶을 그분께 드려 주 안에서 기뻐할 때 하나님은 그분의 소원함을 우리 마음에 넣어주십니다. 그리고 둘 중의 하나를 결정해야 하는 갈림길을 만났을 때 평강이 많은 쪽을 택하면 됩니다. 하지만 우리의 생각을 이 세상의 잡음과 쓰레기로 가득 채운다면 그러한 삶은 불가능해집니다. 대부분의 그리스도인들은 하나님의 뜻을 구하지 않거나 하나님의 임재 안에서 충분한 시간을 보내지 않기 때문에 그들의 마음에 어떤 소원함이 있는지 확인할 수 없습니다. 그들은 사람들의 의견에 의해 밀려다니며 외적인 것들에 의해 끌려가는 삶을 살고 있습니다. 그러나 우리는 마음의 소리를 듣기 위해 잠잠해지는 시간을 가져야 합니다.

한번은 제가 꿈을 꿨는데 "시편 46:10"이라고 쓴 커다란 깃발을 보았습니다. 수천 번 인용했던 구절이었지만 그 순간 그 구절을 기억해 낼 수 없었습니다. 저의 삶을 구해줄 구절이었는데 말입니다. 그래서 일어나자마자 성경책을 열어 그 구절을 찾아보았습니다.

너희는 가만히 있어 내가 하나님 됨을 알지어다 　　시편 46:10

너무나 생생한 꿈이었기에 그 구절에 대해 생각해 보았습니다. "가만히 있는 것"이 정확하게 무엇을 의미하는지 몰랐지만, 육체적으로 가만히 있는 것도 그 의미의 일부인지 확인해 보기로 했습니다.

그날 오후에 아내가 장을 보러 가서 집에는 저 혼자였습니다. 그래서 밖으로 나가 꼼짝도 하지 않고 눈만 깜박이며 한 시간 반 동안 앉아 있었습니다. 할 수 있는 한 최대한 조용히 있었습니다. 가만히 있으면 어떻게 되는지 알고 싶었으니까요. 한참을 가만히 있어 보니 평소에 인식하지 못했던 것들을 알아차릴 수 있었습니다.

저는 야생이 살아있는 콜로라도 산악지대에 살고 있는데 전에는 보지 못했던 수천 마리의 개미를 발견했습니다. 또 사슴 한 마리가 손이 닿을 듯 저에게 가까이 왔습니다. 제가 너무 조용해서인지 심지어 다람쥐 한 마리가 제 발에 앉기도 했습니다. 나무 사이로 불어오는 바람 소리 같이 평소 전혀 신경 쓰지 않던 소리가 들려왔습니다. 평소에는 항상 어딘가로 가는 중이었거나 무언가를 하느라 너무 바빠서 그런 소리를 듣지 못했던 것입니다.

이것을 영적으로도 적용할 수 있습니다. 가끔 우리는 TV나 라디오를 끄고 잠잠히 있을 필요가 있습니다. 기도할 때도 항상 말하지 말고 때로는 잠잠히 들어야 합니다. 제 친구 하나는 기도할 때 따발총처럼 혼자 말하기 바쁩니다. 그는 일단 기도를 시작하면 멈추지 않습니다. 그러면서 **왜 하나님께서 자기에게는 말씀하지 않으시는지** 의아해합니다. 그가 기도하는 동안에 하나님께서 끼어들 틈이 없는 것이지요. 우리는 가끔 무전기로 통화하듯 기도할 필요가 있습니다. 내가 한마디 한 뒤 "오버"라고 말하고 하나님께도 말씀하실 기회를 드려야 한다는 말입니다. 우리가 잠잠해질 때 비로소 우리 마음속에 있는 것들이 올라오고 하나님께서 우리에게 하시는 말씀을 들을 수 있습니다.

이런 이유로 하나님을 찾지 않는 사람들이 가만히 있기를 싫어하는 것입니다. 잠잠하게 있을 때 하나님께서 우리 모두 안에 심어 두신 유도장치가 작동하기 때문입니다. 이것은 우리로 하여금 각자의 삶을 돌아보게 하고 지금 경험하고 있는 것이 삶의 전부인지 질문하게 합니다. 하나님을 찾지 않는 사람들은 그분과 대면하기 싫어서 하나님의 소리를 잡음 속에 묻어버립니다. 항상 TV나 음악을 틀어 놓고 늘 뭔가를 하고 있습니다. 가만히 있으면 그들의 생각이 하나님께로 인도받기 때문에 그것이 싫어서 가만히 있을 수 없는 것입니다.

인생은 마치 나를 쉬지 못하게 하는 러닝머신처럼 될 수도 있습니다. 다른 사람들이 하는 것을 따라가려다 보니 너무 바빠서 쉼을 갖고 하나님의 음성을 듣지 못하는 것입니다. 러닝머신 위를 달릴 때는 "이것이 내가 원하는 삶인가? 이것이 하나님께서 내게 원하시는 일인가?"라고 자문해 볼 시간이 없습니다. 많은 사람들이 자신의 삶을 돌아볼 새도 없이 몇 년씩 보내버립니다.

그러나 우리는 우리의 삶을 돌아보고 어떤 선택을 해야 하는지 따져봐야 합니다. 모든 사람들이 지금 그렇게 해야 하고 앞으로도 또 해야 합니다. 당신의 소원함이 무엇인지, 무엇을 할 때 평강이 있는지 하나님께 구하십시오. 5년, 10년, 또는 20년 후에 어떤 모습으로 있기를 원하는지 자문해 보십시오. 당신은 지금 자신이 원하는 일을 하고 있습니까? 당신의 삶이 원하는 방향으로 향하고 있습니까? 지금의 모습에 평안이 없거나 가고 있는 목적지에 대해 평안이 없다면 변화를 시도해야 합니다.

어떤 변화를 시도해야 할지 확신이 없다면 이것저것 테스트해 보십시오. 배의 방향을 돌리기 위해 키를 움직이려면 우선 배가 움직여야 합니다. 배가 정박해 있을 때에는 키를 돌려봐야 소용없습니다. 이렇듯 당신이 먼저 움직여야 하나님께서 방향을 지시하실 수 있습니다. 하나님의 뜻을 잘 모르겠다면 하나님의 평강이 마음을 주관하시도록 하고 마음에 평강이 있는 방향으로 조금씩 나아가 보십시오. 발걸음을 내디디면 하나님께서 인도하실 수 있습니다. 갑자기 모든 것이 분명해지면서 당신의 삶 가운데 하나님께서 역사하시는 것을 보게 될 것이고 당신은 조금 더 나아갈 용기를 얻을 것입니다.

제가 처음 하나님의 뜻을 구하기 시작했을 때 모든 것을 다 시도해 보았습니다. 자신에게 맡겨진 바로 그 일을 찾으려면 아마도 여러 가지 방법을 시도해 보아야 할 것입니다. 어떤 것은 시도해 보니 모든 것이 다 잘 안 되고 평강을 완전히 잃어버릴 수도 있습니다. 이렇듯 어떤 경우에는 그것이 하나님께서 원하시는 것이 **아니라는 것**을 발견하여 하나님의 뜻을 분별하기도 합니다. 하나님께서 **거룩한 불만족**을 주시는 것이 그 예입니다. 그 일에 대해 평강이 없으면 그쪽으로 가지 마십시오.

  이것이 그렇게 깊이가 있는 원리는 아니지만, 매우 실용적인 방법이며 이것으로 인해 당신의 삶이 바뀔 수도 있습니다. 또한 이것은 누구라도 할 수 있는 것입니다. 결정의 순간마다 하나님께서 나아가야 할 방향을 알려주실 것입니다. 귀에 들리는 목소리로 말씀하시지는 않겠지만 반드시 당신을 인도해 주실 것입니다. 하나님은 주로 마음의 평강으로 인도하십니다. 자신들의 삶을 향한 하나님의 뜻을 구하는 사람들은 대부분 잠잠한 가운데 하나님의 평강이 마음을 다스리게 함으로써 삶의 중대한 결정을 한다고 저는 믿습니다. 평강의 왕이신 예수님께서 평강을 통해 당신이 가야 할 길을 보여주실 것입니다.

10

성령님

기록된 바 하나님이 자기를 사랑하는 자들을 위하여 예비하신 모든 것은 눈으로 보지 못하고 귀로 듣지 못하고 사람의 마음으로 생각하지도 못하였다 함과 같으니라 고린도전서 2:9

대부분 교회에서는 이 구절을 해석할 때 우리는 결코 하나님의 뜻을 알 수 없으며 이 세상에서 승리하는 삶도 살 수 없다고 결론을 내렸습니다. 물론 하나님의 길은 우리의 길보다 높습니다(이사야 55:8). 그렇다고 해서 그분이 우리에게 자신을 계시할 수 없거나 우리를 승리의 삶으로 이끌 수 없다는 의미는 아닙니다. 바울이 하는 말은 성령님의 영감과 계시 없이 우리 육신의 능력만으로는 하나님을 이해할 수 없다는 것입니다. 사람들이 9절만 읽고 "봐, 우리는 하나님을 알 수 없다네!"라고 하지만 거기서 멈추면 안 되고 뒷부분도 계속 읽어야지요.

오직 하나님이 성령으로 이것을 우리에게 보이셨으니 성령은 모든 것 곧 하나님의 깊은 것까지도 통달하시느니라 사람의 일을 사람의 속에 있는 영 외에 누가 알리요 이와 같이 하나님의 일도 하나님의 영 외에는 아무도 알지 못하느니라 우리가 세상의 영을 받지 아니하고 오직 하나님으로부터 온 영을 받았으니 이는 우리로 하여금 하나님께서 우리에게 은혜로 주신 것들을 알게 하려 하심이라 　　　　　　　고린도전서 2:10-12

바울은 우리가 알 수 없다고 말하는 것이 아닙니다. 하나님의 영감이 없이 우리의 능력만으로는 그분의 뜻을 알 수 없다는 것입니다. 우리의 자연적인 생각mind으로는 모든 것을 알 수 없지만, 우리의 영 안에 한 생각mind을 가지고 있습니다. 이 말씀은 우리의 거듭난 영에 하나님을 아는 지식이 불어 넣어졌기 때문에 우리는 하나님의 일을 **이해할 수 있다**고 합니다.

우리의 영은 우리가 알아야 할 모든 것을 이미 알고 있습니다. 우리는 우리의 영 안에 지혜를 가지고 있습니다. 하나님은 우리가 물리적인 세상에 살고 있다는 것을 아시며 누구든지 지혜가 부족하면 하나님께 구하라고 하십니다. 우리가 받는 이 지혜는 하늘에서 오는 것이 아닙니다. 하나님은 모든 지혜와 총명을 우리 안에 이미 넘치게 주셨기 때문입니다(에베소서 1:8). 성경은 우리가 거룩한 분께 능력과 기름 부음을 받았고 우리의 영은 모든 것을 안다고 합니다(요한일서 2:20). 그렇기 때문에 **우리가**

해야 할 일은 하나님께서 이미 우리 안에 넣어주신 것을 밖으로 끌어내는 것입니다.

우리가 우리의 영으로부터 하나님의 지혜와 능력을 끌어내는 방법을 모른다면 우리의 환경에 근거하여 하나님의 뜻을 깨달으려고 하다 끝나고 말 것입니다. 다윗은 그 누구도 무지한 말이나 노새처럼 되지 말라고 했습니다. 그것들은 재갈과 굴레로 단속해야만 말을 들으니까요(시편 32:8-9). 우리는 재갈과 굴레가 아닌 하나님께 인도를 받아야 합니다. 환경에 좌지우지되면 안 됩니다. 이사야는 이렇게 예언했습니다. "네 뒤에서 말소리가 네 귀에 들려 이르기를 이것이 바른 길이니 너희는 이리로 가라 할 것이며"(이사야 30:21). 그렇기 때문에 우리는 하나님의 세미한 음성에 의해 인도 받아야 합니다(열왕기상 19:12-13). 환경에 의해 좌지우지되는 것은 재갈에 끌려가는 노새와 다를 바 없습니다.

어느 날 저녁 사도 바울은 마게도니아 사람이 '와서 우리를 도우라' 고 하는 꿈을 꾸었습니다(사도행전 16:9). 하나님께서 마게도니아인들에게 복음을 전하도록 그를 보내신다는 것을 바울은 그 꿈을 통해 깨달은 것입니다. 그래서 바울과 실라는 마게도니아로 건너가서 빌립보라는 도시로 갔습니다. 그들은 며칠 만에 붙잡혔고 매를 맞았으며 어두운 감옥에 갇혔습니다(사도행전 16:23-24).

이런 상황이 닥치면 우리 대부분은 이렇게 말할 것입니다. "이건 하나님의 뜻이 아닌가 봐." 그러면서 하나님은 우리를 감옥에 갇히도록 하지는 않으실 거라고 생각합니다. 그러나 일어나는 상황에 근거해서 하나님의 뜻을 판단해서는 곤란합니다. 바울은 하나님의 인도를 따라 빌립보로 갔고 그것은 정확하게 하나님께서 명하신 것이었습니다. 이것을 볼 때 주변 환경을 살피는 것은 하나님의 뜻을 분별하는 정확한 방법이 아니라는 것을 알 수 있습니다.

우리의 영은 모든 것을 압니다(요한일서 2:20, 골로새서 3:10, 고린도전서 2:16). 하나님의 뜻을 따라간다는 것은 우리 안에서 말씀하시는 하나님의 음성을 듣는 방법을 배우는 것과 어떤 상황에서도 그것에 순종하는 것을 포함합니다. 우리의 영은 하나님께서 주신 지혜를 가지고 있습니다. 그것에 접속할 때 자연적인 ('초자연'의 반대 뜻으로_역자 주) 생각에 가려진 것들을 깨닫게 될 것입니다.

길어 올리기

그러나 우리가 온전한 자들 중에서는 지혜를 말하노니 이는 이 세상의 지혜가 아니요 또 이 세상에서 없어질 통치자들의 지혜도 아니요 오직 은밀한 가운데 있는 하나님의 지혜를 말하는 것으로서 곧 감추어졌던 것인데 하나님이 우리의 영광을 위하여 만세 전에 미리 정하신 것이라   고린도전서 2:6-7

하나님의 지혜는 인간의 지혜를 뛰어넘습니다. 그것을 바울은 이렇게 표현했습니다. "우리는 오직 은밀한 가운데 있는 하나님의 지혜를 말하는 것으로서 곧 감추어졌던 것인데" 이 지혜는 인간의 자연적 생각mind에게는 감춰진 것이지만 당신**에게** 숨기운 것은 아니며 당신을 **위해** 감춰진 것입니다.

언론에서 경기가 침체될 것이라고 했을 때 제가 가장 먼저 했던 것은 "하나님께서 그리스도 예수 안에서 영광 가운데 그 풍성한 대로 모든 쓸 것을 채우시리라"(빌립보서 4:19)고 담대하게 선포한 것입니다. 저는 이 세상의 경제에 제한받지 않으며 하나님께서 그것을 친히 증명해 주셨습니다. 2008년 10월 미국에 경기침체가 닥치고 6개월간 우리 부부의 주식은 61%의 이익을 냈습니다. 당시 증권시장은 전체적으로 51%나 하락했을 때입니다. 이 세상이 아니라 하나님이 나의 공급원이라는 것을 믿으면 당신에게도 이와 동일한 일이 일어날 것입니다.

2008년 10월 이후 우리 단체의 수입은 전년도 해당 월의 수입에 비해 매달 증가했습니다. 경기침체 기간 우리 단체의 후원금 증가율은 28% 정도 되는 것 같습니다. 그것도 경기침체 기간에 말입니다. 세상의 지혜는 이런 경기침체기에 경제적으로 형통하는 것은 불가능하다고 말합니다. 그러나 우리의 형통은 이 세상의 지혜에서 오는 것이 아닙니다.

이것은 하나님의 말씀으로 우리의 생각을 새롭게 하는 것이 왜 필수적인지 말해주는 또 하나의 예입니다. 하나님의 말씀은 그분의 뜻을 나타내주고 하나님의 뜻을 알 때 불가능한 것을 믿을 수 있는 믿음을 갖게 하여 그것이 이루어지는 것을 경험하게 합니다. 그래서 하나님의 말씀을 아는 지식은 능력입니다. 그것은 하나님께서 우리에게 무엇을 약속해 주셨는지 알게 해주고 그분이 무엇을 공급해 주실 것인지 깨달아 그것을 믿을 수 있는 믿음을 갖게 합니다.

그러나 말씀을 읽는 것 외에 우리의 영 안에 있는 지혜에 접근하는 또 다른 방법이 있습니다. 그것을 사도 바울이 계시해 주고 있습니다.

> 사랑을 추구하며 신령한 것들을 사모하되 특별히 예언을 하려고 하라 방언을 말하는 자는 사람에게 하지 아니하고 하나님께 하나니 이는 알아 듣는 자가 없고 영으로 비밀을 말함이라
> 고린도전서 14:1-2

사도 바울은 위 구절이 포함된 같은 서신에서 "우리는 은밀한 가운데 있는 하나님의 지혜를 말하는 것"(고린도전서 2:6-7)이라고 했습니다. 그는 이 구절에서 방언을 할 때 비밀을 말하는 것이라고 합니다. 바울은 세상을 변화시킨 인물입니다. 그는 "세상을 뒤집어엎은"(사도행전 17:6, 킹제임스 흠정역) 사람이라고 묘사되었으며 신약성경의 거의 절반을 기록한 사람입니다. 그는 이 모든 지혜를 어떻게 받았을까요?

바울이 거듭날 때 하나님께서 그분의 초자연적인 지혜를 그의 거듭난 영에 넣어주셨습니다. 그는 성령님의 기름 부음을 받아서 모든 것을 알았으며(요한일서 2:20) 그리스도의 생각mind을 가졌습니다(고린도전서 2:16). 이것은 모든 믿는 자들에게 해당합니다.

그리고 바울은 방언을 함으로써 그의 영에 있는 지식을 끌어냈다고 합니다. 우리 영은 모든 것을 알지만 우리가 그 지식을 자연적인 영역으로 가져와서 이해해야만 합니다.

내가 만일 방언으로 기도하면 나의 영이 기도하거니와 나의 마음은 열매를 맺히지 못하리라   고린도전서 14:14

방언은 모든 것을 아는 영이(요한일서 2:20) 기도하는 것이며 그 영의 지식은 새롭게 되었고(골로새서 3:10) 그리스도의 생각mind을 가졌습니다(고린도전서 2:16). 평강과 사랑이 항상 존재하는 부분이 바로 영이며 영에는 어떤 의문도, 어떤 문제도 없습니다. 우리의 영은 성령의 영감 아래 비밀리에 숨기운 하나님의 지혜를 기도합니다.

어려운 상황에 직면했을 때 할 수 있는 가장 중요한 것 중의 하나가 방언으로 기도하는 것입니다. 방언은 우리의 영이 기도하는 것으로 그 영은 그리스도의 생각mind을 가져 모든 것을 알기 때문에 정답을 기도합니다. 우리의 영은 우리에게 필요한 지혜를 기도하며 우리에게 지침을 줍니다. 성경은 우리가 방언으로 기도할 때 우리의 지각(understanding, 깨달음_역자 주)은 열매를 맺지 못한다고 합니다. 즉 우리의 생각mind은 우리가 뭐라고 하는지 이해하지 못한다는 것입니다. 그런데 바울이 이 비밀을 푸는 방법을 알려주고 있습니다.

> 그러므로 알지 못하는 언어로 말하는 자는 통역할 수 있도록 기도할지니　　　　　　　　　　　고린도전서 14:13

방언으로 기도할 때 우리는 감춰진 하나님의 지혜를 말하는 것입니다. 뜻 모를 말을 지껄이는 것이 아니라 우리의 생각mind이 영적인 것을 이해하지 못할 뿐입니다. 우리가 기도할 때 하나님의 지혜가 우리의 입으로 나옵니다. 이해할 수 없는 언어로 나오기 때문에 통역이 필요합니다. 방언을 하는 것은 마치 초자연적인 강력한 발전기의 스위치를 켜는 것과 같아서 방언은 우리의 영 안에 있는 하나님의 생명과 지혜가 우리의 입을 통해 쏟아져 나오게 합니다. 또한 우리 영이 기도하는 것을 통역해 달라고 하나님께 구하기만 하면 우리가 방언으로 말하는 지혜의 내용이 뭔지 하나님께서 열어 보여 주실 것입니다.

교회에서 예배 중에 누군가 방언을 한다면(예배 중에 하나님의 감동으로 모두가 들을 수 있게 방언을 크게 하는 상황을 말함_역자 주) 듣는 사람 모두에게 은혜가 될 수 있도록 이해할 수 있는 말로 통역을 하라고 바울은 말합니다(고린도전서 14:27-28). 그러나 방언은 교회 예배만을 위한 것이 아닙니다. 바울은 이어서 말합니다. "내가 너희 모든 사람보다 방언을 더 말하므로 하나님께 감사하노라. 그러나 교회에서 네가 남을 가르치기 위하여 깨달은 마음으로 다섯 마디 말을 하는 것이 일만 마디 방언으로 말하는 것보다 나으니라"(고린도전서 14:18-19). 그는 고린도교회 전체 인원을 합한 것보다 더 방언을 많이 했습니다. 이것은 예배 중에 하는 방언이 아니라 대부분 개인적으로 하는 방언을 말합니다.

방언은 예언이나 다른 사람들에게 사역할 목적으로만 하는 것은 아닙니다. 교회 예배 때 사용하는 방언의 은사는 성령의 역사로 모두가 이 은사를 받는 것은 아닙니다. 그것은 몸된 교회를 격려하고 세우기 위한 것입니다. 성경에서 방언의 은사에 관하여 "다 방언을 말하는 자이겠느냐?"라는 질문의 답은 "아니요"입니다(고린도전서 12:30). 그렇지만 이 성경 구절은 교회 예배 때 쓰이는 은사로서의 방언과 통역의 역할에 대한 기준을 말해 줍니다. 모두가 은사 사역으로서의 방언을 하는 것은 아니지만 성령 세례를 받은 모든 믿는 자들은 방언을 할 능력이 있습니다. 예수님도 이렇게 말씀하셨습니다. "믿는 자들에게는 이런 표적이 따르리니 곧 그들이 내 이름으로 귀신을 쫓아내며 새 방언을 말하며"(마가복음 16:17).

스스로를 격려하기

방언은 성령 세례를 받았다는 것을 증명하기 위해 한 번 하고 마는 것이 아닙니다. 주기적으로 꾸준히 해야 합니다. 방언은 당신의 영이 기도하는 것입니다. 당신의 영은 하나님의 능력과 당신의 새로운 생명이 있는 곳입니다. 자연적인 생각으로는 영이 무슨 기도를 하는지 이해하지 못하지만, 그것은 당연합니다.

> 육에 속한 사람은 하나님의 성령의 일들을 받지 아니하나니 이는 그것들이 그에게는 어리석게 보임이요, 또 그는 그것들을 알 수도 없나니 그러한 일은 영적으로 분별되기 때문이라
>
> 고린도전서 2:14

영적인 것은 자연적인 생각mind에게는 어리석어 보입니다. 5분 이상 방언을 하고 있으면 당신의 머리mind는 이렇게 생각할 것입니다. "내가 지금 뭐하는 거야? 이건 바보 같은 짓이야." 당신의 육신이 들고 일어나 자신을 자연적인 영역으로 끌고 가려 할 것입니다. 그곳이 더 편하기 때문입니다. 그러나 그러한 생각에도 불구하고 계속 방언을 하기로 결정해야 합니다. 방언을 하면 스스로를 세우고(고린도전서 14:4) 자신의 영적 성장을 촉진합니다. 방언을 하는 것은 믿음의 행동입니다. 육신적인 생각과 하나님께 집중하는 것 사이에 놓인 장벽을 뛰어넘어야

할 수 있는 일이기 때문입니다.

긴 시간 방언으로 기도하면서 동시에 육신적이고 불경건한 일들에 집중하는 것은 불가능합니다. 육신적인 것에 집중하는 생각은 영적인 일에 집중할 수 없습니다. 육신적인 생각은 하나님을 적대시하기 때문입니다. 그렇기 때문에 오감을 통해 들어오는 정보에 집중할 때 그 생각은 항상 하나님을 저항합니다. 그러나 끈기 있게 방언을 하면 영적인 것에 집중하게 되고 그 결과 생명과 평강이 올 것입니다(로마서 8:6-7).

방언으로 기도하면서 동시에 딴생각을 하는 것이 가능한 이유는 방언 기도는 영이 하는 것이지 머리brain가 하는 것이 아니기 때문입니다. 방언으로 기도하면서 성경을 읽을 수도 있고 그 내용을 모두 완벽하게 이해할 수도 있습니다. 그러나 동요를 부르면서 동시에 눈으로 성경을 읽을 수는 없습니다. 가사를 외는 것과 성경을 읽는 주체가 동일한 머리mind에서 하는 일이기 때문입니다. 방언 기도는 영으로 하는 것이지 머리로 하는 것이 아닙니다. 따라서 방언을 하는 것은 초자연적이라는 것을 알 수 있습니다. 방언하는 것은 말을 만들어 내는 것이 아닙니다. 그 소리는 머리brain에서 나오는 것이 아니라 당신의 영에서 나오는 것입니다.

제가 처음 방언을 시작했을 때는 하루에 한 시간에서 다섯 시간까지 했었습니다. 영이 기도하는 동안에 두뇌는 관여하지 않는다는 것을 그때 발견했습니다. 머리는 항상 뭔가를 생각합니다. 그렇기 때문에 방언으로 기도하는 동안에도 온갖 생각을 다 하는 것입니다. 제가 이 문제를 해결한 방법은 영으로 기도하는 동안에 저의 생각도 함께 기도하는 것이었습니다. 그렇게 하니 생각을 하나님께 집중하는 데 도움이 되었습니다.

그렇게 방언으로 기도하는 동안 갑자기 어떤 일들이 떠오르곤 했습니다. 또 몇 년 동안 생각지도 않던 사람들이 생각나면 입으로는 방언을 하면서 생각으로는 그들을 위해 기도했습니다. 처음에는 그 두 가지를 연결시키지 못했지만, 차후에는 기도를 끝마치면 그 사람들에게 전화를 해 보았습니다. 그리고 매번 저의 전화가 그들에게는 기도 응답이었습니다. 그들은 이렇게 말하곤 했습니다. "저한테 지금 전화하라고 하나님께서 말씀하셨군요."

한번은 방언으로 기도하는데 하나님께서 저의 마음에 친구 한 명을 생각나게 하셔서 전화를 했습니다. 그러자 그의 아내가 전화를 받았는데 제 목소리를 듣자마자 전화를 끊어버렸습니다. 이게 도대체 어떻게 된 걸까 생각했습니다. 내가 뭘 잘못한 것인지 생각하고 있는데 그 친구 아내에게서 다시 전화가 왔고 무슨 일이 있었는지 설명해 주었습니다. 어떤 문제가 생겨서 목사인 제 친구가 방금 교회에서 쫓겨났던 것입니다. 그들은 살고 있던 집에서도 쫓겨나서 60이 다 된 나이에 친정어머니 집에서 지내고 있었습니다. 인생이 산산조각이 난 것이지요.

그녀가 이렇게 기도했었다고 합니다. "하나님, 우리는 전 세계를 돌아다니며 사람들을 섬기고 기도해 줬는데 왜 이럴 때 우리를 위해 기도해 주는 사람은 없나요? 지금은 친정어머니 집에 머물고 있고 전화번호도 변경됐지만, 당신은 하나님 아니십니까? 누군가 전화하게 하실 수 있잖아요. 당신이 정말로 우리를 사랑하신다면 누군가 전화하게 해 주실 수 있잖아요?"

그렇게 기도하자마자 전화기가 울렸고 "앤드류 워맥입니다." 하는 소리에 너무 놀라서 전화를 끊었던 것입니다. 그리고 저에게 다시 전화했기에 제가 기도해 줄 수 있었습니다. **방언으로 기도할 때 하나님께서 우리의 물리적 생각으로는 알 수 없는 것들을 알려 주십니다.**

또 한번은 아내와 함께 콜로라도 시골길을 운전하던 중에 100명 정도 사는 작은 마을에 들려야 할 것 같았습니다. 그곳에 10년도 넘게 연락하지 못했던 오랜 친구를 만나러 갔습니다. 그들은 제가 교회를 목양했을 때 같이 사역했던 부목사 부부였는데 저의 가르침이 너무 파격적이라며 교회를 떠났고 그 뒤로 사이가 소원해진 상태였습니다. 그 마을은 매우 작아서 침례교 목사가 어디에 사는지 찾는 것은 어렵지 않았습니다.

우리가 문을 두드리자 오랜 친구 조셉이 문을 열었습니다. 저를 본 순간 그의 얼굴이 창백해졌습니다. 그는 거기 서서 저를 보며 아무 말도 못했습니다. 그래서 제가 들어가도 되겠냐고 묻자 말없이 한쪽으로 비켜서며 들어오라는 표시를 했습니다. 그 집에 들어가 보니 그의 아내가 응접실 테이블 옆에서 무릎을 꿇고 기도하고 있었습니다. 우리가 들어 온 것을 본 그녀도 역시나 창백해졌습니다.

모두 자리에 앉았지만, 그들은 창백한 얼굴로 우리를 말없이 쳐다보기만 했습니다. 마침내 제가 말문을 열었습니다. "괜찮으신 겁니까?" 조셉은 교회에서 사임했고 그들의 삶은 온통 혼란뿐이라고 했습니다. 방금 전 응접실 테이블 옆에서 함께 무릎을 꿇고 자신들을 도와줄 사람을 보내 달라고 기도했다고 했습니다. 그들은 "주님, 누구라도 좋습니다. **누구라도**."라고 기도했고 그 순간 우리가 초인종을 눌렀던 것입니다. 평소 같았으면 절대 우리를 집에 들이지 않았겠지만, 하나님께서 그렇게 우리를 초자연적으로 다시 연결시켜 주셨고 그로 인해 우리의 관계는 놀랍게 회복되었습니다. 또한 하나님은 이를 통해 그들을 회복시켜 주셨고 다시 사역할 수 있게 하셨습니다. 하나님은 너무 놀라운 분이십니다!

방언으로 기도할 때 이런 일이 일어납니다. 당신이 기도하는 동안에 하나님께서 여러 가지를 말씀해 주십니다. 방언 통변은 방언 한 번, 우리말 한 번 하는 것이 아닙니다. 방언으로 기도할 때 당신의 지각understanding이 열매를 맺게 되는데 그 말은 영이 기도하는 것을 머리로 이해할 수 있게 된다는 뜻입니다. 숨겨진 하나님의 지혜가 깨달아지는 것입니다.

방언을 시작한 후 약 2년은 이것이 정말 하나님이 주신 방언인지 저도 의심했었습니다. 저는 침례교(미국의 주요 교단_역자 주)에서 성장했는데 "마귀 방언"이 있다는 말을 들었기 때문입니다. 성령 세례를 받은 후에도 여전히 그런 생각을 가지고 있었습니다.

방언이 하나님께로부터 왔다는 것은 알고 있었지만, 확신을 갖지 못했습니다.

어느 날 아침 저는 방언으로 두 시간 동안 기도했는데 기도하는 내내 의심과 싸웠습니다. 저는 **이것이 정말로 하나님이 주신 방언인가? 정말로 성령님께서 하시는 일인가? 내가 그냥 지어내는 것은 아닌가?** 하고 생각했습니다. 그런데 그렇게 기도하고 있을 때 4년 동안 만나지 못했던 사람이 우리 집 문을 두드렸습니다. 그는 울고 있었습니다. 그는 들어와서 앉자마자 자신의 문제를 늘어놓기 시작했습니다. 저는 곧바로 이렇게 생각했습니다. '두 시간 동안 방언으로 기도한 것이 헛일이었구나. 그 시간에 이 친구를 도울 수 있는 뭔가 진정으로 영적인 일을 할 수 있었을 텐데.' 그러나 곧 깨달은 것은 그가 오기 전에 그를 위해 기도할 생각을 어떻게 했겠냐는 것이었습니다.

저는 그를 4년 동안 만나지도 못했고 생각도 하지 않았습니다. 그러자 갑자기 제가 2시간 동안 그를 위해 방언으로 기도했다는 것이 깨달아졌습니다. 저는 그 즉시 그의 문제가 무엇인지 알 수 있었습니다. 저는 그의 말을 끊고 말했습니다. "어찌 된 일인지 내가 얘기할게요." 문제가 뭔지 제가 말해주자 그는 충격을 받았습니다. 그에게 일어난 일을 제가 알 방법은 없었기 때문에 하나님께서 저에게 알게 하셨다는 것을 그도 알았습니다. 그는 하나님께서 그에게 말씀하시고 있다는 것을 깨달았습니다. 그리고 이렇듯 하나님께서 초자연적으로 그의 상황 가운데 일하고 계신다는 것을 알게 되자 그는 완전히 자유케 되었습니다. 그에게는 제가 단순히 충고만 해 주는 것이 아니라 성령께서 그 상황을 알게 해 주셨다는 확증이었습니다. 그리고 저는 그에게 저의 지혜와 지식이 아니라 하나님의 능력으로 도움을 줄 수 있었던 것입니다. 비록 의심과 싸워야 했지만 두 시간 동안의 방언 기도가 보상을 받은 것이었습니다.

이런 이유로 방언 기도에 대한 통변을 받는 것이 중요합니다. 기도 중간중간 멈추고 한 문장마다 통역을 받을 필요는 없습니다. 떠오르는 생각으로 영감을 받으면 됩니다. 어떻게 해야 할지 모를 때면 저는 방언으로 기도하며 하나님께 통변을 달라고 기도합니다. "하나님, 지혜를 주세요. 제가 알아야 할 것을 알려주세요." 저는 지혜가 저의 영 안에 있다는 것을 압니다. 그래서 방언 기도로 그 지혜가 나오도록 하고 통변을 받는 것입니다. 결과적으로 초자연적인 계시를 받게 됩니다.

어떤 분들은 이렇게 생각할 수 있습니다. '방언이 정말로 하나님으로부터 왔다는 증거가 그거라고? 우연의 일치일 수도 있지.' 지면이 충분하다면 저는 방언이 하나님에게서 왔다는 수백 가지의 증거를 댈 수 있습니다. 방언은 효력이 없다고 설득 당하기엔 저에게 너무 많은 간증들이 있습니다. 방언의 효력은 역사하니까요. 저의 삶에 너무, 정말 **너무** 많은 체험을 해 왔습니다.

앞서 저는 콜로라도 스프링스의 우리 단체 건물을 개조하는데 320만 달러가 필요했다는 말씀을 드렸습니다. 은행 직원이 대출

절차를 처음부터 다시 해야 한다고 했을 때 저는 기도했습니다. 그리고 일하느라 바빠서 바로 기도 응답을 듣지는 못했습니다. 집에 돌아와서 산책을 나갔습니다. 걸으면서 방언으로 기도하며 통변을 구했습니다. 산책길을 걸은 지 채 10분도 되지 않아서 전에 들었던 예언이 떠올랐습니다. 저의 후원자들이 저의 은행이기에 은행에서 대출할 필요가 없다는 예언이었습니다. 일 년 이상 잊어버리고 있던 예언이 생각났고 그 계시가 저의 문제를 해결해 주었습니다. 방언으로 기도하자 하나님께서 그것을 성취할 수 있는 지혜를 주셨기 때문에 대출 없이 건물 개조를 완성할 수 있었습니다.

살아가는 힘

문제가 생겨서 하나님께 도움을 청할 때 하늘로부터 귀에 들리는 응답이 올 것을 기다리지 마십시오. 당신의 영 안에는 그리스도의 생각mind이 있기 때문에 방언으로 기도한 뒤 통변을 구하면 됩니다. 당신의 영이 당신을 위해 중보할 것이며 당신이 꼭 알아야 할 것을 위해 기도할 것입니다. 5분 만에 응답이 오진 않겠지요. 어느 정도 시간이 걸릴 것입니다. 말씀드렸다시피 방언 기도를 의심 없이 신뢰하는데 저에게 2년이 걸렸습니다.

방언 기도를 하는 동안 온전히 하나님께 집중할 수 있을 정도로 믿음 안에서 생각이 새롭게 되기까지는 어느 정도 시간이 걸립니다. 그렇지만 당신의 영에는 하나님의 지혜가 숨겨져 있고 방언 기도는 그것을 끌어낼 것입니다.

저는 사도 바울이 이 방법을 통해 하나님의 은혜에 대한 계시를 받았다고 믿습니다. 갈라디아인들에게 보낸 편지에서 그는 자신이 회심했을 때 예루살렘으로 돌아가지 않았다고 했습니다. 자신이 받은 계시는 제자들이나 다른 사람으로부터 받은 것이 아니라 하나님으로부터 직접 받은 것이라고 했습니다(갈라디아서 1:11-12). 바울은 이 계시를 받기 위해 3년 반을 사막에서 기도하며 보냈습니다(갈라디아서 1:17-19). 저는 그가 당시 방언으로 기도하며 그의 영으로부터 이 계시를 끌어냈다고 믿습니다.

당시의 유대인들은 모세 오경을 외웠기 때문에 바울도 구약 성경을 속속들이 모두 알고 있었습니다. 그에게 하나님의 말씀에 대한 지식은 있었지만, 그것은 이해되어야 했기 때문에 방언으로 기도한 것입니다. 바울은 자신이 전한 것은 은밀한 가운데 감춰졌었던 하나님의 지혜라고 했습니다(고린도전서 2:6-7). 방언 기도를 함으로써 자신의 영으로 은밀한 가운데 감춰진 하나님의 지혜를 기도한 것입니다. 바울이 기도할 때 하나님께서 주셨던 은혜의 계시가 지금도 많은 사람들의 삶을 변화시키고 있는 것입니다.

사도 베드로는 그의 서신에서 바울의 편지에는 "이해하기 어려운 것들"이 포함되어 있다고 했습니다. 무식한 자들과 육신적인 사람들은 이와 같은 구절들과 씨름했다고 베드로는 말합니다 (베드로후서 3:16). 이를 통해 베드로는 바울의 서신이 하나님의 말씀이라는 것을 확인해 준 것이며 동시에 바울의 서신은 이해하기가 어렵다고 했습니다. 베드로는 예수님과 3년 동안 하루 24시간 함께 지냈던 사람인데 바울이 이해했던 만큼 하나님의 은혜를 이해하지 못했던 것입니다.

베드로가 이방인들을 잘못 대우하는 것에 대해 바울이 공개적인 책망을 한 적이 있습니다(갈라디아서 2:11). 바울은 주님과 함께 지냈던 제자들보다도 하나님의 은혜와 예수님의 참 본성에 대해 더 위대한 계시를 받았던 것입니다. 그가 받은 계시는 예수님을 옆에서 지켜봄으로써 받은 것도 아니고, 지식을 통해 받은 것도 아니고, 오직 영에 의해 받은 것이기 때문입니다. 그가 계시를 받은 방법에는 방언 외에 더 많은 것이 있었는지도 모릅니다. 하지만 저는 바울이 대부분의 계시를 방언 기도를 통해 받았을 것이라고 생각합니다. 눈으로 보거나, 느끼거나, 육신적인 생각으로 깨닫는 것보다 영으로 깨달을 때 더 분명하게 알 수 있다는 것은 의심의 여지가 없습니다.

우리는 단순히 자연적인 존재가 아니라 초자연적인 존재입니다. 거듭날 때 우리는 새로운 피조물이 되었습니다(고린도후서 5:17). 우리 안에는 능력이 있습니다. 하나님의 영이 우리 안에 살고 계십니다(고린도전서 6:19). 많은 그리스도인들이 자신들에겐 삶을 변화시킬 능력이 없다고 느끼지만, 그것은 사실이 아닙니다. 우리에게는 하나님의 능력과 권세가 있고 그 값은 십자가 위에서 예수님이 우리를 위해 지불하셨습니다. 우리가 어떤 존재인지를 알고 우리 안에 있는 하나님의 능력을 풀어내는 방법을 알게 되면 질병과 가난은 우리 안에 머물러 있을 수 없습니다. 방언으로 기도하는 것은 우리의 영 안에 있는 것을 풀어내는데 필수적이라고 저는 믿습니다. 방언을 통해 우리의 지각이 열매를 맺고 하나님께서 우리에게 계시를 주시기 때문입니다.

제가 방언으로 기도할 때 바로 계시를 받는 것은 아닙니다. 그러나 후에, 예를 들자면 집회 중에 사람들을 위해 기도할 때 주님은 어떤 것을 보여주시거나 지식의 말씀을 주십니다. 주께서 그곳에 모인 사람들에 관련된 일을 알게 해 주시는데 저의 자연적인 지각으로는 알 수 없는 것들입니다. 그 순간 주께서 행하시는 치유의 구체적인 병명을 지식의 말씀으로 선포할 수 있게 됩니다. 그러면 그곳에 모인 사람들의 믿음이 세워지고 기적이 일어납니다. 제가 특별한 것이 아니라 단지 방언 기도만 했을 뿐인데 하나님은 합당한 때에 제가 알아야 할 것들을 알게 하시는 것입니다.

방언 기도는 오늘날의 교회를 위한 것

저는 항상 방언으로 기도합니다. 많은 사람들이 방언 기도가 얼마나 중요한지 모릅니다. 마귀는 방언 기도를 하지 못하도록 교회 역사 가운데 저항해 왔는데, 그 이유는 방언 기도의 능력이 얼마나 강한지 잘 알기 때문입니다. 종교적인 사람들은 가끔 방언 기도를 "마귀 방언"이라고 합니다. 만약 방언 기도가 마귀에게서 온 것이라면 술집에 모인 사람들은 왜 방언으로 말하지 않습니까? 범죄자들은 왜 방언으로 기도하지 않을까요? 이것은 논쟁할 가치도 없는 것들입니다. 성경은 특별히 이렇게 언급했습니다. "방언 말하기를 금하지 말라"(고린도전서 14:39). 이것은 하나님의 명령입니다. 그러나 수많은 종교적인 사람들이 방언은 사도들과 함께 사라졌다고 말합니다.

방언은 온전한 것이 올 때까지 없어지지 않을 것이라고 성경은 말합니다(고린도전서 13:10). 어떤 이들은 그 **온전한 것**이 성경이므로 방언은 사라졌다고 주장합니다. 저는 성경이 온전하다는 데에 동의하지만, 이 구절이 말하는 것은 그런 의미가 아닙니다. 이 구절은 후에 우리가 주님을 "얼굴과 얼굴을" 대하여 볼 것이며 **그때** 지식도 폐하고 동시에 방언도 폐할 것이라고 말합니다(고린도전서 13:8-12). 우리는 아직 예수님을 얼굴과 얼굴을 대하여 보지 못했고 지식도 폐하지 않았습니다.

"온전한 것"은 영화롭게 변한 우리의 몸을 말합니다. 그렇기 때문에 이 구절이 말하려는 것은 예수님께서 다시 오실 때 비로소 방언이 폐해진다는 것입니다. 천국에서는 우리의 육신적인 본성이 사라지고 영적 본성이 지배할 것이므로 방언을 할 필요가 없습니다. 그러나 그때까지는 계속해서 방언 기도를 해야 합니다.

방언 기도는 하나님의 뜻을 분별하게 하고 그것을 따를 수 있는 능력을 줍니다. **우리가 하나님의 뜻을 따르는데 필요한 모든 것은 이미 우리 영 안에 있습니다.** 다만 우리가 사용하지 않고 있을 뿐입니다. 우리는 하나님의 말씀에서 나오는 빛보다 TV에서 나오는 빛을 더 사랑하지 않습니까? 우리의 생각을 주님께 고정시키고 지혜를 구하며 방언으로 기도할 때 주님은 우리를 인도하십니다. 우리가 하는 방언의 내용을 주님께 알려달라고 구하면 초자연적인 일이 일어나기 시작할 것입니다.

그런데 한 가지 조건이 있습니다. 방언으로 기도하고 가장 먼저 떠오르는 생각이 하나님으로부터 왔다고 추정하지는 마십시오. 항상 하나님의 말씀에 나타나 있는 하나님의 본성과 하나님의 뜻에 맞아야 합니다. 방언으로 기도한 후에 떠오른 생각이 "나는 새로운 배우자가 필요해."라는 것이었다면 그것은 하나님으로부터 온 것이 아닙니다. 하나님의 인도는 절대 말씀과 충돌하지 않습니다. 하나님의 인도하심을 분별하는 방법을 이제 막 배우기 시작했다면 성숙한 그리스도인의 도움을 받아 당신의 그 소원함이 하나님으로부터 온 것인지 아닌지 판단해야 합니다. 모든 영적인 일이 그렇듯이 방언을 하는 데에도 성숙의 과정이 필요합니다.

출퇴근길에 하는 방언 기도만으로도 자신을 변화시키기에 충분하다고 장담할 수 있습니다. 어차피 교통체증 속에서 보내야 할 시간인데 그 시간만 방언으로 기도해도 당신의 삶을 충분히 변화시킬 수 있습니다. 라디오에서 나오는 온갖 쓰레기 같은 뉴스를 듣는 대신에 방언으로 기도하십시오. 어차피 이동하는 동안 특별히 할 일도 없지 않습니까? 그러니 출퇴근 시간을 자신을 세우고 영적으로 성장을 하는 기회로 활용하십시오.

성령 세례

> 오직 성령이 너희에게 임하시면 너희가 권능을 받고 예루살렘과 온 유대와 사마리아와 땅 끝까지 이르러 내 증인이 되리라 하시니라
> 사도행전 1:8

만약 방언의 은사를 아직 받지 못했다면 꼭 받아야 합니다. 하나님은 거듭난 모든 믿는 자들 안에 계시지만 그리스도인의 삶에는 처음 거듭날 때 경험했던 것보다 더 많은 것이 가능합니다.

그렇게 하려면 성령 세례를 받아야 하며 성령 세례를 받으면 하나님께서 넣어놓으신 능력을 이끌어 낼 수 있고 방언도 할 수 있습니다. 방언을 하는 이유는 단순히 전율을 느끼거나 주님의 임재를 느끼기 위해서가 아닙니다. 방언의 유익은 그런 것보다 훨씬 더 강력합니다. 예수님의 증인으로서 효과적인 사역을 위해 그리고 성령의 은사를 잘 활용하기 위해서 반드시 성령 세례를 받아야 합니다.

예수님은 제자들에게 이렇게 말씀하셨습니다. "볼지어다 내가

내 아버지께서 약속하신 것을 너희에게 보내리니 너희는 위로부터 능력으로 입혀질 때까지 이 성에 머물라 하시니라"(누가복음 24:49). 예수님은 제자들이 자신들의 힘으로 하나님의 나라를 이루려고 애쓰지 않기를 원하셨습니다. 그들이 성령의 능력으로 충만하기를 원하셨습니다. **사도행전에서 사람들이 성령을 받았을 때 그들이 방언을 했다고 기록되어 있거나 최소한 그렇게 암시를 하고 있습니다.** 방언은 성령 세례를 받았다는 징표가 겉으로 드러나는 것입니다.

주께서 내가 성령 충만을 받을 자격이 있다고 판단하실 때까지 기다릴 필요가 없습니다. 어떤 교회에서는 하나님께서 성령으로 세례 주시기 전에 우리의 모든 죄를 없애야 한다고 가르칩니다. 하나님은 더러운 그릇을 그분의 성령으로 채우시지 않기 때문에 우리 삶에 어떤 문제도 있으면 안 된다는 것이죠. 그러나 거룩한 영이신 성령님이 없이도 우리 스스로 거룩해질 수 있다면 우리에게 왜 성령님이 필요하겠습니까? 당신이 문제를 가지고 있다는 바로 그 사실이 성령을 받을 자격이 있다는 의미입니다. 나에게 문제가 있으니 하나님께서 성령으로 채워주시지 않을 거라고 생각하는 실수를 범하지 마십시오.

> 너희 몸은 너희가 하나님께로부터 받은 바 너희 가운데 계신 성령의 전인 줄을 알지 못하느냐 너희는 너희 자신의 것이 아니라
>
> 고린도전서 6:19

하나님의 말씀은 당신이 거듭날 때 살아계신 하나님의 성전이 되었다고 합니다. 하나님은 그분의 능력으로 당신을 채워주시기 위해 당신을 창조하셨습니다. 그러므로 하나님께서 당신에게 성령을 주시지 않겠다고 할 이유는 아무것도 없습니다. 당신은 하나님의 성전이 되도록 창조되었습니다. 당신이 성령으로 채움 받는 것은 당신보다 하나님께서 더 원하시는 것입니다.

> 너희 중에 아버지 된 자로서 누가 아들이 생선을 달라 하는데 생선 대신에 뱀을 주며 알을 달라 하는데 전갈을 주겠느냐 너희가 악할지라도 좋은 것을 자식에게 줄 줄 알거든 하물며 너희 하늘 아버지께서 구하는 자에게 성령을 주시지 않겠느냐 하시니라
>
> 누가복음 11:11-13

하나님께 성령으로 세례를 달라고 애걸하거나 간청할 필요가 없습니다. 조건은 거듭나면 됩니다. 성령으로 세례 주시는 분은 예수님이십니다. 그러나 세상은 그분을 받을 수 없습니다(요한복음 14:16-17). 예수님 없이는 성령님도 없습니다. 그러나 당신이 거듭났다면 하나님은 당신을 성령의 능력으로 채워주시고 그 증거로 방언을 할 수 있게 해 주십니다. 즉 하나님은 성령을 주시기 원하시고 당신은 그것이 필요합니다. 누군가는 "방언을 꼭 해야 되나요?"라고 할 수도 있습니다. 아니요. 해야 되니까 하는 것이 아니라 좋아서 하는 것입니다. 방언은 구원을 받기 위한 조건이

아니라 구원을 받은 뒤 누리는 유익입니다.

당신의 삶을 향한 하나님의 뜻을 발견하고, 따라가고, 성취하기 위해서는 성령 세례가 반드시 필요합니다. 그것은 자신의 힘으로 할 수 있는 일이 아닙니다. 성령께서 당신을 인도하시고 장래 일을 보여주실 것입니다(요한복음 16:13). 성령님은 예수님을 계시하시기 위해 오셨습니다. 그분이 우리의 교사입니다(요한복음 14:26). 당신을 향한 하나님의 계획을 이루기 위해서는 하나님의 능력이 필요합니다.

방언을 하는데 있어서 한 가지 알아야 할 것은 성령께서 영감으로 주시지만, 당신이 그것을 말해야 한다는 것입니다. 성령께서 당신의 몸을 통제하여 말하도록 하시지는 않습니다. 하나님은 신사적이며 아무도 강압하지 않으십니다. 그분은 사람들을 통제하지 않으십니다.

> 그들이 다 성령의 충만함을 받고 성령이 말하게 하심을 따라 다른 언어들로 말하기를 시작하니라 사도행전 2:4

성령께서 말하게 하셨지만, 말을 한 것은 그들입니다. 이와 같이 성령께서 말을 하도록 영감을 주시지만 입을 열어서 소리를 내는 것은 우리의 몫입니다. 방언은 내 목소리, 내 억양으로 나올 것입니다. 성령님은 영감을 주시고 우리는 믿음으로 말을 해야 합니다. 즉 방언은 믿음으로 하는 것입니다.

예를 들어 제가 말씀을 전할 때 저는 하나님께서 저를 통해 말씀하신다고 믿습니다만 하나님께서 저의 입을 장악하고 강압적으로 말하게 하시는 것은 아닙니다. 만약 제가 '하나님께 저를 통해 말씀해 주시고 아무 실수도 하지 않도록 해 주세요'라고 기도한 후 입을 벌리고 하나님께서 제 입을 움직이시길 기다린다면 아무 일도 일어나지 않을 것입니다. 그런 방식으로 되는 것은 아닙니다. 제가 설교할 때, 저는 텍사스 사투리를 쓰며 저의 유머 감각과 저의 개성대로 설교합니다. 그렇지만 그래도 제가 전하는 말씀은 하나님의 영감을 받은 것이라고 믿습니다.

이처럼 방언을 할 때도 하나님께서 우리를 강압적으로 억압하지 않으십니다. 또한 입을 닫고 방언을 할 수는 없습니다. 입을 열어 소리를 내야 하고 그것이 하나님의 영감으로 인한 것임을 믿어야 합니다. 방언이 이상하게 들려도 걱정하지 마십시오. 혀를 이용해 소리를 내는 언어도 있고 또 휘파람 소리 같은 언어도 있습니다.

방언은 마치 어린아이들이 말을 배우는 과정과 같습니다. 어린아이들이 "엄마", "아빠"를 제대로 못할지라도 부모는 알아듣습니다. 이와 같이 우리의 하늘 아버지도 우리가 영으로 그분과 소통하려고 노력하는 우리의 마음과 사랑을 들으십니다. 아이들이 점점 말이 늘듯이 우리가 계속 방언으로 기도하면 우리의 방언도 시간이 갈수록 더욱 유창해집니다. 그러니 걱정하지 말고 방언을 시작하십시오. 포기하지 마십시오.

하나님은 구하는 모든 사람에게 성령을 주십니다. 만약 성령님을 원하고 그분의 임재로 채워지기를 원한다면 이 장 마지막에 있는 기도문을 따라 기도하십시오. 저는 이 기도문을 통해 수천 명의 사람들이 성령 세례를 받도록 도왔습니다.

기도할 때 느껴지는 느낌으로 성령을 받았는지 아닌지 판단하지 마십시오. 어떤 사람은 성령을 받을 때 굉장한 감정적 경험을 하지만 그렇지 않은 경우도 있습니다. 저 역시 성령 세례를 받았을 때 아무 느낌이 없었습니다. 그럼에도 불구하고 성령님은 제 안에 계십니다. 당신이 구하면 하나님은 성령을 주실 것입니다. 그러므로 한 번만 요청하면 됩니다. 구걸하실 필요도 없습니다. 무슨 느낌이 있든 없든 하나님께서 성령을 주셨음을 신뢰하십시오. 이 기도문으로 한 번 기도한 다음 성령으로 채워 주신 것에 대해 하나님께 감사하십시오.

아버지,

제가 성령의 전임을 감사드립니다. 이제 이 성전의 문을 엽니다. 성령님, 저에게 오셔서 초자연적인 능력으로 저를 채우소서. 저의 생각을 새롭게 하셔서 자연적이 아니라 초자연적으로 생각할 수 있게 하시고 당신의 능력이 제 삶에 풀어지는 것을 보게 하소서. 그리고 방언의 은사를 구합니다. 예수님의 이름으로 기도합니다. 아멘.

기뻐하라!

 당신이 이 기도문으로 기도를 했고 마음으로 믿었다면 성령 세례를 받은 것이니 방언을 할 능력이 있습니다! 이제 입을 열어 성령님께서 말하게 하시는 대로 말을 하십시오. 이상하게 들려도 두려워 마시고 멈추지도 마십시오. 사도 바울은 육에 속한 사람들에게는 영에 속한 일들이 어리석게 보이기 때문에 그것을 이해하지도 못한다고 했습니다(고린도전서 2:14). 당신의 생각으로는 그 말을 이해하지 못할 것이지만 그래도 괜찮습니다. 내면에서 올라오는 단어들을 말한 뒤 그것을 당신의 생각으로 해석하려고 하지 마십시오. 기도하는 동안 당신을 향한 하나님의 사랑과 그분의 말씀에 입각한 정체성에 생각을 고정시키십시오.

 믿음으로 계속 방언 기도를 하며 하나님께 통변을 구하십시오. 그렇게 할 때 하나님의 초자연적인 능력이 당신의 삶에 나타나서 물리적인 사고로는 불가능했던 능력, 즉 하나님의 인도하심을 따를 수 있는 능력을 갖게 될 것입니다.

11

이기기 위해 그 안에 계속 머물라

하나님의 뜻을 발견하고 바른 방향으로 나아가기 시작했다면 이제 그것을 오랫동안 유지해야 합니다. 시작은 누구나 합니다. 하지만 끈기 있게 지속해야 진정한 변화를 만들어 낼 수 있습니다. 혜성처럼 나타나 하루아침에 인기를 얻고 영향력을 미치다가 하루아침에 나가떨어지는 사람들이 많습니다. 어떤 사람들은 시작하자마자 나가떨어지기도 합니다. 불행하게도 그리스도의 몸 된 교회 안에도 중도에 낙오한 사람들로 붐빕니다.

1970년대 은사주의 운동이 일어났을 때 수백만 명의 사람들이 하나님의 능력을 경험했습니다. 그러나 그들 모두가 지금까지 하나님을 따르고 있지는 않습니다. 은사주의자들의 70%가 교회에 출석하지 않는다는 통계도 있습니다. 그들이 모두 교회에 출석했다면 많은 교회에 자리가 부족했겠죠!

하나님의 뜻에 관한 이 책을 읽고 있다는 것은 하나님과의 관계를 신중하게 생각한다는 뜻입니다. 당신은 자신의 의무를 다하기 위해 빚 갚는 심정으로 주일예배에 가고 있지는 않을 것입니다. 당신은 열정적으로 하나님의 뜻을 구하고 있습니다. 그러한 노력에 박수를 보냅니다. 당신은 위대한 여정을 시작했습니다. 그러나 위대한 여정을 시작했다고 모두가 그 경주를 마무리하는 것은 아닙니다. 부정적인 말을 하려는 것은 아니지만 당신의 삶을 향한 하나님의 뜻을 발견하여 따라가기 시작했다면 성취하는 방법을 배우는 것이 얼마나 중요한지 말씀드리고자 하는 것입니다.

다행히 저는 궤도에 머물 수 있게 해 주는 몇 가지 방법을 알고 있습니다. 하나님의 능력은 시간이 지난다고 사라지는 것이 아닙니다. 하나님의 능력에는 유효기간이 없기 때문에 새로운 기름부음을 받을 필요가 없습니다. 하나님의 충만함에 거하며 당신의 삶을 향한 그분의 계획에 얼마나 열정을 가지냐의 문제는 완전히 당신에게 달려있습니다. 저는 이것이 좋은 소식이라고 생각합니다. 현재 하나님을 따르는 것에 식상해졌습니까? 하나님의 뜻에 열광할 수 있는 방법이 있습니다.

순종

저의 설교는 하나님의 은혜에 중점을 두고 있습니다. 하나님의 사랑을 얻어내야 한다거나 모든 일을 완벽하게 해야만 하나님께서 일하신다는 생각으로부터 사람들을 자유케 하는 것이 저의 목적입니다. 하나님을 위해 일할 자격을 갖춘 사람은 아직까지 없었고 앞으로도 없을 것이며 우리 중 어느 누구도 그분의 사랑을 받을 자격이 없습니다. 우리는 스스로를 겸손히 낮추어 그분의 사랑을 선물로 받아야 합니다. 하나님께서 우리 단체의 사역을 세워주신 이유 중의 하나는 우리가 하나님의 은혜에 초점을 두었기 때문이라고 저는 믿습니다. 은혜는 그리스도의 몸 된 교회에서 더욱 강조되어야 하는 주제입니다. 하나님은 그들에게 화가 나지 않으셨다는 단순한 진리를 이해하지 못하는 사람들이 너무 많기 때문입니다.

이렇듯 하나님의 은혜는 복음의 핵심이지만 어떤 사람들에게는 극과 극을 달리는 현상을 유발하기도 합니다. 하나님의 몸 된 교회는 스스로 거룩해져서 하나님의 인정을 얻어내려는 율법주의 쪽으로 많이 기울어져 있는 것 같습니다. 그래서 하나님의 은혜에 관한 복음을 듣고 구원이란 내가 거룩한 삶을 살아 얻는 것이 아니라는 것을 깨달으면 그다음에는 무슨 짓을 해도 상관이 없다고 생각하는 또 다른 극단으로 치닫습니다.

그들이 꼭 죄로 얼룩진 삶을 살게 된다는 말은 아니지만, 율법주의에 사로잡혔던 사람들은 모든 것이 하나님께 달렸다는 생각으로 온 마음을 다해 주님을 찾는 일을 그만두는 경우가 있습니다. 그것은 은혜와 믿음 사이의 균형을 모르는 데서 옵니다.[2] 순종이라는 말만 들어도 거부감을 갖는 사람들도 있지만, 우리의 경주를 완수하고 결승선을 통과하여 승리하려면 하나님께 순종하는 법을 배워야 합니다. 우리 삶에서 하나님의 뜻을 성취하는 데 순종은 필수입니다.

> 여호와께서 말씀하시되 오라 우리가 서로 변론하자 너희의 죄가 주홍 같을지라도 눈과 같이 희어질 것이요 진홍 같이 붉을지라도 양털 같이 희게 되리라 너희가 즐겨 순종하면 땅의 아름다운 소산을 먹을 것이요
> 이사야 1:18-19

지금까지 그 어느 누구도 자기 자신의 선함을 통해 진홍 같은 자기 죄를 눈 같이 희게 만들지는 못했습니다. 이것은 오직 은혜로만 가능합니다. 우리에게는 우리의 죄를 위해 값을 치르신 구세주가 있으며 그것만이 죄를 없이할 유일한 방법입니다. 위의 성경 구절은 땅의 아름다운 소산을 먹기 위해서는 우리가 즐겨 순종해야 한다고 합니다. 하나님과 우리의 관계는 그분의 은혜에 기초하지만, 우리의 경주를 마치고 하나님의 계획을 성취하려면 그분이 우리에게 명하신 일에 순종해야 합니다.

그러나 우리가 불순종한다고 해서 하나님이 그분의 은혜의

---

2) 이 주제에 관해 "은혜와 믿음의 균형 안에 사는 삶"(믿음의 말씀사)이란 책에 더 자세한 설명이 있습니다. 또는 AWM 웹사이트(http://www.awmi.net/extra/audio/1064)에서 무료 음성 설교 파일을 들을 수 있습니다.

본성을 바꾸신다는 말은 아닙니다. 우리가 불순종해도 하나님은 여전히 우리를 사랑하십니다. 그분은 우리에게 노하지 않으시며 예수님을 통해 우리를 받아들이십니다. 많은 사람들이 우리가 하나님께 순종하지 않으면 번영할 수 없을 것이라고 설교합니다. 그러한 가르침은 우리가 하나님께서 명하신 일을 하지 않았기 때문에 하나님께서 우리를 호되게 야단치시거나 버려두신다는 오해를 갖게 합니다. 그들은 또한 "하나님은 더러운 그릇은 사용하지 않으신다."고 합니다. 그것은 비유일 뿐이지 하나님께 그릇이 왜 필요하겠습니까! 모든 것을 완벽하게 하는 사람은 없습니다. 우리를 향한 하나님의 목적은 우리에게 어떤 자격이 있어서 주어진 것이 절대 아닙니다.

하지 않는 것과 할 수 없는 것의 차이

'하나님께서 우리에게 주기 원하시는 축복을 모두 누리기 위해 그분께 순종하는 것'과 '우리가 그분께 순종하지 않으면 우리를 사용하지 않으실 것'이라는 말은 다릅니다. 하나님께서 우리를 사용하지 않으시는 것이 아니라 사용하지 못하시는 것입니다. 우리가 하나님의 인도하심을 따르지 않으면 사탄이 우리의 불순종을 이용할 것입니다. 그러면 원수가 우리의 삶에 들어와 도둑질하고, 죽이고, 멸망시킬 것입니다.

> 너희 자신을 종으로 내주어 누구에게 순종하든지 그 순종함을 받는 자의 종이 되는 줄을 너희가 알지 못하느냐 혹은 죄의 종으로 사망에 이르고 혹은 순종의 종으로 의에 이르느니라
>
> 로마서 6:16

우리가 순종하는 대상이 우리 삶의 주인이며 그가 우리를 통제할 것입니다. 그렇기 때문에 우리를 부르시는 분은 하나님이시지만 우리를 부르신 그 목적을 성취하기 위해서는 우리가 그분의 인도를 따라야 합니다. 제가 하나님이었다면 저를 선택하지도 지금 제가 하는 일을 시키지도 않았을 것입니다. 저는 성공에 필요한 것들을 가지지 못했습니다. 하나님은 제가 저서가 아니라 **제가 저 임에도 불구하고** 저를 택하신 것입니다. 그것이 은혜입니다. 그러나 제가 하나님께 순종하지 않고 그분의 인도를 따르지 않았다면 저는 현재 이 자리에 있을 수 없었을 것입니다. 저를 통해 사람들의 삶이 변화되지도 않았을 것이고 우리의 사역이 성공적이지도 못했을 것입니다. 저는 하나님께 순종하는 단계를 밟아야만 했습니다. 물론 제가 하나님께 순종하지 않았더라도 저를 향한 하나님의 사랑은 한결같았을 것입니다. 그러나 하나님의 사랑이 다른 사람들을 변화시킬 때 쓰임 받으려면 그분의 인도하심을 따라야만 합니다.

그동안 많은 사람이 저에게 찾아와 말하길 하나님께서 그들에게 명하신 일이 있다고 했습니다. 그러나 그들은 그 일을 할 수

없는 온갖 이유를 대며 자신들을 합리화했습니다. 그 사람들이 말한 이유란 자신들의 육신적 힘의 한계였습니다. 하나님께서 명하신 일을 할 만한 돈이 없으며 이런저런 일들이 일어났기에 그 일을 할 수 없다는 것이지요.

실제로 한 여성은 이렇게 말했습니다. "하나님께서 저에게 CBC에 가서 공부하라고 하신 것을 알지만 저에겐 개가 두 마리 있어요. 개가 두 마리나 있는데 어떻게 신학교를 갈 수 있겠어요?" 그래서 제가 말했습니다. "그냥 쏴버리세요." 물론 진짜 총으로 쏘라는 말은 아닙니다. 다만 정말 중요한 것이 무엇인지 알게 해 주려고 한 말입니다. 그런 일들이 우리의 길을 막아서는 것을 보면 정말 놀랍습니다. "우리 집엔 돌봐야 할 금붕어가 있어요.", "손에 티눈이 났어요." 하면서 주님께서 하라고 하신 일을 못 하겠다고 합니다.

모든 상황이 완벽하게 갖추어질 때까지 기다린다면 하나님의 부르심은 절대 성취할 수 없습니다. 저와 제 아내도 처음에는 실수가 많았지만 그래도 바로바로 순종했습니다. 하나님께서 부르실 때마다 믿음으로 발걸음을 내디뎠습니다. 지금 생각해 보면 우리가 했던 일들 중에는 여러분께 권면하고 싶지 않은 것도 있고 그 과정에서 실수도 했습니다. 하지만 하나님을 따르는 것이 우리의 이익에 맞지 않아 보일 때에도 항상 순종하려고 했습니다. 하나님께서 우리 삶에 가지고 계신 목적을 성취하려면 무슨 일이 있든지 하나님께 즐겨 순종해야 합니다!

정말 단순한 원리이지만 하나님의 부르심을 알면서도 지불해야 할 값이 두려워서 발걸음을 떼지 않는 사람들이 많습니다. 그것이 두렵다면 하나님의 뜻을 성취할 수 없습니다. 하나님의 뜻을 따르는 데는 대가가 있기 때문입니다. 제가 장담할 수 있는 것은 하나님의 뜻을 따르기로 할 때 주변 사람 모두가 당신의 결정을 지지하지는 않을 것이란 사실입니다. 잠언은 이렇게 말합니다. "사람을 두려워하면 올무에 걸리게 되거니와 여호와를 의지하는 자는 안전하리라"(잠언 29:25). 하나님께서 당신에게 하라고 부르신 일을 시작할 때 사람들의 인정까지 받으려 한다면 절대 그 뜻을 이룰 수 없을 것입니다.

말씀을 행하는 자

너희는 말씀을 행하는 자가 되고 듣기만 하여 자신을 속이는 자가 되지 말라 누구든지 말씀을 듣고 행하지 아니하면 그는 거울로 자기의 생긴 얼굴을 보는 사람과 같아서 제 자신을 보고 가서 그 모습이 어떠했는지를 곧 잊어버리거니와 자유롭게 하는 온전한 율법을 들여다보고 있는 자는 듣고 잊어버리는 자가 아니요 실천하는 자니 이 사람은 그 행하는 일에 복을 받으리라

야고보서 1:22-25

하나님께서 가지신 내 인생의 목적을 성취하기 위해서는 하나님의 뜻을 아는 것만으로는 충분하지 않습니다. 그것을 행해야 합니다. 첫 단계에 순종하지 않는다면 하나님은 두 번째, 세 번째, 그리고 열 번째 단계를 알려주지 않을 것입니다. 우리의 삶을 향한 하나님의 뜻 안으로 들어가는 것은 단계가 있습니다. 첫 번째는 선하시고 두 번째는 기뻐하시고 그다음 온전하신 뜻입니다(로마서 12:2). 하나님의 뜻은 항상 완벽하지만 얼마나 그분의 계획에 협력하느냐에 따라 그분의 완벽한 뜻을 경험하는 수준이 달라집니다. 하나님은 그분의 뜻을 단계적으로 보여주시기 때문입니다. 즉 다음 단계를 알려면 하나님께서 이미 명하신 그 일을 먼저 해야 한다는 말입니다.

하나님의 뜻을 깨달은 뒤 그 뜻에 순종하는 것(또는 불순종하는 것)은 당신의 삶에 엄청난 파급효과를 가져옵니다. 예를 들면 우리는 복음을 전하는 곳에 헌금해야 한다는 것을 잘 압니다. 성경은 우리에게 재물과 소산물의 처음 익은 열매로 여호와를 공경하라고 가르칩니다(잠언 3:9). 그러나 이것을 알아도 사람들은 순종하지 않습니다. 그러면서 자신의 삶이 왜 안 풀리는지 의아해합니다. 예수님은 지극히 작은 것에 충성하지 않는 사람은 큰 것에도 충성하지 않는다고 하셨습니다(누가복음 16:10). 전체 문맥을 살펴볼 때 예수님께서 하시는 말씀은 하나님 신뢰가 가장 적게 필요한 분야가 재정이라는 말씀입니다. 재정은 하나님을 신뢰하는 것에 있어서 **가장 적은** 믿음이 필요한 영역입니다. 돈에 있어서 하나님을 신뢰하지 못하면 다른 영역에서도 하나님을 신뢰하지 못합니다.

사람들은 하나님께서 자신을 구원하셨다는 것을 믿는다면서 그들의 물리적인 필요를 채우기 위해서는 돈을 움켜잡습니다. 마치 하나님을 신뢰하지 않는 것처럼 말입니다. "가장 적은 것"에 있어 하나님을 신뢰하지 않으면서 영원한 속죄에 대해서는 어떻게 하나님을 신뢰할 수 있겠습니까? 가장 적은 것을 하지 않으면 가장 큰 것도 할 수 없습니다. 10kg을 들 수 없는데 100kg을 어떻게 들 수 있겠습니까? 이처럼 재정에 있어 하나님을 신뢰할 수 없다면 하나님을 위한 위대한 일은 할 수 없습니다.

제가 아는 성숙한 그리스도인은 모두 주는 사람입니다. 예외가 없습니다. 그들은 모두 하나님을 신뢰합니다. 재정에 있어서 하나님을 신뢰하지 않으면 성숙할 수는 없습니다. 겉으로는 멋있어 보이지만 헌금하지 않는 사람이라면 그가 언제까지 하나님을 따를지는 알 수 없습니다. 헌금하는 것을 보면 그가 무엇을 신뢰하는지 알 수 있습니다.

재정의 영역에 있어서 하나님을 신뢰하는 것은 **"신앙의 거인"** 들에게만 해당하는 것이 아닙니다. 하나님을 신뢰하는 것은 우리 믿음의 기초입니다. 어떤 사람은 재정에 관한 하나님의 뜻을 알면서도 행하지 않습니다. 그러면서 왜 자신들의 삶이 재정적으로 형통하지 않은지 몸은 왜 치유되지 않는지 의아해합니다. 하나님을 신뢰하지 않으면 치유해 주지 않는다는 말이 아닙니다. 하나님을 신뢰하지 않을 때 믿음이 방해를 받으며 하나님께서 **이미** 공급해 놓으신 치유를 막아선다는 말입니다.

하나님을 신뢰하는 것은 지금 있는 곳에서 시작해야 합니다. 100kg을 들 수 있으려면 먼저 10kg을 들어야 합니다. 재정의 영역에서 하나님을 신뢰할 수 없다면 사탄은 당신의 두려움을 사용하여 몸의 치유를 막을 것입니다. 하나님께서 축복을 안 주시는 것이 아닙니다. 하나님께 순종하지 않았기 때문에 사탄이 축복을 훔쳐 갈 수 있게 된 것입니다.

자신을 누구의 종으로 바치든지 그가 당신을 다스릴 것입니다. 죄와 두려움에 순종하여 사망으로 끌려가든지 아니면 의와 하나님의 말씀에 순종하여 생명으로 인도함을 받든지 둘 중의 하나입니다. 두려움, 욕심, 이기심에 순복하면 그것을 만들어 낸 사탄에게 순복하는 것입니다. 사탄에게 순복하면 내가 하나님으로부터 받는 축복을 사탄이 방해할 수 있도록 허락하는 것입니다. 그래서 치유가 막힐 수 있고 결혼생활이 방해받을 수 있고 그 외에 하나님의 여러 축복이 막힐 수 있습니다. 하나님을 신뢰하지 않았기 때문입니다.

반면 하나님을 신뢰하면 당신의 삶 가운데 하나님께서 운행하시는 문을 엽니다. 또한 눈에서 비늘 같은 것이 떨어져 나가(사도행전 9:11) 말씀으로부터 이전에 몰랐던 계시를 받기 시작합니다. 당신의 필요를 초자연적으로 채우시는 하나님의 역사를 경험하기 시작하고 이로 인해 하나님을 더욱 신뢰하게 됩니다.

두려움은 원수에게 힘을 실어 주고 믿음은 하나님께 힘을 실어 줍니다.

그래서 하나님께 순종하는 것이 중요합니다. 복음을 전하는 곳에 헌금하는 것은 삶의 다른 영역에서도 순종과 불순종이 어떻게 영향을 미치는가를 보여주는 하나의 예일 뿐입니다. 남편이 아내를 사랑해야 하는 것과 아내가 남편을 존경하는 것 그리고 다른 성도들과 잘 지내는 것 등등 모두가 같은 원리입니다. 이미 어떻게 해야 할지 알고 있는 분야에서 하나님께 불순종하면 사탄이 당신의 삶에 들어오는 문을 열게 됩니다.

처음부터 이 땅을 억압할 권세가 사탄에게 있었던 것은 아닙니다. 하나님께서 이 땅을 다스릴 권세를 맡긴 대상은 아담과 하와였습니다(창세기 1:26-28). 그런데 그들이 유혹을 받아 사탄에게 굴복하였고 그때 그 권세를 사탄에게 넘겨준 것입니다. 우리도 똑같은 방법으로 마귀에게 권한을 내어 줍니다. 사탄 스스로는 힘이 없기 때문에 그에게 굴복하고 권한을 내어 줄 인간이 필요합니다.

우리의 행동은 순종의 여부에 따라 그 영향력이 결정됩니다. 하나님께서 우리에게 명하신 것을 행동에 옮기는 것은 하나님의 능력을 풀어놓는 것입니다. 반면 우리의 잘못된 행동 또는 불순종은 사탄의 능력을 풀어 놓는 것입니다. 하나님께서 명하신 것을 하지 않을 때 그것도 사탄에게 순복하는 것입니다. 하나님에게 순종하지 못하도록 두려움과 유혹을 주는 자가 바로 사탄이기 때문입니다. 이렇게 우리가 사탄에게 순복하면 결과적으로 우리의 삶을 파괴할 힘을 그에게 주는 꼴이 됩니다.

성적인 순결함을 지키는 것에 대해서도 많은 사람들이 혼동하고 있습니다. 하나님의 은혜를 빌미 삼아 혼전동거를 하며 죄 가운데 거하고 있는 사람들이 있습니다. 물론 하나님은 여전히 그들을 사랑하시고 그들에게 노하지 않으시며 벌하지 않으신다는 것은 사실입니다. 하나님은 우리가 하나님적인 결혼생활을 이어가든 아니든 여전히 우리를 사랑하십니다. 어떤 사람들은 이 말을 듣고 화를 내겠지만 이것은 진리입니다.

예수님은 그러한 상황에 있던 한 여인을 섬기셨습니다. 바로 수가성의 여인입니다. 예수님은 그 여인에게 사랑을 보여주시며 생수를 주시겠다고 제안하셨습니다(요한복음 4:1-26). 당신이 동거하던 사람과 결혼을 해도 하나님은 당신에게 노하지 않으십니다. 그러나 당신의 불순종은 사탄에게 문을 열어주어 당신의 삶으로 들어오게 합니다. 주께서 혼인관계에 대해 말씀하실 때 우리가 한 사람하고만 연합해야 한다고 말씀하신 것은 우리의 즐거움을 깨뜨리기 위함이 아닙니다. 우리에게 무엇이 최선인지 아시기 때문에 그렇게 말씀하신 것입니다. 하나님은 이혼과 깨어진 관계가 사람에게 어떤 상처를 주는지 아십니다. 또한 무엇이 우리를 행복하게 하는지도 아십니다.

하나님께서 창조하신 커플은 아담과 이브Eve지 아담과 스티브Steve가 아닙니다. 하나님은 남자가 혼자 있는 것을 좋지 않게 여기시고 여자를 만드셨지 또 다른 남자를 만들지 않으셨습니다. 우리를 향한 하나님의 계획은 동성애가 아니라 이성과 결혼하는 것입니다. 그러나 하나님은 동성애자도 사랑하십니다. 하나님의 은혜는 모두에게 적용되기 때문입니다. 하나님은 동성애 삶을 선택한 사람들에게 노하지 않으시며 그들도 사랑하십니다. 다만 그러한 삶의 방식은 사탄이 그들의 삶으로 들어오는 커다란 문을 열어줍니다.

하나님의 뜻을 이루기 원한다면 사탄에게 문을 열어줄 사치는 허락되지 않습니다. 원수는 당신을 죽이려 하고 당신의 삶을 파괴하여 하나님의 뜻을 성취하지 못하게 하려고 애가 달았습니다. 하나님께서 성경 말씀을 통해 그리고 다른 방법을 통해 명하신 것이 있는데 그것을 의도적으로 하지 않는다면 그것은 사탄에게 다가가서 '저를 최고로 세게 때려주세요'라고 하는 것과 같습니다.

사탄에게 한 방 맞고 나서 '왜 이런 일을 허락하셨냐?'고 하나님께 따지지 마십시오. 하나님이 허락하신 것이 아니라 **당신이** 허락한 것입니다. 자신의 삶으로 들어올 '자유 이용권'을 사탄에게 발급한 것입니다. 당신의 삶으로 들어오는 길을 사탄에게 내준 것은 당신입니다. 죄 가운데 살면서 형통할 수는 없습니다. 언제가 됐든 그 죄가 당신을 낚아채기 때문입니다.

하나님은 우리의 죄나 부족함 때문에 우리를 떠나지 않으십니다. 만약 그랬다면 인류 전체를 버리셔야 했을 것입니다. 완전한 사람은 하나도 없으니까요(로마서 3:23). 하나님은 우리의 행동에 따라 우리를 대하시는 태도를 바꾸지 않으십니다. 그분의 은혜는 항상 동일합니다. 그러나 사탄은 우리를 훼방합니다. 사탄에게 우리 삶으로 들어오는 문을 열어주고 온갖 죄의 무거운 짐이 우리를 훼방하도록 허락하고도 경주에서 승리할 수는 없습니다. 절대 그렇게 되지 않습니다. 경주를 마치기 원한다면 하나님께 순종해야 합니다.

구원하는 믿음

내 형제들아 만일 사람이 믿음이 있노라 하고 행함이 없으면 무슨 유익이 있으리요 그 믿음이 능히 자기를 구원하겠느냐… 이와 같이 행함이 없는 믿음은 그 자체가 죽은 것이라

야고보서 2:14, 17

성경은 우리가 믿음을 통해 은혜로 구원을 받았다고 말씀합니다(에베소서 2:8). 그렇기 때문에 믿음이 우리를 구원하는 것은 사실입니다. 그러나 야고보서는 믿음이 행함이 없는 사람도 구원할 수 있는지 묻고 있습니다. 여기서 핵심은 믿음은 절대 혼자가 아니라는 것입니다. 구원하는 믿음에는 항상 행함이 따라옵니다. 만약 어떤 사람이 극장에 뛰어들어 "불이야!"하고 소리친다면 그 결과로 따라오는 행동이 있을 것입니다. 정말 불이 났다고 믿는

사람들은 그에 따른 행동을 합니다. 어떤 사람은 소리를 지르고 어떤 사람은 힘없이 주저앉고 어떤 사람은 공포에 질리거나 뛰쳐나가는 등 정말 불이 났다고 믿는 사람이라면 모두가 어떤 행동이든 하기 마련입니다.

"나는 믿어!"라고 하면서 그에 따른 행동을 하지 않는 사람은 진짜 믿는 게 아닙니다. 하나님이 복의 근원이라고 정말 믿는다면 자신의 소유를 나눌 것입니다. 하나님을 신뢰하는 사람들은 그 삶에 증거가 있습니다. 당신의 행동은 당신이 정말 믿는 바를 보여줍니다. 오직 믿음으로만 구원을 받지만 구원하는 믿음은 결코 혼자가 아닙니다. 믿음은 행동을 유발합니다. 믿음에는 행동이 필수적입니다. 야고보는 계속해서 이렇게 말합니다.

> 어떤 사람은 말하기를 너는 믿음이 있고 나는 행함이 있으니 행함이 없는 네 믿음을 내게 보이라 나는 행함으로 내 믿음을 네게 보이리라 하리라 네가 하나님은 한 분이신 줄을 믿느냐 잘하는도다 귀신들도 믿고 떠느니라 야고보서 2:18-19

이 구절은 성경 전체에서 가장 냉소적인 문장입니다. 하나님은 한 분이신 줄을 믿습니까? 믿는다면 좋은 것이지요. 그러나 그 정도는 귀신들도 믿습니다. 귀신도 믿지만 믿고 떨기만 하지 그 믿음을 행동으로 나타내지는 않습니다. 사탄도 하나님이 존재한다는 것을 알지만 그의 행동으로는 하나님을 대적합니다.

> 아아 허탄한 사람아 행함이 없는 믿음이 헛것인 줄을 알고자
> 하느냐   야고보서 2:20

  귀신도 믿지만, 그의 행동으로는 하나님을 대적하기 때문에 귀신에게는 구원하는 믿음이 없는 것입니다. "나는 하나님의 존재를 믿어!"라고 하면서 그 행동은 주님의 인도하심과 반대로 간다면 그들은 "구원하는 믿음"으로 믿는 것이 아니라 지적인 동의만 할 뿐입니다. 행동이 따르지 않는 믿음은 진정한 믿음이 아닙니다.

  저는 우리 부부가 재정적으로 힘들었던 시기에 페인트칠을 하러 다녔습니다. 하루는 몸이 좀 안 좋아서 점심시간에 집으로 왔습니다. 일어나 앉지도 못할 정도로 아팠습니다. 그날이 돈을 받는 날이었기 때문에 돌아가 일을 끝내야 했지만 저는 누워서 잠깐 눈을 붙이고 싶었습니다.

  그러자 아내가 말했습니다. "이렇게 집에 있으면 안 돼요. 오늘 받을 그 돈이 꼭 필요하단 말이에요."

  그리고 아내는 저의 치유를 위해 기도했습니다. 그래도 몸이 안 좋아서 소파에 누우려 하자 아내가 말했습니다. "누우면 안 돼요. 아픈 사람처럼 행동하면 안 돼요." 아내는 저를 붙잡고 일으켜 세워서 온 집안을 돌아다녔습니다. 처음에는 거의 매달린 채 끌려만 다녔습니다. 저도 치유를 위해 기도하고 있었지만 아프니까 아픈 것처럼 행동하고 싶었습니다. 그러나 아내는 제가 나은 것처럼 행동하게 했고 그 결과 점심시간이 다 끝나갈 무렵

저는 완전히 나았습니다. 그래서 다시 페인트칠을 하러 갔고 돈을 받았습니다. 그러나 건강한 것처럼 **행동하기** 전까지는 건강하게 느끼지 못했었습니다.

무엇을 믿는다고 말하면서 그것에 따른 행동을 하지 않는다면 그 믿음은 완성된 것이 아닙니다. 믿음에는 반드시 행동이 따라야 합니다. 그렇다고 행동이 믿음을 가져다주는 것은 아닙니다. 예를 들어 약을 끊는 행동이 우리를 낫게 할 거라는 생각에 약을 끊어서는 안 됩니다. 그런 어리석은 행동으로 인해 죽는 사람들도 있습니다. 성경은 사람이 마음으로 믿어 의에 이르고 입으로 시인하여 구원에 이른다고 합니다(로마서 10:10). 먼저 마음으로 하나님께서 우리를 치유하셨다는 것을 믿어야 하고 **그러고 나면** 우리가 믿는 바에 따라 행동할 수 있습니다. 마음으로 믿고 입으로 선포하면 그것은 이루어질 것입니다. **믿음에 행동이 따르는 것이지 행동이 믿음을 만들어 내는 것은 아닙니다.** 믿음이 먼저 있어야 합니다. 온 마음으로 믿고 그 믿음에 따라 행동할 때 우리의 믿음이 완성되는 것입니다.

책임지기

자신들이 믿는 것보다는 자신들의 감정에 의해 지배받는 그리스도인들이 많습니다. 그들은 느낌에 의해 지배를 받아 행동하지 믿음에 의해 행동하지 않습니다. 하나님의 뜻이 자신의 삶 가운데 성취되려면 느낌이 어떻든 하나님께 순종하는 법을 배워야 합니다. 하나님의 뜻을 발견하고, 따라가는 법을 배웠다면 그다음으로 그 뜻이 성취되기 위해서 하나님께 순종하는 법을 배워야만 합니다. 저는 여러분께 삶의 모든 영역에서 하나님께 순종할 것을 권면합니다. 하나님께서 명하신 그 일을 할 수 없다고 느낄지라도 말입니다. 하나님을 신뢰하고 그분의 인도를 따르십시오. 하나님은 절대로 당신이 할 수 없는 일이나 당신에게 최선이 아닌 일을 하도록 인도하지 않으십니다.

그렇기 때문에 하나님께서 당신에게 명하시는 일이라면 뭐든지 할 수 있습니다. 동기부여가 안 돼 있을 수 있겠지만 정말로 원한다면 **할 수 있습니다.** 몇 년 전 제 조카가 두세 번 과속위반을 하여 거의 운전면허 정지를 당할 시점에 저를 찾아왔습니다.

"어쩔 수 없어요. 저는 원래 빨리 달려요."

"그렇지 않아. 너도 천천히 달릴 수 있어."

"아니요. 정말로 저는 안 돼요."

"누가 뒷좌석에서 네 머리에 총을 겨누고 시속 90킬로 이상으로 달리면 쏴버릴 거라고 협박한다 해도 90킬로 이상으로 달리겠니?"

"글쎄요, 아마 아니겠죠?"

"그것 봐라, 너는 할 수 있어. 다만 하고 싶지 않을 뿐이지."

오늘날의 사회는 무슨 수를 써서라도 책임을 전가하려 합니다.

항상 다른 사람이나 외부 환경에 책임을 돌리는 문화입니다. 절대 자신이 책임지려고 하지 않습니다. 아무도 자신의 행동에 대해 책임지려 하지 않기 때문에 사람들은 온갖 것에 대해 변명을 합니다. 역기능 가정에서 자란 것이 문제다, 호르몬이 문제다, 또는 중년이든 십 대든 나이가 문제다, 등등 이런 것들이 범인이라고 합니다. 물론 우리의 현재 모습에는 다 이유가 있긴 합니다. 그렇다고 해서 변명만 하고 있을 수는 없지 않겠습니까?

하나님의 뜻을 성취하려면 당신의 삶 가운데 있는 책임들을 받아들여야 합니다. 당신은 단순히 외부자극에 반응하여 진화된 동물이 아니라 하나님의 형상을 따라 지음 받은 사람이기 때문에 자신의 행동에 대한 책임을 져야 합니다. 자신의 상황과 환경에 대해 다른 사람을 비난하는 것은 그만하십시오. 물론 고통스러운 과거를 가졌을 수도 있습니다. 그러나 그 일에 대해 자신이 내린 잘못된 결정에 대한 책임을 받아들이고 그 이후의 삶을 계속해서 살아갈 수도 있습니다. 자신을 희생자로 여기는 한 결코 승리자는 될 수 없습니다.

주 안에서 항상 기뻐하라 내가 다시 말하노니 기뻐하라

빌립보서 4:4

바울이 "주 안에서 **항상** 기뻐하라"고 한 뒤에 "내가 **다시** 말하노니 기뻐하라"고 한 것을 보니 사람들이 바울의 말을 오해하여

"진짜로 **항상** 기뻐하란 말은 아니겠지"라고 생각할 것을 바울이 알았던 것 같습니다. 하나님의 말씀은 우리가 어떤 상황을 겪고 있든 간에 항상 기뻐할 수 있다고 하십니다. 이혼 소송 중이든, 가까운 사람이 죽었든, 어떤 재앙이 닥쳤든 상관없습니다. 만약 "주 안에서 항상 기뻐하는 것"이 불가능한 일이었다면 이런 명령을 하지도 않으셨을 테니까요.

예수님이 말씀하십니다. "세상에서는 너희가 환난을 당하나 담대하라 내가 세상을 이기었노라"(요한복음 16:33). 우리의 삶에 문제가 찾아온다는 사실을 예수님도 인정하셨지만 동시에 우리에게 담대하라고 하십니다. "기뻐하라"는 단어는 동사입니다. 기쁨을 소유하는 것이 아니라 행동으로 기뻐하라는 것을 말합니다. 우리의 영 안에는 이미 기쁨이 있기 때문에 주 안에서 기뻐하기 위해 반드시 기쁨이 느껴져야 하는 것은 아닙니다(갈라디아서 5:22). 이를 악물고서 또는 눈물을 흘리면서도 당신은 기뻐할 수 있습니다.

우리의 느낌이나 기분과 상관없이 우리는 하나님께서 하라고 하신 일을 할 수 있습니다. 일단 우리가 하나님께 순종하기 시작하면 우리 안에 하나님의 생명으로 가득한 샘물이 있음을 발견하게 될 것입니다. 기뻐하는 것은 우리의 영 안에 있는 생명의 샘물에 두레박을 내려 하나님의 충만하심을 길러내는 것과 같습니다. 처음엔 이를 악물고 기뻐해야 할 수도 있지만 계속 기뻐하다 보면 우리 안에 있는 하나님의 생명을 길러낼 수 있을 것입니다. 그때 **진정한** 기쁨과 평강을 경험하게 됩니다. 우리의 인생을 감정에 끌려 살 수는 없는 일입니다. 하나님의 영으로 인도받아야 합니다.

어른과 아이의 차이가 있다면 어른들은 감정에 따라 결정하지 않는다는 것입니다. 어른들은 내키지 않더라도 해야 할 일을 합니다. 부모라고 항상 부모 역할을 하고 싶은 것은 아닙니다. 때로는 애처럼 바닥에 주저앉아 떼를 쓰며 "싫어, 싫어!"라고 소리치고 싶은 것도 사실이지만 부모가 되었으니 책임감을 가지고 부모답게 행동해야 한다는 것을 우리는 압니다. 그러나 많은 사람들이 감정만 생각하기 때문에 별로 그렇게 하고 싶지 않은 것입니다. 게다가 대부분의 사람은 감정이 삶을 지배하도록 내버려 두고 감정에 따라 행동하는데 감정은 열차의 맨 뒤 칸처럼 취급하여 열차를 따라가도록 만들어야지 감정이 이끌어가도록 내버려 둬서는 안 됩니다.

가끔은 저도 사람들을 위해 기도하고 싶지 않을 때가 있습니다. 제가 처음 사역을 시작했을 때는 온몸에 전율이 흐르지 않으면 하나님께서 일하고 계신 것이 아니라고 생각했습니다. 하지만 성경에서 말씀하듯이 그리스도인이 손을 얹고 기도할 때 그들이 회복될 거라고 믿으면서 저는 계속해서 기도했습니다. 그런데 기도를 했지만, 아무것도 느껴지지 않았을 때 오히려 더 놀라운 기적이 일어난다는 것을 발견했습니다. 그런 경험으로 인해 저는 감정에 인도받지 않을 수 있는 방법을 배웠습니다.

'거기'라고 불리는 장소

> 길르앗에 우거하는 자 중에 디셉 사람 엘리야가 아합에게 말하되 내가 섬기는 이스라엘의 하나님 여호와께서 살아 계심을 두고 맹세하노니 내 말이 없으면 수 년 동안 비도 이슬도 있지 아니하리라 하니라
> 　　　　　　　　　　　　　　　　　　열왕기상 17:1

엘리야는 하나님으로부터 말씀을 받았고 그에 따라 행동했습니다. 이 이야기를 온전히 이해하려면 역사적인 배경을 알아야 합니다. 아합과 그의 아내 이세벨은 하나님께 예배하는 것을 금지하고 하나님의 선지자들을 전부 죽이고 있었습니다. 그랬기 때문에 엘리야는 그가 받은 계시를 아합에게 전하기 위해 목숨을 걸어야 했습니다. 그래도 엘리야는 자신에게 닥칠 위험보다 주님께 순종하는 것을 택했습니다. 그는 하나님으로부터 말씀을 받았을 뿐만 아니라 그에 따른 **행동도** 했던 것입니다.

엘리야가 아합에게 가뭄에 대한 예언을 했기 때문에 가뭄이 닥친 후 아합이 나라를 뒤지며 엘리야를 찾았던 것입니다(열왕기상 18:10). 삼년 반 후에 엘리야가 마침내 아합에게 나타나서 바알의 모든 거짓 선지자들을 한곳에 모으라고 합니다. 왕은 그의 말에 순종합니다. 엘리야의 명령을 왕이 따르고 있는 것입니다.

엘리야는 이렇게 하나님께서 명하신 대로 행동했기 때문에 온 나라에서 가장 유력한 인물이 되었습니다. 만일 그가 골방에

틀어박혀 가뭄이 들기를 기도하며 아합과 대면하지 않았다면 왕은 그에게 순종하지 않았을 것이고 엘리야는 이스라엘 최대의 부흥을 일으킬 수 없었을 것입니다.

엘리야가 가뭄을 예언한 직후에 하나님은 이어서 이렇게 지시하셨습니다.

> 여호와의 말씀이 엘리야에게 임하여 이르시되 너는 여기서 떠나 동쪽으로 가서 요단 앞 그릿 시냇가에 숨고 그 시냇물을 마시라 내가 까마귀들에게 명령하여 거기서 너를 먹이게 하리라 그가 여호와의 말씀과 같이 하여 곧 가서 요단 앞 그릿 시냇가에 머물매
>
> 열왕기상 17:2-5

하나님은 엘리야를 보호해 주시겠다고 약속하셨지만, 그가 하나님의 첫 번째 지시를 순종한 **이후에야** 이 약속이 주어졌다는 것이 중요합니다. 이것 때문에 많은 사람들이 자신의 인생을 향한 하나님의 뜻을 성취하지 못하는 것입니다. 하나님은 그분의 뜻을 나타내시는데 그것을 깨달은 사람들이 하나님께서 명하신 일을 행동으로 옮기지 않고 그것의 가능성을 합리적으로 추리하려고만 합니다. 엘리야가 하나님의 첫 번째 명령을 행동으로 옮길 때까지 하나님은 그를 위한 공급을 보내지 않으셨습니다. 앞에서도 이야기했지만 하나님은 당신이 1단계를 순종하기 전에 2단계에서 10단계를 미리 보여주지 않으십니다.

엘리야가 첫 번째 것을 순종하자 하나님께서 그에게 그다음 할 일을 말씀해 주십니다. "이제, 그릿 시냇가로 가라. 내가 까마귀들에게 명령하여 **거기**서 너를 먹이게 하리라." 하나님은 **거기**에다 엘리야가 필요한 것을 공급해 놓으셨습니다. 엘리야가 있었던 곳이 아니라 하나님께서 가라고 하신 곳입니다. 하나님께서 엘리야에게 필요한 것을 거기에 공급해 놓으신 것을 주목해 보십시오. 이것은 농구 경기에서 선수가 공을 패스하는 것과 같습니다. 공을 던질 때는 받을 사람이 있는 곳에 던지지 않습니다. 공을 받을 사람이 도착할 곳으로 던져야 하기 때문에 그 사람이 있는 곳보다 훨씬 **앞쪽으로** 공을 던집니다.

이와 마찬가지로 하나님은 당신을 위한 공급을 당신이 **지금 있는 곳**에 보내지 않으십니다. 하나님께서 **가라고 하신 그곳**에 보내십니다. 하나님께서 지금 어떤 사업을 시작하라고 인도하시거나 믿음으로 한 발 내디뎌 새로운 길을 가라고 인도하고 계실지 모릅니다. 하나님께 인도를 받을 때에도 **지금** 현재 있는 곳에서는 하나님의 공급을 볼 수 없으며 하나님께서 명하신 것을 행동으로 옮긴 후, **거기서** 볼 수 있습니다. 하나님의 공급을 확인한 뒤에 하나님의 인도하심을 따르겠다는 것은 불가능합니다. 하나님은 이미 그분의 공급을 보내셨습니다. 그 공급은 하나님께서 가라고 한 곳으로 가고 있는 중이거나 이미 거기에 도착해서 당신을 기다리고 있습니다. 당신의 삶 가운데 하나님의 공급을 경험하지 못하는 이유 중의 하나는 **거기가** 아닌 **여기**에 너무 많이 머물기 때문입니다.

하나님께서 우리 단체가 건물을 개조하는데 필요한 320만 달러를 준비하셨을 때 그분은 제게 대출을 받지 말고 다른 방식으로 예비하시는 하나님을 신뢰하라고 하셨습니다. 후원자들을 통해 재정을 채워주실 것을 믿기로 마음먹고 나니 하나님은 마침내 그분의 공급을 보내주셨습니다. 제가 빚 없이 건축하기로 결정했을 때 회계장부상 그만한 돈을 저축하려면 백 년 이상 걸릴 액수였습니다. 그러나 하나님께서 명하신 것을 행동으로 옮기자 14개월 만에 채워 주셨습니다!

이제 우리는 5천만 달러를 향한 믿음의 발걸음을 떼었습니다. 어떤 이는 이것이 미친 짓이라고 생각하겠지만 하나님께서 가라고 하셔서 우리는 가는 중입니다. 우리를 위한 하나님의 공급은 **거기**에 있고 하나님께서 우리에게 하라고 하신 일에 가까이 갈수록 그분의 공급을 더욱 채움 받을 것입니다. 우리는 수천 명의 그리스도인들이 열방으로 나아가 모든 민족을 제자 삼을 수 있도록 그들을 훈련하는 캐리스 바이블 칼리지(CBC)의 새 건물을 짓고 있습니다.(2018년 완공되어 11월 3일 헌당예배를 드림_역자 주) 이것은 하나님의 계획이므로 그분이 이루실 것입니다.

엘리야가 하나님께서 명하신 대로 행한 결과 전에 없었던 대부흥을 맞이하게 되었습니다. 하나님의 첫 번째 명령에 순종한 이후에야 엘리야는 하나님께서 어떻게 그를 보호하시고 필요를 채워주실지 알게 되었습니다. 거듭나고 성령 세례도 받은 많은 믿는 자들이 자신의 삶을 바라볼 때 문제만을 봅니다. 그들은 예수 그리스도를 죽음에서 살리신 바로 그 능력이 그들 안에 있다는 것을 모릅니다(에베소서 1:18-20). 하나님의 능력은 천국 어딘가에 있는 것이 아닙니다. 우리 안에 있습니다.

우리는 하나님께서 우리에게 명하신 대로 행동해야 합니다. 예를 들어 성경은 방언을 하는 것이 안식이요 상쾌함이라고 합니다(이사야 28:12). 그러니 낙심하여 회복이 필요할 땐 방언을 하십시오. 그러면 다시 성령으로 불타오르게 될 것입니다. 당신의 문제를 해결해 줄 또 하나의 "새로운" 말씀을 찾아 헤매지 말고 성경을 통해 하나님께서 이미 알려 주신 대로 행동하십시오.

우리가 하나님으로부터 말씀을 듣고도 순종하지 않으면 그때마다 우리의 마음은 강퍅해집니다. 강퍅한 마음은 우리 손의 굳은살과 같이 생겨납니다. 단번에 생기지 않습니다. 조금씩 두꺼워 집니다. 굳은살이 생기는 것도 그렇고 하나님께 둔감해지는 것도 그렇습니다. 하나님께서 명하신 것에 불순종할 때 하나님을 향한 우리의 민감성에 한 꺼풀 굳은살이 박힙니다. 계속해서 하나님의 인도하심을 무시한다면 결국 하나님의 음성을 듣지 못하는 단계에 이르게 될 것입니다. 그런데 우리의 마음이 강퍅해지더라도 하나님은 우리에게 계속 말씀하십니다. 예수님도 이렇게 말씀하셨습니다. "내 양은 내 음성을 들으며 나는 그들을 알며 그들은 나를 따르느니라"(요한복음 10:27). 주님은 항상 우리를 인도하시지만, 우리도 그것에 민감해야 하고 그 음성을 따라 행동해야 합니다.

당신이 아직 하나님의 계획 10단계는 모를 수 있지만 1단계는 알고 있을 것입니다. 하나님은 분명히 당신의 마음에 소원을 넣어주셨을 테니까요. 물론 하나님께서 명하신 것을 따르지 않는 데는 나름의 이유가 있을 것입니다. 그러나 그 이유가 뭐가 됐든 그것으로는 충분하지 않습니다. 당신이 하나님의 인도를 따르든 아니든 하나님은 당신을 사랑하시며 순종한다고 더 사랑하시는 것도 아니고 불순종한다고 덜 사랑하시는 것도 아니지만 당신의 협력이 없다면 하나님도 당신을 그분의 축복과 성취로 인도하실 수 없습니다.

하나님께서 말씀하셨고 방향을 인도해 주셨다면 그것을 행동으로 옮겨야 합니다. 하나님은 당신이 승리하는 삶을 살고 당신의 삶 가운데 그분의 뜻이 성취되기 위해 필요한 모든 것을 이미 주셨습니다(베드로후서 1:3-4). 그러니 당신은 그분의 말씀과 그분의 인도하심에 따라 행동해야 합니다.

12

오래 참는 인내

오늘날은 원하는 것을 지금 **당장** 소유하려는 문화입니다. 대부분의 사람들이 너무나 근시안적인 사고방식을 가지고 있기 때문에 모든 상황에 대해 즉석 해결책을 원합니다. 평범한 사람들까지 장기적인 결과는 생각하지 않고 할부로 물건을 구입하기 때문에 빚에 시달립니다. 자신의 필요를 채워 줄 만한 중고차를 사면 되는데 고급 신형 차를 삽니다. 결국 5~6년 동안의 이자를 합치면 원래 가격의 2.5배나 되는 비용을 지불하는 결과가 됩니다. 인내하지 않은 결과입니다. 돈이 모일 때까지 기다리려 하지 않기 때문입니다. 원하는 것을 즉시 소유해야만 하는 사람들입니다. 그런데 영적인 차원에서도 인내하는 사람들이 거의 없습니다.

인간은 중간에 그만두거나 포기하는 성향이 있습니다. 기다리지 못합니다. 기다리는 것은 인간의 본성이 아니기 때문입니다.

최고로 강하고, 최고로 훌륭하고, 최고로 건강한 사람이라도 실패를 면하지는 못합니다. 우리 스스로에게는 극복할 능력이 없기 때문입니다. 반면에 하나님은 지치지 않으십니다. 약해지지 않으십니다. 결코 포기하지 않으십니다. 이렇듯 인내는 하나님의 성품이지 사람의 성품은 아닙니다. 그렇기 때문에 우리는 오직 하나님을 통해서만 인내와 오래 참음을 이룰 수 있습니다.

> 피곤한 자에게는 능력을 주시며 무능한 자에게는 힘을 더하시나니 소년이라도 피곤하며 곤비하며 장정이라도 넘어지며 쓰러지되 오직 여호와를 앙망하는wait upon 자는 새 힘을 얻으리니 독수리가 날개치며 올라감 같을 것이요 달음박질하여도 곤비하지 아니하겠고 걸어가도 피곤하지 아니하리로다
>
> 이사야 40:29-31

이 구절은 "오직 여호와를 앙망하는wait upon 자는 새 힘을 얻으리니"라고 합니다. 이것은 버스나 기차를 기다리며 배회하는 것을 뜻하지 않습니다. 여호와를 앙망한다는 것은 기다리면서 시간을 때운다는 뜻이 아닙니다. 이것은 마치 고급 식당의 웨이터wait-er가 자신의 손님을 살피는 것과 비슷합니다. "물을 더 가져다드릴까요? 더 필요하신 것은 없습니까?" 우리도 바로 이렇게 여호와를 앙망wait upon해야 합니다. 살피고, 바라보고,

찾는 것입니다. 하나님의 목적을 성취하기 위해서는 하나님께서 우리 안에 그분의 인내를 이루셔야 합니다. 우리에게 필요한 것은 오래 참는 하나님의 능력입니다. 인내와 끈기는 인간의 속성이 아니기 때문에 우리는 기다리는 것을 싫어하고 힘들면 포기하려 하는 것입니다.

제가 이 내용을 CBC에서 가르칠 때면 싫어하는 사람들도 있습니다. 어떤 사람들은 하나님께서 그들을 위해 즉시 일하실 것이라 생각하기 때문에 자신은 기다릴 필요가 없다고 생각합니다. 어떤 이들은 **지금 즉시** 사역을 시작해야 한다는 생각에 졸업도 하지 않고 학교를 그만둡니다. 그렇지만 그들 대부분은 해가 가고 또 가도 여전히 아무것도 하지 못하고 있습니다. 차라리 하나님께서 그들의 삶 가운데 역사하셔서 자기를 준비시키시도록 인내하는 게 더 나았을 것입니다.

비록 어떤 사람이 하나님의 뜻을 발견하고 따라가기 시작했다 하더라도 그것을 끝까지 붙잡고 가는 경우는 매우 드물다는 것을 사역자들을 포함한 많은 사람들에게서 발견합니다. 처음에는 하나님에 대한 열심이 있었지만, 그것을 유지하지 못하고 떠나간 사람들이 많습니다. 그리스도인의 삶은 마라톤입니다. 온 힘을 다해 짧은 시간만 달리는 단거리 달리기가 아닙니다. 어떤 사람들은 다른 사람들보다 빨리 출발하여 시작은 잘합니다만 오래 참지 않습니다. 그들은 잠깐 동안 견디다가 포기합니다. 이것이 그리스도의 몸 된 교회의 심각한 문제입니다.

문제에 저항하라

신앙생활에 있어서 인내와 오래 참음을 이루는 방법에 대한 잘못된 가르침들이 많이 있어왔다고 생각합니다. 시련과 고난이 우리 안에 인내를 이룬다고 가르치는 설교자들이 많습니다. 그들은 '환란이 인내를 **이룬다**' 는 구절을(로마서 5:3) 자주 인용합니다. 그러나 이 구절에서 말하는 **이룬다**의 뜻은 "사용한다"란 뜻으로 쓰이고 있습니다. 시련은 인내를 **만들어내지 못**합니다.

만약 고난이 인내를 만들어 낸다면 고난을 가장 많이 당한 사람에게 인내가 가장 많았을 것입니다. 하지만 현실은 그렇지 않습니다. 오히려 심각한 문제를 가진 사람들이 주로 인내가 없습니다. 인내는 문제로부터 생기는 것이 아니기 때문입니다. 고난은 성장할 기회와 인내를 사용할 기회를 줄 뿐입니다.

인내란 오랫동안 지속된 믿음이라고 할 수 있습니다. 격려만 받아도 잠시 믿음이 생기기도 합니다. 그러나 인내는 오랫동안 지속되고 흔들리지 않는 믿음이며 그것은 오랜 기간 일정하게 유지됩니다. 하나님을 막 경험했을 때는 믿음을 느끼는 사람들이 많지만, 그것을 계속해서 유지하는 것은 그들에게 쉽지 않아 보입니다.

성령의 열매는 사랑, 희락, 화평, 오래 참음, 자비, 양선, 충성, 온유, 절제입니다(갈라디아서 5:22). 오래 참음은 곧 인내를 의미하며 인내는 성령의 열매입니다. 그러니까 인내도 거듭날 때 하나님께서 주시는 것입니다. 그러나 이미 받은 그 인내가 역사하도록 하려면 우리 쪽에서도 할 일이 있습니다. 성경은 믿음이 들음에서 나며 들음은 하나님의 말씀에서 온다고 합니다(로마서 10:17). 인내는 오랫동안 지속되는 믿음이므로 인내 역시 하나님의 말씀을 공부할 때 세워집니다.

 힘든 상황이나 고난은 믿음 안에서 성장하고 발전할 수 있는 기회입니다. 그러나 말씀을 통해 그리고 하나님께서 마음에 넣어 주신 것을 통해 이미 당신 안에 믿음이 있어야 합니다. 문제를 끌어안는 것은 도움이 안 됩니다. 문제에 저항해야 합니다. 하나님께서 우리에게 인내를 가르치고 우리를 성장하게 하시려고 우리 삶에 문제를 주신다는 가르침은 완전히 틀린 것입니다. 문제를 일으키는 것은 사탄입니다. 그는 우리가 가진 말씀을 앗아가기 위해 우리의 삶 가운데 문제를 가져다줍니다(마가복음 4:16-17). 그러나 문제 가운데에도 말씀 위에 굳게 서서 하나님께서 명하신 일을 계속해서 실행한다면 당신의 믿음과 인내는 더욱 강해질 것입니다. 고난은 이런 방법으로 인내를 이루어 냅니다. 인내는 그리스도인의 삶에서 중요한 것이지만 그것은 시련을 통해 오지 않습니다. 인내는 하나님의 말씀을 통해 옵니다(로마서 15:4).

계속 하십시오

> 우리가 간절히 원하는 것은 너희 각 사람이 동일한 부지런함을 나타내어 끝까지 소망의 풍성함에 이르러 게으르지 아니하고 믿음과 오래 참음으로 말미암아 약속들을 기업으로 받는 자들을 본받는 자 되게 하려는 것이니라 히브리서 6:11-12

나태해지거나 게으르지 말고 믿음과 오래 참음으로 약속을 기업으로 받는 자들을 본받는 자가 되라고 권면하는 구절입니다. 믿음과 인내는 많은 노력을 필요로 합니다. 하나님의 뜻을 구해야 합니다. 집중력을 흩트리고 하나님께 무뎌지게 하는 것들을 적극적으로 끊어버려야 합니다. 여기에는 헌신의 결단이 요구됩니다. 그렇기 때문에 어떤 사람들에겐 신학교나 성경학교에 입학하는 것이 매우 중요합니다. 그것은 중대한 헌신의 결단입니다. 시간과 돈과 노력이 들어갑니다. 이렇게 어떠한 일에 노력을 기울이면 그로부터 많은 것을 얻게 됩니다.

수많은 사람들은 아침에 일어나서 일하러 가고 다시 집으로 돌아와서 TV보다가 잠자리에 들고 다음 날 일어나서 다람쥐 쳇바퀴 돌 듯 다시 그 모든 것을 반복합니다. 하나님의 뜻을 구하지도 않고 하나님의 말씀도 모릅니다. 그러한 방법으로는 그들의 삶을 향한 하나님의 목적을 성취할 수 없습니다. 약속을 상속받는 것에도 노력이 필요하기 때문입니다. 하나님의 뜻을 구하겠다는 헌신의 결단이 필요합니다.

꾸준함 또한 중요합니다. 문제가 닥치면 주님을 급하게 찾다가 압박이 사라졌다고 해서 다시 세상적인 삶의 방식으로 돌아가선 안 됩니다. 세상적인 삶의 방식이 애초에 문제의 발단이기 때문입니다! 오직 하나님을 위해 사는 것이 해답이며 이를 위해 우리 쪽에서도 노력이 필요합니다.

자연은 쇠퇴하는 경향을 가지고 있습니다. 날씬한 몸을 유지하는 것보다 살찌는 것이 쉽습니다. 건강한 몸을 유지하는 것보다 아픈 것이 쉽습니다. 물살을 거슬러 헤엄치는 것보다 물살을 따라 떠내려가는 것이 쉽습니다. 그렇기 때문에 우리는 우리에게 도전해 오는 문제, 질병 등과 싸워야 합니다. 그런 것들을 우리가 통제할 수 없다고 생각하는 사람들이 많지만, 우리에겐 통제할 능력이 있습니다. **당신**이 마귀를 대적한다면 마귀는 **당신**에게서 도망갈 것입니다(야고보서 4:7).

관절염은 발작처럼 갑자기 오는 것이 아닙니다. 어느 날 아침 일어나 보니 말기 관절염 환자가 되어 있는 사람은 없습니다. 관절염은 한 번에 관절 하나씩 찾아옵니다. 처음에는 관절 하나가 약간 뻑뻑한 것이라 참고 살 수 있습니다. 그러나 조금씩 허용하다 보면 나도 모르는 사이에 온몸에 관절염이 퍼집니다. 죄도 이와 같은 방법으로, 마귀도 이와 같은 방법으로 역사합니다. 조금씩 한 발 한 발 유혹하며 슬며시 들어옵니다. 그렇기 때문에 원수의 공격을 막아내고 하나님의 말씀에 거하려면 믿음과 인내로 부지런해야 합니다.

아브라함은 그에게 이루어진 하나님의 약속을 상속받기 위해 오래 참고 인내해야 했습니다. 하나님은 아브라함에게 열방의 아비가 되리라고 약속하셨고 아브라함은 그가 들은 것을 믿었습니다. 믿음은 들음에서 나고 들음은 하나님의 말씀으로 말미암는 것입니다(로마서 10:17).

아브라함에게는 믿을 약속이 있었고 오래 참고 인내한 후에 약속하신 것을 받았습니다(히브리서 6:13-15). 그것은 오랜 시간이 걸렸습니다. 하나님께서 그에게 하늘의 별처럼 수많은 자손을 주시겠다고 약속하셨을 때 그는 약 86세쯤이었는데(창세기 15:4-5) 이삭은 아브라함이 100세가 되어서야 태어났습니다(창세기 21:5). 그렇게 오랫동안 약속이 성취될 것을 기다릴 사람이 얼마나 될까요? 대부분의 사람들은 기도하고 나서 바로 무슨 일이 일어나지 않으면 하나님이 그들에게 응답하시지 않은 거라고 생각합니다.

하나님의 뜻이 이루어지기까지 시간이 걸린다는 것을 알아야 합니다. 즉시 기적이 필요한 치유나 몇몇 분야를 제외하고 대부분의 분야에서는 그렇습니다. 하나님의 뜻을 찾고 성취하려고 노력하는 것은 하나의 과정입니다. 하나님은 우리의 현 위치에서 우리의 목적지까지 우리를 단번에 데려가실 수 없습니다.

1999년 7월 26일, 주께서 이제 저의 사역이 막 시작됐다고 하셨습니다. 그 말씀은 저에게 격려를 해주었지만 동시에 실망도 주었습니다. 제가 사역을 시작한 것은 1968년이었습니다. 주께서 저의 사역이 이제 시작에 불과하다고 하셨을 때 저는 이미 31년 동안 사역에 몸담고 있었습니다. 또 주님은 2000년 3월 1일, TV 설교를 시작하기 전에 제가 죽었거나 포기했다면 저의 부르심을 놓칠 뻔했다고 말씀하셨습니다. 그것은 제가 하나님의 뜻에서 벗어나 있었다는 말은 아닙니다. 다만 준비하는데 31년이 걸렸다는 뜻입니다. 비로소 그때 하나님의 온전한 뜻 안으로 막 들어가고 있었던 것입니다(로마서 12:2).

저에게 또 중요한 날이 있습니다. 2002년 1월 31일, 주님은 제가 저의 협소한 생각으로 그분을 제한하고 있다고 말씀하셨습니다. 그래서 저의 생각을 바꾸자 기적과도 같은 결과가 있었습니다. 그 당시 우리 단체 직원은 약 30명이었는데 지금은 230명이 넘습니다.(2018년 현재 600명 이상_역자 주) 또 그 당시 우리의 TV 프로그램인 가스펠 트루스Gospel Truth를 통해 전체 미국인의 6% 이하에게 복음을 전하고 있었는데 이제는 100%의 미국인에게 전파할 능력을 갖추었습니다. 그리고 전 세계 20억이 넘는 사람들이 우리 프로그램을 시청할 수 있습니다. 이 모든 것이 제가 사역에 몸담은 지 30년 **후에** 시작된 것들입니다. 저는 하나님의 뜻을 한 걸음 한 걸음 성취해 가고 있습니다. 시간이 걸리는 일이므로 도중에 포기하지 않으려면 인내가 필요합니다.

예수님을 바라보라

이러므로 우리에게 구름 같이 둘러싼 허다한 증인들이 있으니 모든 무거운 것과 얽매이기 쉬운 죄를 벗어 버리고 인내로써 우리 앞에 당한 경주를 하며 믿음의 주요 또 온전하게 하시는 이인 예수를 바라보자 그는 그 앞에 있는 기쁨을 위하여 십자가를 참으사 부끄러움을 개의치 아니하시더니 하나님 보좌 우편에 앉으셨느니라　　　　　　　　　　　　　히브리서 12:1-2

인내는 우리로 하여금 하루, 하루 그리고 한 해, 한 해 포기하지 않고 계속 걸어가게 해 줍니다. 이렇게 우리는 오래 참는 것입니다. 믿음의 주요 온전케 하시는 이신 예수님을 바라봄으로써 인내를 이루게 됩니다. 인내는 성령의 열매이며(갈라디아서 5:22) 하나님의 말씀을 통하여 옵니다(로마서 15:4). 예수님은 기록된 하나님의 말씀이며 살아계신 하나님의 말씀입니다(요한복음 1:1). 그러므로 인내는 하나님과의 일대일의 관계를 통하여 옵니다. 이것은 많은 믿는 자들의 삶 가운데 있는 문제를 보여주는데 그 문제란 그들이 예수님과 활력 있고 생기 넘치는 관계를 가지고 있지 않다는 것입니다. 그들은 예수님과 멀리 떨어져서 관계합니다. 우리가 하나님과 좋은 관계를 가지면 우리가 그분께 말 할 뿐만 아니라 그분이 우리에게 말씀하실 때 그 음성을 들을 수 있습니다.

예수님께 집중하는 것의 중요성을 보여주는 또 다른 훌륭한 예는 바로 베드로가 물 위를 걸었던 사건입니다(마태복음 14:22-33). 제자들은 큰 호수 한가운데에서 풍랑을 만났는데 그때 예수님께서 물 위로 걸어오십니다. 베드로가 이렇게 말합니다. "주여, 만일 주시거든 저에게 오라고 명하소서." 그러자 예수님께서 "오라"고 하셨습니다. 베드로는 배에서 내려 물 위를 걷기 시작했습니다. 기적이 일어난 것입니다.

그러나 몇 발자국 가지 못해서 베드로는 주님에게서 눈을 떼어 바람과 파도에 집중하기 시작했습니다. 그러자 가라앉기 시작했습니다. 그러나 이 상황에 대해 잠깐 생각해 봅시다. 바람과 파도가 물 위를 걷는 것과 무슨 상관이란 말입니까! 바다가 아무리 잔잔하다 해도 물 위를 걸을 수는 없습니다. 물 위를 걷는 것과 날씨는 아무런 상관이 없습니다. 베드로는 그의 믿음의 주요 그의 믿음을 온전케 하시는 예수님으로부터 눈을 떼어 상황을 바라보기 시작했습니다. 그러자 가라앉기 시작한 것입니다.

베드로가 갑자기 가라앉은 것이 아니라는 것도 주목할 만합니다. 말씀은 그가 가라앉기 **시작**했다고 기록합니다. 이처럼 우리도 믿음을 한꺼번에 잃어버리지는 않습니다. 갑자기 참을성이 사라지는 것도 아닙니다. 점진적으로 일어나는 일들입니다. 너무나 점진적이어서 심지어 주님으로부터 시선을 떼어서 다른 것들을 보고 있다는 것도 깨닫지 못합니다. 그러다 상황이 불가능하고 절대적으로 기적이 필요할 때는 예수님을 찾습니다. 또 상황이 좋아지면 예수님으로부터 눈을 돌리고 긴장을 품니다. 그때가 바로 문제에 봉착하는 때입니다. 성경 말씀은 어떻게 이런 추락을 피할 수 있는지 계속 말씀합니다.

> 죄인들이 자기를 대적하여 이처럼 거역한 것을 견디어 내신 분을 깊이 생각할지니 이것은 너희가 너희 생각 속에서 지치고 기진하지 아니하게 하려 함이라.   히브리서 12:3, 킹제임스 흠정역

기진하는 것 즉 힘과 열정을 잃어버리는 것은 생각에서 시작됩니다. 이때부터 가라앉기 시작합니다. 생각을 지켜야 하는 이유는 사탄이 생각을 타고 들어오기 때문입니다. 대저 그 마음의 생각이 어떠하면 그 위인도 그러하다고 했습니다(잠언 23:7). 그렇기 때문에 우리의 생각과 관심을 예수님께 집중해야 합니다. 슬픈 사실은 우리 대부분이 세상의 염려와 재물의 속임수 그리고 여러 정욕 때문에 우리의 관심을 예수님에게서 돌립니다. 그 결과 삶 가운데 그분의 능력이 막히도록 허용하는 것입니다(마가복음 4:19). 우리가 인내심을 갖지 못하는 이유는 세상과 그것이 주는 일시적인 만족에 집중하고 주님을 바라보지 않기 때문입니다.

그러나 만약 이것이 당신의 문제라면 해결책은 아주 간단합니다. 주변 상황이 아닌 주님께 집중하십시오. 온 마음을 다해 하나님을 구하십시오. 하나님과의 관계를 튼튼하게 유지하면 인내할 수 있습니다. 제가 우리 성경학교에서 가르치는 과목 중에 "장수

하는 사역을 하려면"이라는 과목이 있는데 하나님과 생동감 있는 관계를 유지하는 데 중점을 둔 것입니다. 하나님의 뜻을 성취하는 것은 하나님과의 관계에 달려있습니다. 하나님과의 관계를 뜨겁게 유지한다면 당신은 인내할 수 있습니다. 모든 것을 이해하지는 못할지라도 하나님과의 관계 가운데 있는 한 하나님께서 항상 갈 길을 보여주시기 때문입니다.

많은 사람들이 하나님 그분이 아닌 하나님께서 주시는 것들을 원합니다. 위기에 봉착해야 그분을 찾습니다. 그러나 일이 잘 풀리면 또 예수님에게서 눈을 떼고 가라앉기 시작합니다. 그러나 우리의 목표는 하나님과의 관계를 구하는 것이어야 하며 그렇게만 된다면 다른 모든 것들은 우리에게 더해질 것입니다(마태복음 6:33).

교만과 환경

앞서 저는 하나님의 말씀을 듣고 행동으로 옮긴 사람의 예로 엘리야를 들었습니다. 그가 기꺼이 순종했기 때문에 하나님께서 그를 통해 정말로 위대한 기적을 이루실 수 있었습니다. 아합에게 가뭄이 있을 것이라고 예언한 후에 엘리야는 3년 동안 사라졌습니다(열왕기상 17:1). 다시 돌아온 엘리야는 아합에게 온 나라를 갈멜산으로 모으고 아세라 선지자 400명과 바알 선지자 450명을 모아 자신과 대결하게 하라고 했습니다(열왕기상 18:17-40).

엘리야는 그들에게 각각 황소 한 마리씩을 희생 제물로 잡고 불을 내려 그 제물을 불사르도록 기도하라고 했습니다. 바알과 아세라가 진정한 신이라면 하늘에서 불을 내려 그 제물을 태울 수 있을 것이라고 말입니다.

아세라 선지자들과 바알 선지자들은 아침부터 늦게까지 불을 내려 달라고 기도했지만 아무 일도 일어나지 않았습니다. 그들이 자신들의 거짓 신에게 부르짖는 동안 엘리야는 그들을 조롱하며 말했습니다. "너희 신이 이야기를 하고 있거나 놀러 갔거나 낮잠을 자고 있을지 모르니 너희가 깨워라." 거짓 선지자들은 너무 다급한 나머지 칼을 들고 자해하기 시작했습니다.

오후 늦게까지도 아무 일이 없자 엘리야는 제물을 준비하면서 백성들에게 가까이 오라고 했습니다. 그리고서 그는 열두 개의 돌을 가져다가 제단을 쌓고 그 둘레에 도랑을 팠습니다. 제단을 세우고 제물을 올려놓은 후 사람들에게 열두 통의 물을 제물과 나무 위에 부으라고 했습니다. 물은 제물과 나무를 적신 뒤 파 놓은 도랑으로 흘러내렸습니다. 그러고 나서 하나님께 제물을 태울 불을 내려 달라고 기도했습니다. 그러자 주께서 하늘로부터 불을 내리셨고 그 불은 너무나 뜨거워서 제물과 나무를 모두 태우고 도랑의 물은 물론 돌 제단까지 태웠습니다. 백성들은 그 불을 보고 땅에 엎드렸고 "여호와는 하나님이시로다. 여호와는 하나님이시로다."라고 외쳤습니다. 엘리야는 백성들에게 거짓 선지자들을 모두 잡으라고 했고 백성들이 거짓 선지자들을 잡자 그가 직접 그들을 모두 죽였습니다.

이 일 후에 엘리야는 아합에게 큰비 소리가 들리니 먹고 마시라고 말했습니다. 그리고 그는 갈멜산 꼭대기에 올라가서 기도했습니다. 3년간의 기근이 끝나는 시점이었습니다. 그가 일곱 번을 기도한 후에 마침내 수평선에 사람의 손바닥만 한 구름이 나타났습니다. 작은 구름이 나타났을 때 엘리야는 아합에게 병거를 갖추고 비에 막히지 않도록 내려가라고 전했습니다. 잠시 후 아합이 출발했고 큰비가 내려 가뭄이 끝났습니다. 엘리야도 맨발로 뛰기 시작했는데 그가 아합의 병거를 앞질렀습니다(열왕기상 18:41-46). 엘리야는 힘이 솟구쳤고 아드레날린이 넘쳐흘렀던 것입니다.

아합의 아내 이세벨은 엘리야가 자신의 거짓 선지자를 모두 죽였다는 것에 분노했습니다. 그녀는 엘리야에게 서신을 보내어 이렇게 말했습니다. "내가 내일 이맘때에는 반드시 네 생명을 저 사람들 중 한 사람의 생명과 같게 하리라 그렇게 하지 아니하면 신들이 내게 벌 위에 벌을 내림이 마땅하니라 한지라"(열왕기상 19:2). 그것을 본 엘리야는 자기 목숨을 구하려고 도망갔습니다. 이세벨이 엘리야를 미워했다는 것은 의심할 여지가 없지만, 그것은 분명 허세였습니다. 절대 실행할 수 없는 위협을 했던 것입니다. 아무리 독재자라 할지라도 백성들의 뜻을 고려해야 합니다. 모든 백성들이 엘리야의 말에 따라 하늘에서 불이 내려오는 것을 목격했기 때문에 이세벨이 엘리야를 죽이도록 놔두지 않았을 것입니다.

엘리야를 죽일 수 있다고 생각했다면 이세벨은 편지를 든 심부름꾼이 아닌 칼을 든 군대를 보냈을 것입니다. 이세벨은 엘리야를 죽이고 싶었지만 죽일 수 없었습니다. 그 편지는 오직 겁을 주기 위한 것뿐이며 사탄이 우리에게 하는 짓도 이와 똑같습니다. 사탄은 우리를 억압할 수 없기 때문에 겁을 줍니다. 그런데 우리가 불신으로 도망간다면 스스로를 패배시키는 꼴이 됩니다.

이세벨은 엘리야를 그가 죽인 850명의 거짓 선지들과 똑같이 만들 것이라고 말했습니다. 엘리야는 하나님의 말씀에 순종하여 850명이나 죽였던 것입니다! 우리는 새 언약 아래 있기 때문에 하나님은 더 이상 우리에게 그런 일을 시키지 않으십니다. 엘리야가 850명의 거짓 선지자를 죽이는 장면을 상상해 보십시오. 틀림없이 소름 끼치는 장면이었을 것입니다. 성경은 엘리야가 이세벨이 한 말을 "보고" 도망갔다고 합니다. 이세벨의 편지는 그가 방금 목을 베어 죽인 사람들처럼 자신도 똑같은 꼴을 당하는 모습을 상상하도록 했던 것입니다. 좀 전까지만 해도 왕에게 명령하고, 모든 백성들 앞에서 하늘로부터 불을 내리고, 병거보다 빨리 달렸던 사람이 이제 한 여자가 보낸 편지 한 장에 달아나는 신세가 된 것입니다.

엘리야는 하루 종일 광야로 도망가서 로뎀나무 아래 앉아 하나님께 자신을 데려가 달라고 기도하며 이렇게 말했습니다. "여호와여 넉넉하오니 지금 내 생명을 거두시옵소서 나는 내 조상들보다 낫지 못하니이다"(열왕기상 19:4). 엘리야의 기도는 그의 마음에 대해 많은 것을 보여줍니다. 그는 하나님께 "나는 내 조상들보다 낫지 못하니" 죽여 달라고 했습니다. 그는 갑자기 자신은 조상들보다 낫지 못하다는 결론을 내렸고 그것이 그를 좌절하게 했습니다. 즉 이 사건이 있기 **전에는** 그가 그의 조상들보다 **낫다**고 생각했다는 뜻이 됩니다.

그전까지 엘리야는 계속되는 성공을 이어왔습니다. 하나님께서 3년간의 가뭄 동안 그를 아합으로부터 보호하시며 그동안 필요한 것들을 초자연적으로 채워주셨습니다. 엘리야는 죽은 자를 살린 최초의 사람으로 성경에 기록되었습니다(열왕기상 17:19-23). 저는 죽었다가 살아난 사람을 5~60명 정도 압니다. 오늘날에는 상대적으로 흔한 일이지만 그 당시에는 들도 보도 못한 일이었습니다. 이렇듯 엘리야는 능력 있는 하나님의 사람이었습니다. 문제는 그가 스스로 특별한 사람이라고 믿기 시작한 데 있습니다. 언제부턴가 하나님에게서 눈을 떼고서 이 모든 기적을 이룬 것이 자신의 힘과 능력이었다고 생각한 것입니다.

이것이 제가 말하고자 하는 핵심입니다. 우리는 믿음의 주요 온전케 하시는 이신 예수님을 바라봐야 합니다. 그분께만 집중해야 합니다. 교만하면 망하게 되고 거만한 마음을 가지면 넘어집니다(잠언 16:18). 스스로 어깨를 으쓱하며 자신의 의견을 믿기 시작하는 순간 문제가 생깁니다. 아무리 큰일을 이루었을지라도 우리는 그냥 사람에 불과합니다.

이것은 마치 비행기를 타고 가는 사람과 같습니다. "나는 시속

800킬로로 1만 미터 상공을 날아 여기까지 왔다!"라고 사람들은 말합니다. 아니요. 비행기가 난 것이지 당신이 난 것은 아닙니다. 하늘을 날게 하는 것은 '비행기 안'이라는 당신의 위치입니다. 못 믿겠다면 비행기 밖으로 한번 나가 보십시오. 어떻게 되는지. 돌처럼 수직으로 낙하할 것입니다. 이처럼 아무리 내가 그리스도인이라고 할지라도 말씀을 믿지 않는 사람들을 변화시키거나 그들에게 기적이 일어나게 할 수는 없습니다. 그런 일을 하는 것은 당신이 아니라 당신 안에 계시는 하나님이십니다. 그렇기 때문에 믿음의 주요 온전케 하시는 이신 예수님께 집중하지 않는 순간 우리는 추락하게 됩니다.

엘리야가 그 상황에 오래 참음으로 인내하지 못한 이유는 교만에 사로잡혔기 때문입니다. 성공이 그를 망쳤습니다. 이와 같은 일이 오늘날 우리에게도 일어납니다. 위기의 순간이 지나가고 필요가 충족되어 모든 것이 순조롭게 돌아갈 때도 계속해서 하나님 찾는 사람은 많지 않습니다. 기도하던 것을 얻어내자마자 원래 하던 일로 돌아가 다시 물속으로 **가라앉는** 과정을 시작합니다.

이렇듯 조심하지 않으면 삶의 환경으로 인해 예수님에게서 눈을 뗄 수도 있습니다. 예를 들어 갑자기 누군가가 죽는다면 예수님에게서 눈을 떼고 자신의 아픔에 초점을 맞추기 시작합니다. 그리고 가라앉기 시작합니다. 사업이 실패해서 재정적 압박이 다가올 때 모든 필요의 공급자이신 예수님에게서 눈을 떼면 당신은 가라앉기 시작할 것입니다.

인내는 좌로나 우로나 한눈팔지 않고 예수님께 집중하는 능력입니다. 이것은 주변 상황에 의해 요동하지 않고 변함없이 한결같을 수 있는 능력입니다. 이러한 인내를 갖는 유일한 방법은 말씀을 통해 하나님과 친밀한 관계를 유지하는 것뿐입니다. 이렇게 빈틈없이 경계하는 것이 바로 "여호와를 앙망하는 것"입니다.

하나님께서 당신에게 중대한 방향의 변화를 지시하신지 10년이 되었든 아니면 건강에 문제가 없고 아무런 염려가 없는 상태이든 상관없습니다. 예수님께 집중하십시오. 하나님은 인생을 송두리째 바꿔놓을 만한 말씀을 매일매일 하지는 않으십니다. 그분은 당신에게 사랑한다고 말씀하시고 당신을 인도해 주시지만 매일매일 인생의 궤도를 바꿔놓을 말씀을 하지는 않으십니다. 계속해서 성경 공부를 하면서 하나님께서 하라고 하신 일을 하고 있는데 하나님께로부터 아무 말씀도 듣지 못한 채 긴 시간이 흘렀을 수도 있습니다. 그래도 괜찮습니다. **인내**는 오랫동안 유지하는 믿음이니까요. 하나님께서 다른 말씀을 하실 때까지 그분이 하라고 하신 일을 계속하고 있으면 됩니다.

역경에 직면하기

엘리야가 교만에 빠진 후에 하나님은 예수님께서 베드로에게 손을 내미신 것과 같이 그에게 손을 내밀어 그를 일으키려 하셨습니다. 하나님은 엘리야로 하여금 호렙산까지 40일 여정을 가게 하셨습니다. 엘리야가 거기에 도착해 동굴 안에 숨자 이렇게 물으셨습니다. "엘리야, 네가 어찌하여 여기 있느냐?" 엘리야는 자신이 하늘로부터 불을 내리고 거짓 선지자들을 죽였을 때 시작된 이스라엘의 부흥을 이끌고 있어야 했는데 이세벨로부터 도망쳐 광야에 숨었던 것입니다.

엘리야가 대답했습니다. "내가 만군의 하나님 여호와께 열심이 유별하오니 이는 이스라엘 자손이 주의 언약을 버리고 주의 제단을 헐며 칼로 주의 선지자들을 죽였음이오며 오직 나만 남았거늘 그들이 내 생명을 찾아 빼앗으려 하나이다"(열왕기상 19:10). 엘리야는 자기연민에 사로잡혀서 사실이 아닌 줄 알면서도 거짓말을 했습니다. 엘리야가 아합왕에게 이스라엘 백성을 갈멜산에 모으라고 말하러 가는 길에 한 사람을 만났는데 그가 엘리야에게 말하길 자신이 여호와의 선지자 100명을 숨겨서 보호하고 있다고 했었습니다(열왕기상 18:13). 즉 엘리야는 살아남은 선지자가 자기 혼자가 아니라는 것을 이미 알고 있었던 것입니다.

이것이 바로 자신의 환경에 집중할 때 일어나는 현상입니다. 상황이 그렇게 나쁘지 않다는 것을 알지만 문제에 집중하다 보면 그것에 압도되기 때문입니다. 한 사람만 나에게 잘못했을 뿐인데 '나를 사랑하는 사람은 아무도 없고 되는 일이 하나도 없다.'고 불평합니다. 그러나 그것은 사실이 아니고 말하는 당사자도 그 사실을 압니다. 그냥 그렇게 느껴지니까 육신이 원하는 데로 생각하게 내버려 둔 결과 그렇게 느끼는 것입니다. 일단 거기까지 가면 문제가 커지기 때문에 그렇게까지 되기 전에 감정이 아닌 사실을 붙잡아야 합니다. 바른 관점으로 생각해야 합니다. 문제에 초점을 맞추지 말고 하나님께 집중하십시오. 예수님은 어제나 오늘이나 영원토록 동일하십니다. 그분은 변하지 않으십니다. 당신의 삶이 예수님께 기초를 두고 있다면 상황이 나빠 보일 때도 행복할 수 있고 상황이 좋을 때는 은혜를 누릴 수 있습니다. 어느 쪽이 되었든 한결같을 수 있습니다.

엘리야는 바른 관점으로 상황을 인식하지 않고 있었습니다. 그래서 하나님은 그에게 밖으로 나가서 동굴 앞에 서라고 하신 뒤 그 앞을 지나가셨습니다. 세 번의 드라마틱한 일이 있었습니다. 바위를 부술 정도로 강한 바람이 지나갔으나 거기에는 주님이 계시지 않았습니다. 그 뒤에 지진이 일어났지만, 거기도 주님이 계시지 않았습니다. 지진 후에는 불이 있었으나 거기도 주님이 계시지 않았습니다. 마침내 엘리야는 **세미한 음성**을 들었는데 그 음성은 세미했으나 너무나 압도적이었기 때문에 엘리야는 겉옷으로 얼굴을 가리고 굴 앞에 섰습니다(열왕기상 19:11-13). 이렇듯 사람들이 하나님을 놓치는 이유는 하나님의 강렬한 등장을 기다리기 때문입니다. 그러나 하나님은 믿음을 기뻐하시기 때문에 하나님의 음성은 세미합니다. 그렇기 때문에 우리는 내면에서 들려오는 하나님의 그 음성에 귀 기울여야 합니다.

하나님께서 엘리야에게 물으셨습니다. "네가 어찌하여 여기 있느냐?" 이것은 하나님께서 그에게 처음에 했던 것과 똑같은 질문입니다(열왕기상 19:9). 한 가지 비밀을 알려 드리자면 하나님의 질문에 대답을 했는데 하나님께서 똑같은 질문을 다시 하신다면 처음에 드렸던 답이 틀렸다는 뜻입니다. 하나님께서 "한 번 더" 기회를 주시는 것입니다. 엘리야는 이것을 깨닫지 못하고 다시 똑같은 대답을 합니다. 자신이 홀로 남은 선지자라고 느꼈을 수 있지만, 그는 그것이 사실이 아니라는 것을 알았습니다. 즉 자신의 감정에 지배당했던 것입니다. 그래서 하나님은 그에게 다메섹으로 가서 하사엘을 아람의 왕으로, 예후를 이스라엘의 왕으로 기름 붓고 그를 대신할 선지자로 엘리사에게 기름 부으라고 하셨습니다(열왕기상 19:15-18). 다시 말해 하나님은 엘리야를 대신하여 그의 사명을 완수할 사람을 찾으라고 하신 것입니다. 그 이유는 엘리야가 자신의 사명을 스스로 포기했기 때문입니다.

더군다나 엘리야는 하나님께서 명하신 위의 세 가지 일 중에 단 한 가지만 순종했습니다. 자기를 대신할 엘리사에게만 기름 붓고 다른 두 가지는 하지 않았습니다(열왕기상 19:19-21). 귀에 들리는 음성으로 알려주셨는데도 말입니다. 이것을 알 수 있는 근거는 하사엘을 아람의 왕으로, 예후를 이스라엘의 왕으로 기름 부은 사람은 엘리사였기 때문입니다(열왕기하 8:7-13, 열왕기하 9:1-7).

엘리야는 낙심하고 좌절하여 자기가 할 일을 때려치운 것입니다. 그는 자신의 삶을 향한 하나님의 뜻을 성취하지 못했습니다.

죽은 자를 살린 최초의 사람이었고(열왕기상 17:17-23) 기적적으로 먹을 것을 공급받았으며(열왕기상 17:10-16) 하늘로부터 불을 내려서 온 나라가 하나님께로 돌아오게 했던 사람이었는데도 말입니다! (열왕기상 18:38-39) 엘리야의 이야기는 일을 시작하는 것보다 마치는 것이 얼마나 더 힘든지 보여주는 대표적인 예입니다. 엘리야는 초점을 잃어버렸기 때문에 그의 삶을 향한 하나님의 목적을 성취하지 못했습니다. 교만에 사로잡혀 믿음의 주요 온전케 하시는 이신 하나님에게서 그의 눈을 돌린 것입니다. 인내를 버린 것입니다.

엘리야는 이렇게 크게 실패했지만, 하나님은 여전히 그를 사랑하셨습니다. 우리가 실패할 때 하나님께서 화를 내실 거라고 생각하는 이유는 인간관계에서의 경험 때문입니다. 그러나 하나님은 그렇지 않으십니다. 하나님은 엘리야를 물리치지 않으셨습니다. 사실 엘리야와 하나님과의 관계는 너무나 단단한 나머지 그는 육신적으로 죽지도 않았습니다. 엘리야와 엘리사가 함께 걷고 있었는데 불말과 불병거가 내려와 엘리야를 싣고 회오리바람을 타고 하늘로 올라갔습니다(열왕기하 2:11). 죽지 않고 하늘로 올라간 사람은 둘 뿐인데 엘리야가 그중에 하나였을 정도로 하나님과 깊은 관계에 있었던 것입니다. (다른 한 사람은 에녹 - 창세기 5:24) 하나님은 초자연적으로 그를 천국으로 데려가신 것입니다.

엘리야가 하나님께서 명하신 일들을 모두 이행하지 않은데 대한 결과가 있기는 했지만, 하나님은 그를 벌하지 않으셨습니다.

아합의 왕위는 예후로 교체 되어야 했으나(열왕기상 19:16) 엘리야의 불순종으로 아합이 그대로 왕위에 있었기 때문에 그 결과 끔찍한 일이 벌어졌습니다. 그중에 하나가 바로 아합이 나봇을 죽인 사건인데(열왕기상 21장) 그것은 아합 대신 예후가 왕위에 있었다면 일어나지 않았을 일이었습니다. 엘리야가 하나님께 순종하지 않음으로써 이스라엘은 끔찍한 난국에 빠진 것입니다. 그러나 그런데도 불구하고 하나님은 그에게 화내지 않으셨습니다.

비록 당신이 하나님께서 명하신 일을 모두 이행하지 않는다고 해도 그분의 은혜는 여전히 당신에게 넘칠 것입니다(로마서 5:20). 하나님은 한결같이 당신을 사랑하실 것입니다. 하나님을 따르지 않아도, 하나님께서 명하신 일을 다 하지 않아도 천국에 갈 수는 있습니다. 그러나 우리의 삶에는 목적이 있고 해야 할 일이 있습니다. 우리 자신이 복 받는 것이 전부가 아닙니다. 만일 엘리야가 자기연민에 빠지지 않고 하나님께 순종했더라면 어땠을까요? 엄청난 재앙을 피할 수 있었을지도 모르고 그를 통해 놀라운 기적이 일어났을지도 모를 일입니다.

사역을 시작한 사람들의 80%가 5년 안에 사역을 그만둔다는 통계가 있습니다. 그 사람들 모두가 자신의 사명을 끝까지 성취했다면 어떤 일이 일어났을까요? 계속해서 사역하고 있는 사람들 중에도 좌절하고 낙심한 사람들이 많습니다. 그들도 인내를 배워 믿음의 주요 온전케 하시는 예수님을 바라본다면 어떤 일이 일어날까요? 경주를 시작한 모든 사람들이 계속해서 경주를 하여 하나님께서 명하신 그 일을 하고 있다면 이 세상에는 어떤 일이 일어났을까요?

경주를 시작하는 사람들은 많지만, 끝까지 경주하는 사람들은 많지 않습니다. 일을 완성하는 것이 시작하는 것보다 더 중요합니다. 약속을 상속받는 것은 믿음과 인내를 통해야 합니다. 인내로써 우리 앞에 놓인 경주를 하며 좌로나 우로나 한눈팔지 않고 오직 예수님만 바라보며 달려가야 합니다. 경주를 하는 사람이 구경꾼과 언쟁을 할 수는 없는 일입니다. 언쟁에서는 이길 수 있겠지만 경기에서는 질 것이니까요. 그러니 계속해서 달리십시오. 하나님께서 명하신 일을 계속하십시오. 예수님께 초점을 맞추고 어려운 환경에 주의를 뺏기지 마십시오.

최선을 다해 주님을 사랑하겠다고 결단하십시오. 무슨 일이 있어도 계속해서 경주를 할 것이라고 지금 결단하십시오. 그리고 그 헌신의 결단으로부터 절대 돌아서지 마십시오. 게으른 사람들은 하나님의 뜻을 성취할 수 없습니다. 온 마음을 다해 하나님을 구해야 합니다. 그리고 그것은 가치 있는 일입니다!

13

주님께 영광 돌리라

> 이는 하나님을 알 만한 것이 그들 속에 보임이라 하나님께서 이를 그들에게 보이셨느니라 창세로부터 그의 보이지 아니하는 것들 곧 그의 영원하신 능력과 신성이 그가 만드신 만물에 분명히 보여 알려졌나니 그러므로 그들이 핑계하지 못할지니라
>
> 로마서 1:19-20

위의 구절에 나오듯이 사람들은 자신들이 얼마나 거룩하지 못한지 이미 다 알고 있기 때문에 굳이 그들에게 그것을 설명해 줄 필요가 없다고 바울은 말합니다. 하나님은 거룩하시고 우리는 그렇지 못하다는 것을 모든 사람들이 직관적으로 알고 있습니다. 어떤 이들은 거듭하여 하나님께 등을 돌림으로써 마음이 강퍅해진 것도 사실입니다. 그들은 죄 가운데 사는 것에 대해 양심의 가책을 못 느낀다고 주장하지만, 진리는 하나님께서 모든 인류에게

자신을 나타내셨다는 것이고 우리는 모두 죄가 잘못된 것임을 마음으로 이미 알고 있습니다.

성경은 이렇게 말합니다. "너희는 가만히 있어 내가 하나님 됨을 알지어다"(시편 46:10). 사람들이 항상 TV나 음악을 틀어놓고 계속 뭔가를 하는 것은 가만히 있기를 원치 않아서입니다. 가만히 있어 잠잠해지면 하나님께서 우리 안에 넣어 두신 작은 유도장치가 작동하여 이렇게 질문합니다. **내 삶에 이것이 전부인가?** 이렇게 잠잠해지면 인간은 하나님을 인식하기 때문에 세상은 여러 가지 활동으로 이것을 묻어버리려 합니다.

우리 마음은 24시간 우리에게 말을 합니다. 매일 매 순간 하나님은 우리에게 자신을 나타내시지만, 이 세상의 잡음은 세미한 하나님의 음성을 묻어버립니다. 우리가 하나님의 음성에 둔감해지거나 무감각해지는 것이지 하나님께서 말씀하시지 않는 것이 아닙니다. 하나님의 존재를 우리에게 알려 줄 사람이 따로 필요하지도 않습니다. 이 땅의 모든 사람들이 평생 한 번 이상 하나님의 존재를 맞닥뜨리는 경험을 합니다. 그러나 그러한 경험을 한 이후 시간이 지나면서 자연적인 지식에 따라 사는 것에 너무 익숙해진 나머지 마음이 강퍅해져서 자신이 하나님을 경험했다는 것 자체도 기억하지 못합니다. 그러나 모든 사람들이 어렸을 때부터 하나님의 존재를 알고 있다는 것이 진실입니다. 생각으로 거절하는 것뿐입니다.

제가 베트남전에 참전했을 때 무신론자라고 주장하던 사람들도 총알이 날아오고 폭탄이 떨어지자 하나님께 부르짖기 시작했습니다. 위기 상황이 닥치고 자신이 스스로 상황을 통제할 수 있다는 환상이 깨지면 불신자들조차 하나님께 살려달라고 부르짖습니다. 그들의 마음은 하나님의 존재를 이미 알고 있으며 그들을 구원하실 분도 오직 하나님이시라는 것을 알기 때문입니다. 저는 하나님의 존재 여부를 사람들과 더 이상 논쟁하지 않습니다. 다른 사람이 하나님을 믿도록 설득할 수 있는 사람은 없습니다. 왜냐하면 하나님을 안 믿는다는 주장 자체가 주변의 모든 증거를 무시하기로 선택했다는 뜻이기 때문입니다.

성경은 하나님께서 자신을 분명히 나타내셨다고 말합니다. 하나님의 존재를 믿지 않는다고 말하는 사람은 거짓말을 하고 있거나 진리에 대해 마음을 닫아버린 것입니다. 하나님을 계속 거부하면 마음이 극단적으로 강퍅하게 되어 "상실한 마음"이 될 수도 있습니다. "상실한 마음"이란 하나님께서 당신에게서 모든 찔림을 거두어 가셨다는 의미입니다(로마서 1:28). 성령이 이끌지 아니하시면 아무도 아버지께로 올 자가 없다고 하셨으므로(요한복음 6:44) 성령께서 더 이상 이끌지 않으신다면 그 사람은 끝입니다. 그 시점에서도 그 사람이 하나님의 존재를 모른다는 의미는 아니고 하나님을 대적하고 거역하는 것에 대한 죄책감이 없어진다는 뜻입니다.

자신은 하나님의 존재를 몰라서 안 믿은 것이기 때문에 하나님의 심판은 정당하지 않다고 하나님 앞에서 주장할 수 있는 사람은 아무도 없습니다. 지금 숨을 쉬고 있는 사람이라면 하나님이 계시다는 것을 모두 알고 있습니다. 자신의 마음을 너무나도 강퍅하게 하여 하나님을 완전히 거부한 사람도 있겠지만 그런 일이 순식간에 일어나진 않습니다. 하나님께 무감각해지는 데까지 이르려면 일반적으로 많은 시간이 걸립니다. 하나님께 완전히 무감각해지려면 마음속에서 들려오는 하나님의 내적 증거들을 셀 수 없이 거부해야만 가능한데 그런데도 불구하고 그런 일은 실제로 일어나고 있습니다.

하나님께 민감함을 유지하기

> 하나님을 알되 하나님을 영화롭게도 아니하며 감사하지도 아니하고 오히려 그 생각이 허망하여지며 미련한 마음이 어두워졌나니
> 로마서 1:21

이 구절은 우리의 마음이 하나님께 강퍅해지는 점진적인 과정을 설명하고 있습니다. 즉 사람들이 둔감해지는 과정을 보여주는 것입니다. 하나님을 향한 마음이 강퍅해지면 하나님의 뜻을 절대 성취할 수 없기 때문에 이 과정을 피해야 합니다. 그렇기 때문에 이 구절에서 설명하고 있는 과정과 반대로 한다면 하나님께 민감한 상태를 유지하고 둔감해지는 것을 피할 수 있을 것입니다.

이 성경 구절은 하나님을 알면서도 그분을 하나님으로 **영화롭게** 하지 않는 사람들이 있다고 합니다. 영화롭게의 헬라어 원어는 "영광스럽게 존경하거나 경의를 표하는 것"이며 "가치 있게 여기다, 소중히 여기다"라는 뜻이 있습니다. 즉 이 구절이 하는 말은 그 사람들이 하나님을 가치 있게 여기지도, 소중하게 여기지도 않았다는 것입니다. 이것을 깨닫는 것이 중요한 이유는 우리가 하나님에게 부여하는 가치와 평가를 감쇄시키려고 사탄이 호시탐탐 노리고 있기 때문입니다. 불행한 것은 사탄이 그렇게 열심히 일하지 않아도 대부분의 사람들을 쉽게 꾈 수 있다는 것입니다. 우리는 육신적인 세상에 살고 있으며 이 세상은 하나님께 가치를 두지 않기 때문입니다. 우리가 하나님의 가치가 아닌 세상의 가치를 공유할 때 마음이 굳어지는 과정이 시작됩니다. 주님의 가치는 대부분의 이 세상 가치와 완전히 다릅니다. 사도 요한은 이것을 다음과 같이 설명했습니다.

> 이 세상이나 세상에 있는 것들을 사랑하지 말라 누구든지 세상을 사랑하면 아버지의 사랑이 그 안에 있지 아니하니 이는 세상에 있는 모든 것이 육신의 정욕과 안목의 정욕과 이생의 자랑이니 다 아버지께로부터 온 것이 아니요 세상으로부터 온 것이라
>
> 요한일서 2:15-16

그리스도인들도 불신자들과 똑같이 쓰레기 같은 TV 프로를

보며 쓰레기 같은 책과 잡지를 읽고 세상적인 음악을 듣습니다. 대부분의 그리스도인들이 세상과 동일한 오락을 즐깁니다. 그러니 교회가 점점 더 세상과 같아져 가는 것도 이상한 일이 아닙니다. 세상은 말합니다. 하나님은 죽었고 그분은 존재하지 않으며 하나님의 이름으로 행해지는 기적들이 모두 가짜라고. 하나님께 둔감해지지 않고는 이러한 세상의 가치를 공유할 수 없습니다. 우리가 집중하는 것이 우리를 지배합니다. 성령님은 우리를 하나님과 더욱 친밀한 관계로 이끌어 가시지만, 세상은 그 반대쪽으로 우리를 끌어당기려 합니다.

저는 저의 사역을 통해 죽은 사람이 살아나는 것을 보았습니다. 소경이 눈을 뜨는 것도 보았습니다. 여러분이 상상할 수 있는 모든 기적을 경험했는데도 사람들은 이렇게 말합니다. "만약 그런 기적들이 사실이라면 모든 사람이 볼 수 있도록 TV 뉴스에 방송을 하셔야죠? 그 기적들을 왜 증명하지 않습니까?" 그래봐야 소용이 없다는 것을 알기 때문에 저는 신경 쓰지 않습니다. 세상은 기적을 믿지 않으니까요. 세상은 하나님께서 하시는 일에 가치를 두지 않기 때문에 기적을 받아들이지도 못합니다. 제가 그 내용을 TV에 내보낸다 하더라도 불신자들은 그 보도를 거부할 방법만 궁리하며 마음을 더욱 강퍅하게 할 것입니다. 어떤 사람이 휠체어에서 일어나는 기적을 본다 해도 "저 사람은 처음부터 환자가 아니었을 거야."라고 할 것입니다.

백문이 불여일견이라 하지만 사실은 그렇지도 않습니다. 기적을 본다고 믿음이 생기는 것도 아닙니다. 믿음은 하나님의 말씀에서 옵니다(로마서 10:17). 이미 믿는 사람이나 믿기를 원하는 사람에게는 기적이 도움이 되겠지만 의심하는 사람들에게는 도움이 되질 않습니다. 기적은 우리로 하여금 의심을 떨쳐버릴 수 있게 해 주지만 믿음은 오지 하나님의 말씀을 통해서만 옵니다.

예수님께서 나사로를 살려내시는 것을 직접 목격한 사람들이 있습니다. 자신들의 두 눈으로 현장에서 그 장면을 보았던 것입니다(요한복음 11:38-44). 게다가 그 당시는 나사로를 장사한 지 벌써 며칠이 지난 시점이라 그의 시신은 이미 부패하고 있었습니다. 예수님이 무덤 입구의 돌을 옮기라고 하셨을 때 나사로의 누이는 그가 죽은 지 나흘이 지나서 냄새가 난다고 만류했습니다. 나사로가 살아난다 하더라도 머리부터 발끝까지 수의로 동여 매어져 있었고 두 발 역시 묶여 있어 걸을 수 없었습니다. 이것으로 볼 때 예수님께서 "나오라"고 그를 부르신 순간 하나님께서 그를 초자연적으로 무덤 입구에 옮겨 놓으셨다는 것을 알 수 있습니다.

이렇게 거기 있던 모든 사람들이 시신이 살아나는 장면을 보았지만, 그들은 자신들이 믿는 바를 바꾸려 하지 않았습니다. 그중에 어떤 사람은 오히려 예수님과 나사로를 둘 다 죽이려고 음모까지 꾸몄습니다(요한복음 11:45-53). 믿지 않는 마음을 가진 사람은 죽은 시신이 살아나는 것을 직접 목격하고도 믿지 않습니다. 이것은 예수님께서 부자와 나사로(죽었다 살아난 나사로와 다른 사람)

의 이야기를 통해 가르치신 것과 같습니다(누가복음 16:19-31). 예수님은 사람들이 모세와 선지자들(하나님의 말씀)을 믿지 않는다면 기적도 믿지 않을 것이라고 말씀하셨습니다.

엄청나게 은혜로운 주일을 보냈더라도 사탄은 월요일에 출근하는 당신에게 그 은혜를 다 까먹게 할 사람들을 줄줄이 보낼 수 있습니다. 중대한 헌신의 결단을 하거나 기적적인 일이 일어나서 그것을 가족, 친구, 직장동료, 또는 다른 누군가에게 나누지만, 그중에는 항상 당신을 비웃는 사람이 있습니다. 그들은 당신의 경험을 당신만큼 높이 평가하지 않아서 그렇습니다. 사탄은 이런 방법으로 당신이 하나님께 부여하는 가치를 바꿔 놓으려고 합니다. 마치 시소 같은 원리입니다. 하나님의 의견이 중요해 지면 다른 사람들의 의견은 중요하지 않게 됩니다. 반면 다른 사람들이 매기는 가치와 견해를 받아들이면 하나님에 대한 존중이 낮아지게 됩니다. 하나님의 의견과 사람의 의견을 동시에 가치 있게 여기는 것은 불가능합니다.

예수님은 "너희가 서로 존귀를 받고 오직 하나님으로부터만 나오는 존귀는 구하지 아니하니 어찌 믿을 수 있겠느냐?"고 하셨습니다(요한복음 5:44, 킹제임스 흠정역). 사람을 기쁘게 하려는 사람들이 하나님을 진정으로 믿는 것은 불가능합니다. 대부분의 사람들은 서로의 인정에 상호의존하기 때문입니다. 거절 받거나 비웃음거리가 되고 싶지 않기 때문에 하나님의 의견보다는 다른 사람들의 의견에 더욱 가치를 둡니다. 잠언은 사람을 두려워하면 올무에 걸린다고 했습니다(잠언 29:25). 거절 받는 것을 좋아하는 사람은 없지만, 사람에게 인정받으려 할 때 큰 문제에 빠집니다. 우리 삶에 하나님의 영향력을 감소시키는 첫 단계가 다른 사람들이 뭐라고 할까 염려하는 것이기 때문입니다.

성경은 그리스도 예수 안에서 거룩한 삶을 사는 모든 사람들은 박해를 받을 것이라고 말씀합니다(디모데후서 3:12). 만약 한 번도 박해를 받은 적이 없다면 별로 거룩한 삶을 살지 않기 때문입니다. 마귀와 한 번도 충돌하지 않았다면 마귀랑 같은 방향으로 달리고 있기 때문입니다. 가던 길을 돌아서서 흐름을 거슬러 가려고 하면 저항을 만나게 될 것입니다. 박해를 받게 될 것입니다. 그러나 하나님의 인정보다 사람들의 인정에 더 민감하여 그것에 신경을 쓴다면 하나님께 영광 돌리는 일을 그만두게 될 것입니다. 다른 사람들의 의견을 하나님보다 위에 두는 쪽으로 방향을 바꾸는 순간 마음은 강퍅해지기 때문입니다.

오래전에 친구와 함께 파익스 픽(Pikes's Peak 콜로라도 스프링스 남서쪽에 위치한 4,302m의 산_역자 주)에 등산을 갔는데 그가 우리에 대해 매우 비판적이었던 한 친구에 대해 이야기를 했습니다. 우리가 그 친구와 함께 있을 때는 그도 우리에게 친절하게 대해 줬고 아무런 문제가 없었습니다. 그러나 그는 뒤에서 항상 우리를 비난했습니다. 이 문제로 인해 제 친구가 아주 힘들어해서 전에도 한 번 상의를 했었습니다. 그런데 파익스 픽을 오르면서 이 친구는 그 목사가 우리 뒤에서 또 무슨 말을 했는지 이야기했습니다.

제가 이렇게 말했습니다. "나는 듣고 싶지 않네. 그 친구가 우리를 좋아하지 않는다는 것을 알지만 그게 무슨 상관인가?" 그 친구는 뭐라고 말하려다가 멈췄습니다. 그러고는 이렇게 말했습니다. "그 사람이 우리 욕을 하는 게 나는 신경 쓰이는데 자네는 어떻게 신경이 안 쓰이나?"

"나는 그 사람의 의견에 가치를 두지 않으니까."

우리가 의지하는 사람들만이 우리를 낙심시킬 수 있습니다. 하나님은 절대 우리를 낙심시키지 않으시기에 우리는 하나님만을 의지해야 합니다. 이 말은 다른 사람들에게 관심을 기울이지 말라는 뜻이 아니라 내 기분을 위해 그들의 칭찬을 의지해선 안 된다는 것입니다. 그 대신 하늘 아버지께서 우리를 사랑하신다는 사실을 누려야 합니다. 그렇게 하면 비난받을 때 기분이 좋지는 않겠지만 그것 때문에 밤잠을 설치지는 않을 것입니다. 하나님의 의견을 가장 높이 평가할 때 다른 사람들이 말하는 것들은 그렇게 문제가 되지 않습니다.

1968년 3월 23일 저는 하나님의 사랑을 극적으로 경험했고 그것이 저의 삶을 바꿔 놓았습니다. 그래서 주일예배 때 하나님께서 저를 어떻게 변화시키셨는지에 대해 간증을 했습니다. 저에게 일어난 일을 어떻게 설명해야 할지 잘 몰랐기 때문에 "저는 성령님으로 충만합니다."라고 했습니다. 그랬더니 교인들이 저에게 벌떼처럼 달려들어 공격했습니다! 목사님도 저를 공격했습니다. "도대체 네가 뭔데 성령 충만하다는 것이냐?

성령으로 충만했던 사람은 사도 바울이나 베드로 같은 사람들인데 지금 네가 그 사도들과 같다는 거냐? 네가 우리보다 더 낫다는 거야?" 제가 성령으로 충만했다고 한 것은 단지 저에게 일어난 일을 설명하려고 한 것이지 어떤 다른 의미가 있었던 것은 아닙니다. 그러나 주변 사람들은 하나님께서 저에게 이루신 일을 평가절하하려고 했습니다.

저는 하나님께 영광 돌린 것이며 하나님께서 하신 일에 감사했던 것인데 즉시 권위 있는 인물들이 저에게 다가와서 "네가 뭔데?"라며 저로 하여금 하나님의 의견보다 자신들의 의견을 높이게 하려고 했습니다. 그분들의 눈에는 제가 고작 열여덟 살짜리 소년에 불과했고 자신들은 신학교를 나온 목사였던 것입니다. 그 사람들은 제가 자신들의 의견을 더 높이길 원했습니다. 교회 고등부 사역자와 담임목사님, 친구들과 가족들, 그 외 모든 사람들이 제가 경험한 것이 하나님으로부터 온 것이 아니라고 했습니다.

그러한 일들은 저로 하여금 하나님의 의견보다 사람들의 의견에 더 높은 가치를 두게 하려는 시도였습니다. 만일 제가 그 사람들의 의견을 가치 있게 받아들여 저의 마음속에 일어났던 일들을 의심했다면 그것은 하나님께 영광 돌리는 것을 멈추는 일이 되었을 것입니다. 그리고 그 경험을 통해 받은 충만한 기쁨과 승리를 잃는 방향으로 들어섰을 것입니다. 당시에 저도 아는 것이 많지 않았지만 한 가지는 분명했습니다. **'당신들이 왜 그러는지는 모르겠지만**

하나님께서 나에게 말씀하신 것은 분명해.' 제가 하나님을 경험한 것은 분명했습니다. 그렇기 때문에 저에게 쏟아졌던 모든 비난들은 마치 오리 등에 묻은 물처럼 흘러내려가 버렸습니다.

대학을 그만두자 저는 곧바로 "군대 갈 수 있는" 사람으로 재분류되었습니다. 그래서 제가 징병되기 전에 모병관이 집으로 찾아와서 군복무의 이점에 관해 설명했습니다. 그는 군복을 갖춰 입고 최선을 다해 권위 있는 모습을 연출했습니다. 온갖 종류의 소책자를 펼쳐놓고 자원해서 미군에 입대하면 베트남에 가지 않을 수 있다고 설명했습니다. 그의 말을 가로채며 제가 말했습니다. "보세요, 우리 둘 다 시간을 절약할 수 있어요."

"그래요? 그게 뭔가요?" 그가 물었습니다.

"제가 지원병 자원으로 재분류되어 당신이 여기 오게 된 이유는 제가 학교를 그만두어 학생 자격을 잃었기 때문입니다."

"맞습니다." 그가 말했습니다.

"그런데 저에게 학교를 그만두라고 하신 분은 하나님이에요. 그래서 저는 하나님 말씀을 따르는 것입니다. 만약 하나님께서 제가 베트남에 징병되기를 원하신다면 저는 베트남에 갈 겁니다. 그러나 하나님이 원치 않으시면 안 가게 될 겁니다."

그 사람은 크게 웃음을 터뜨리며 말했습니다. **"반드시** 베트남에 가게 될 겁니다."

그가 그 말을 하자 제 안에서 뭔가가 치밀어 올랐습니다. 저는 하나님께 가장 큰 가치를 두었고 그분의 뜻이 제 인생의 어떤 것보다도 중요했으며 하나님의 전능하심을 믿었습니다. 저는 하나님의 뜻을 높였습니다. 그러나 제 앞에 앉은 그 사람은 하나님께 아무런 가치도 두지 않는 권위적인 인물이었습니다. 그의 태도는 "나는 미국 정부를 대표한다. 하나님이 누구이기에 나에게 비교한단 말인가?"라고 하는 듯했습니다.

그런 태도를 보자 제 안에서 분노가 일어났습니다. 저는 벌떡 일어나 그의 가슴을 손가락으로 찌르며 말했습니다. "이것 보세요, 하나님이 내가 징병되길 원하시면 나는 징병 될 것이고 하나님이 원치 않으신다면 당신이나 미국 정부나 지옥에 있는 마귀들이 모두 다 몰려와도 나를 징병시킬 수 없어요." 물론 그렇게 한 제가 잘했다는 것은 아니지만 저는 그 누구보다 하나님과 그분의 의견에 가장 높은 가치를 두었다는 것을 말했던 것입니다.

그러자 그 사람은 아무 말 없이 그의 가방을 챙기고 얼른 떠나버렸습니다. 그리고 바로 다음날 아침 일찍 입영통지서가 도착했습니다. 그 당시에는 그런 생각을 하지 못했는데 우표나 우편 도장이 찍혀있는지는 확인해 볼 걸 그랬습니다. 왜냐면 그 사람이 사무실로 돌아가자마자 바로 서류를 만들어가지고 직접 우리 집 우편함에 서류를 넣고 간 것이 틀림없을 테니까요!

정말 그랬는지는 확실하지 않지만 저는 하나님을 신뢰했으므로 개의치 않았습니다. 제가 그 사람의 의견을 하나님의 의견보다 높였더라면 마음을 강퍅하게 하는 과정이 시작되었을 것입니다. 그랬다면 곧 의심에 쌓여 이렇게 느꼈을 것입니다. '하나님,

하나님이 저를 얼마나 사랑하시는지 말씀해 주셔서 그것을 깨닫고 저의 삶이 변화된 그 경험은 어떻게 된 것이지요?

뒤돌아보면 베트남에 징병 된 사건은 저에게 최고의 경험이었습니다. 베트남에 갈 때 저는 종교적인 사람이었습니다. 그러나 베트남에 13개월 있는 동안 저는 하루 종일 성경을 공부했고 그로 인해 베트남을 떠날 때는 더 이상 종교적인 사람이 아니었습니다. 저의 신학이 바뀌었기 때문입니다. 하나님의 은혜를 깨달은 것입니다. 하나님의 사랑을 받기 위한 종교적인 행위를 더 이상 하지 않게 되었습니다. 베트남이 저의 바이블 스쿨이었고 그것은 훌륭한 선택이었습니다.

당신의 문제를 높이지 말고 하나님을 높이라

하나님 사랑의 흐름을 멈출 수 있는 것은 우리 자신뿐입니다. 우리의 삶이 건조해지는 이유는 하나님께서 수도꼭지를 잠그셨기 때문이 아닙니다. 하나님은 24시간 365일 그분의 사랑을 우리에게 늘 말씀하고 계십니다. 그런데 사람들이 저에게 부탁하는 기도 중에 가장 흔한 것은 바로 하나님께서 그분의 사랑을 그들에게 나타내 달라는 것입니다. 하나님의 사랑을 알려고 하는 그 마음은 잘못된 것이 아니지만 하나님의 사랑을 깨닫지 못하는 이유는 하나님 때문이 아닙니다. 하나님께서 감추고 계시는 것이 아니니까요. 하나님은 항상 우리에게 사랑을 부어주고 계시므로 우리가 하나님의 사랑을 모른다면 그것은 하나님께서 이미 주신 것을 우리가 받고 있지 않기 때문입니다. 하나님은 우리를 사랑하십니다. 기도를 했다고 하나님으로 하여금 우리를 더 사랑하시도록 만들 수 없습니다.

한 번은 어떤 여성이 20년 동안 남편의 구원을 위해 기도해 왔다고 했습니다. 하나님께서 자신의 기도에 응답하지 않으셨지만, 저의 기도엔 응답할 것을 믿는다고 했습니다. 그러면서 남편의 구원을 위해 하나님께 기도해 달라고 했습니다. 그분의 말을 들어보면 남편이 구원을 받느냐 아니냐 하는 것이 하나님께 달려 있다고 생각하는 것 같았습니다. 그래서 저는 이렇게 말했습니다. "남편분이 구원받기 위해 하나님께서 하셔야 할 모든 일은 이미 다 이루어 놓으셨습니다. 하나님은 이미 독생자를 보내주셨고 예수님은 우릴 위해 죽으셨습니다. 성령님은 남편이 구원받도록 자매님을 통해 일하시는데 어찌된 일인지 자매님은 하나님께서 남편을 구원하고 싶어 하지 않으신다고 생각하는 것 같네요. 하나님은 자매님보다 더 남편을 구원하기 원하십니다. 그러니 남편을 구원해 달라고 하나님께 애걸할 필요가 없습니다. 남편이 복음을 듣고 믿으면 됩니다."

믿음은 들음에서 나고 들음은 말씀으로 말미암습니다. 그래서 저는 그 자매님께 남편에게 복음을 전할 일꾼을 보내 달라고 기도하라고 했습니다. 그리고 되도록 남편에게 직접 복음을 전하고 남편을 사랑해 주며 좋은 본이 되라고 했습니다. 누군가 구원받도록 하기 위해 우리가 해야 할 일이 바로 이것입니다. 우리는 하나님께 그 사람을 구원해 달라고 기도할 필요가 없습니다. 하나님은 그 사람들을 당신보다도 더 구원하고 싶어 하시니까요.

가끔 우리 단체의 집회인 가스펠 투루스 세미나에서 성령 세례를 받고 황홀경에 압도되어 마치 통제할 수 없다는 듯 큰 소리로 방언으로 기도하는 사람들이 있습니다. 성령 세례를 받는 것은 흥분할 일이긴 하지만 방언으로 기도하기 위해 반드시 황홀경에 빠질 필요는 없습니다. 그것을 설명하기 위해 저는 방금 방언을 하게 된 분들에게 기도를 잠시 멈춰보라고 합니다. 또한 방언을 한다고 해서 항상 소름이 돋는 것은 아닙니다. 그런 것을 느끼는 것은 좋지만 방언을 하기 위해 어떤 감정을 느껴야 하는 것은 아닙니다. 느낌이 있든 없든 방언을 할 수 있습니다.

어떤 사람은 이렇게 질문할 수도 있습니다. "지금 내가 성령님을 좌지우지할 수 있다는 겁니까?" 아니요. 그러나 성령님은 항상 준비하고 계십니다. 사람들이 집중했다 안 했다 할 뿐이지 성령님은 항상 준비되어 계십니다. 그러니 우리 쪽에서 다시 집중하면 언제든지 방언으로 기도할 수 있습니다. 성경은 우리가 성령으로 기도하고 하나님의 사랑 안에 거함으로써 거룩한 믿음 안에 우리 자신을 세우라고 합니다(유다서 1:20-21). 하나님의 사랑을 느끼고 안 느끼고는 우리에게 달렸습니다. 행복하고 기뻐할 것인가도 우리에게 달렸습니다. 하나님께 달린 것이 아닙니다.

하나님은 그분의 사랑, 기쁨, 평강을 이미 우리 안에 넣어 주셨습니다. 우리가 하나님의 사랑을 느끼지 못하는 이유는 하나님께서 우리에게 하신 말씀을 소홀히 여기고 다른 무엇인가에 가치를 두었기 때문입니다. 하나님을 기쁘시게 하려는 목적이라 하더라도 하나님의 은혜와 예수님께서 이미 이루어 놓으신 일이 아닌 우리 자신의 노력을 높인다면 기쁨을 잃어버릴 수 있습니다. 그러므로 하나님께 기쁨을 달라고 기도하지 말고 하나님께 가치를 두고 그분의 말씀을 믿으십시오.

주님을 영화롭게 한다는 의미를 가진 또 다른 단어는 **광대하게 하다**입니다. 로마서 1장 21절에서 "영화롭게 하다"로 번역된 단어가 로마서 11장 13절에서는 "광대하게 하다"로 번역되었습니다. 우리가 하나님께 가치를 두고 그분이 하신 일에 초점을 맞출 때 그것이 그분을 광대하게 하는 것입니다. 이론적으로 말하면 우리의 생각에 따라 하나님의 가치가 변하는 것은 아닙니다. 우리가 하나님을 무시한다고 그분이 작아지는 것도 아니며 우리가 하나님께 가치를 두지 않고 영화롭게 하지 않는다고 그분의 크기가 변하는 것도 아닙니다. 다만 우리가 어디에 가치를 두냐에 따라 하나님에 대한 우리의 이해가 바뀌는 것입니다.

우리가 하나님을 광대히 여기지 않는다고 해서 하나님의 가치가 변하는 것은 아닙니다. 우리의 가치가 변합니다. 그렇다면 우리의 삶에서 하나님을 광대하게 하는 방법은 무엇일까요? 그것은 바로 하나님께 가치를 두어서 우리 삶 가운데 하나님께서 하신 일을 깨닫고 하나님께서 우리에게 하신 말씀을 깨닫는 것입니다. **하나님께 집중하면 그분을 더 크게 생각하고 그분을 더 크게 인식하게 됩니다.** 질병과 고난보다도 하나님을 더 크게 인식하게 됩니다. 하나님을 광대하게 여기면 쉽게 실족하여 넘어지지 않습니다. 모든 환경 위에 하나님을 높여 드릴 때 하나님은 커지고 그 외 다른 모든 것은 작아집니다. 그것은 우리의 시야를 변화시켜 줄 뿐만 아니라 우리의 삶에서 일어나는 일도 변화시켜 줄 것입니다.

우리의 마음은 마치 망원경과 같습니다. 우리가 초점을 맞추고 집중해서 보는 것이 확대됩니다. 우리가 그것에 대해 생각을 하면 할수록 그것은 우리 안에서 더욱 커집니다. 대부분의 사람들이 마음 상해하는 일들은 영원의 관점에서 볼 때 그리 중요하지 않습니다. 대부분의 사람들이 걱정하는 것들은 백만 년이 지나도 변하지 않는 것들입니다. 우리는 언젠가 천국에서 이 땅의 삶을 돌아보며 "왜 그렇게 걱정했지?"라고 생각하게 될 것입니다.

우리는 별것도 아닌 일을 가지고 별것을 만듭니다. 마귀가 우리 앞에 조그만 이쑤시개 하나를 던져 놓으면 그것에 집중하여 그것이 우리 마음에 커다란 전봇대가 될 때까지 확대합니다. 그러고는 그 작은 나무 조각이 극복할 수 없는 큰 거목이라고 믿기 시작합니다. 사실은 마귀가 작은 이쑤시개로 우리의 두뇌를 교란하고 있는 것인데 말입니다!

때때로 사람들이 저를 찾아와 눈물을 흘리며 자신들의 문제를 이야기하는데 저는 정말 웃음을 참기 위해 입술을 깨물어야 할 때가 많았습니다. 그러면서 속으로 이렇게 생각합니다. **"그게 답니까? 당신이 이렇게 난리 치는 이유가 그거라고요? 그 정도라면 저에게는 좋은 일에 해당합니다!"** 그러나 그들 스스로 작은 일을 크게 과장했기 때문에 그들에게는 그것이 큰 문제가 된 것입니다. 우리는 그 반대로 해야 합니다. 우리의 문제가 상대적으로 작아질 때까지 하나님을 광대하게 하고 그분이 하신 일에 초점을 맞춰야 합니다.

1968년 3월 23일 저의 삶을 바꾸어 놓은 그 기도 모임에는 저를 포함하여 8~9명이 있었습니다. 그때 우리는 모두 하나님을 만났습니다. 우리 모두 그곳에 하나님이 계셨다는 것을 알았고 그분의 임재에 압도되었습니다. 저와 가장 친한 친구도 거기 있었고 다음 날 아침 그때 일어났던 일에 관해 이야기하면서 우리는 앞으로 이전 모습으로는 절대 돌아가지 않을 것이라고 했습니다.

그런데 지금도 그 기도 모임에 중대한 일이 있었다고 믿는 사람은 그 사람들 중에 저 하나뿐입니다. 모두가 동일한 경험을 했지만, 시간도 많이 지났고 살다 보니 힘든 일도 생겨 그 당시의 경험을 모두 빼앗긴 것입니다. 그날 저녁 기도 모임에 하나님께서 함께 하셨다는 것을 지금도 기억하고 있는 사람은 저 뿐입니다. 그때 성령 세례를 받고 방언까지 했었던 친구는 지금 방언도 파기했습니다.

그때 같이 있었던 또 다른 사람은 너무 힘든 일을 겪고서 사역을 접었습니다. 불륜을 저지르고 넘어진 것입니다. 그 일이 있기 전에 그에게 그때 그 경험에 관해 물어봤었는데 그는 아무것도 기억하지 못했습니다. 그 일에 대해 전혀 기억하지 못했습니다.

하나님께서 그의 삶에 이루신 일을 기억하지 못하는 이유는 그가 사람들의 의견에 더 민감했기 때문입니다. 하나님의 의견보다 사람들의 의견을 더 가치 있게 여기고 사람들의 인정을 하나님보다 더 높였기 때문에 저에게는 마치 어제 일어난 일처럼 생생한 그 기억을 전혀 기억하지 못하게 된 것입니다. 이것을 통해 우리가 집중하는 것이 커지고 나머지는 상대적으로 작아진다는 것이 증명됩니다. 사람들의 인정과 이 세상의 가치에 집중하면 하나님은 상대적으로 작아질 것입니다. 하지만 하나님을 광대하게 하면 사람들의 의견과 문제가 작아질 것입니다.

저는 하나님께서 저의 삶에 이루신 일들에 대해 감사하지 않고 지나가는 날이 거의 없습니다. 저는 항상 말합니다. "아버지 감사합니다. 저의 삶을 만져주시고 당신을 나타내 주셔서 감사합니다." 저는 항상 하나님께 영광 돌리고 그분께 감사를 드립니다. 반면 저는 복음을 전한다는 이유로 수많은 비난을 받았습니다. 저를 반대하기 위한 블로그를 운영하는 사람들도 있습니다. 그들 중에는 제가 "미국에서 가장 위험한 사람"이라고 주장하는 사람도 있습니다.

이렇게 어떤 사람들은 저에 관해 끔찍한 말들을 합니다. 그것 때문에 제가 자기연민에 빠질 수도 있고 사람들이 퍼뜨리는 소문을 확대할 수도 있지만 저는 문제가 아닌 주님을 광대하게 하는 쪽이 더 좋습니다. 저는 그런 일에 대해 이렇게 반응합니다. "아버지, 그 사람들이 왜 그러는지는 모르지만, 하나님은 저를 사랑하시는 것을 압니다. 저의 삶에 역사해 주셔서 감사드립니다." 저는 하나님께 영광을 돌리고 하나님께서 저의 삶에 이루신 일에 가치를 두어왔기 때문에 저에게는 1968년 3월 23일에 일어났던 그 일이 42년이 지난 지금도 그 당시보다 더욱 선명합니다. 그 이후 단 하루도 나를 향한 하나님의 사랑을 경험하는 기쁨을 놓친 적이 없습니다.

하나님의 능력과 사랑이 우리의 삶에 흘러나오는 것을 막는 분은 하나님이 아닙니다. 진리를 놓치게 하는 사건, 즉 우리를 지치게 하고 기쁨을 잃게 하는 일들이 일어나기도 하지만 저는 기쁨을 잃어버리려고 할 때 어떻게 해야 하는지를 깨달았습니다. 그럴 때 저는 즉시 저의 초점을 바꾸어 하나님께 영광 돌리기 시작합니다. 그렇게 하면 저의 관점이 다시 제자리로 돌아와 기쁨이 회복됩니다.

문제는 일어납니다. 사업이 실패하고 사람들이 내 험담을 하고 사랑하는 사람이 죽기도 합니다. 하지만 문제를 확대하면 그것을 실제보다 더 비극적으로 만들 뿐이며 그로 인해 하나님을 높이지 않게 됩니다. 그렇기 때문에 문제보다 하나님을 더 광대하게 하려면 생각의 초점을 바꿔야 합니다.

처음 구원받았을 때 경험한 기쁨과 평강을 생각해 보십시오. 그리고 성령을 주셔서 그리스도를 죽은 자 가운데서 살리신 능력과 동일한 능력을 주신 것에 대해 하나님께 감사하십시오. 하나님께서 역사하시고 치유하신 경험을 떠올리십시오. 하나님께 영광 돌리면서 그분이 행하신 일에 가치를 둘 때 기쁨과 평강을 앗아갔던 다른 모든 일들은 희미해질 것입니다. 하나님께 새롭게 역사해 달라고 할 필요가 없습니다. 필요하면 언제든지 하나님께로 돌아가서 자신을 새롭게 할 수 있습니다.

가스펠 송 중에는 하나님적이지 않은 것들도 참 많습니다. 그런 찬양들은 불평불만으로 가득한 가요의 기독교 버전일 뿐입니다. 연인을 잃고 투덜대는 대신에 하나님의 임재를 잃고 슬퍼합니다. "오, 하나님, 저를 다시 만나주세요. 저는 당신을 간절히 원합니다. 저는 당신의 임재를 잃어버렸습니다. 하나님, 어디로 가셨나요?" 어떤 곡들은 정말 한심합니다. 전부 그렇다는 것은 아니지만 많은 찬양들이 하나님께 불평과 푸념을 늘어놓는 내용입니다. 그래서 저는 찰리와 질 르블랑(Charlie and Jill LeBlanc, 앤드류 워맥 미니스트리와 같이 사역하는 워쉽 밴드_역자 주)의 음악을 좋아합니다. 그들 노래의 가사는 이렇습니다. "내가 가장 좋아하는 일은 당신과 함께 시간을 보내는 것" 그들의 찬양 가사는 주변 상황에 대해 불평하지 않고 하나님께 영광을 돌리는 내용입니다. 불평하는 것은 문제를 확대하고, 높이고, 더욱 강화하는 것일 뿐입니다.

하나님과의 관계에 있어 좋을 때도 있고 나쁠 때도 있다는 것을 저도 인정하지만, 그것이 하나님 때문은 아닙니다. 우리는 우리가 원하는 만큼 행복할 수 있습니다. 당신이 하나님으로 인해 기대감으로 가득하지 않다면 그것은 하나님의 잘못이 아닙니다. 하나님은 당신의 기대를 저버리지 않으십니다. 하나님을 영광스럽게 하지 않고 문제에 집중할 때 기쁨을 잃게 됩니다. 당신의 문제를 확대하는 것은 마치 사람들이 그냥 인사로 "어떻게 지내세요?"라고 물었을 뿐인데 거기다 대고 자신의 모든 상처와 고통을 전부 다 이야기하는 것과 같고 받은 상처를 마음속에서 되새김질하는 것과 같습니다. 별로 중요하지 않은 것이 중요한 문제가 될 때까지 그것을 생각하고 또 생각하면서 말입니다.

그런데 저는 모든 사람들이 이런 말을 듣고 싶어하는 것은 아니라는 것을 깨달았습니다. 그들은 말합니다. "그래서, 내가 기쁨과 승리를 잃어버린 것이 내 잘못이란 말이에요?" 네, 맞습니다. 그것이 바로 정확하게 제가 하고자 하는 말입니다. 그러나 마음 상해하거나 정죄감을 느끼지는 마시길 바랍니다. 왜냐하면 이것은 좋은 소식이기 때문입니다. 내 삶을 변화시키기 위해 내 쪽에서도 할 수 있는 일이 있다는 뜻이니까요. 만약 하나님께서 우리의 삶을 좋게도 했다가 나쁘게도 하시고 하나님의 임재는 고작 한 시간 정도만 누릴 수 있게 하셨다면 우리는 그렇게 할 수밖에 없습니다. 우리가 하나님을 바꿀 수는 없기 때문입니다. 그렇기 때문에 문제가 **우리에게** 있다는 것을 깨닫는 것은 기뻐할 일입니다. 자기 자신은 고칠 수 있으니까요. 우리는 우리의 생각하는 방식을 바꿀 수 있습니다. 우리 자신의 행동은 우리 소관입니다.

이제 문제에 집중하지 말고 하나님께 영광 돌리십시오. 과거에 경험했던 승리를 거듭 생각하면서 하나님이 얼마나 좋은 분이신지 얘기하십시오. 이렇게 하나님을 광대하게 할 때 삶의 문제들은 아무것도 아닌 것으로 축소될 것입니다. 하나님이 얼마나 좋으신 분이신지 골똘히 생각할 때 아픔, 질병, 걱정, 상처, 슬픔, 고통이 사라질 것입니다. 하나님을 영화롭게 하고 감사하는 사람이 되면 하나님의 뜻에 머물 수 있게 됩니다. 그렇게 할 때 좌절과 포기로부터 보호받게 됩니다.

지난 44년간 하나님을 구하면서 하나님께서 저의 삶에 행하신 일을 생생하게 기억하는데 이 원칙이 가장 큰 역할을 했습니다. 이렇게 함으로써 하나님께서 저를 위해 이루신 일들을 잊지 않을 수 있었고 앞으로도 절대 잊지 않을 것입니다! 단 하루도 나를 만나주시고 사역으로 불러주신 하나님께 감사하지 않고 지나간 적이 없습니다.

제가 하나님이었다면 저보다 더 나은 사람을 택했을 것입니다. 얼굴도 잘생기고 목소리도 좋은 사람을 택했을 것입니다. 그러나 하나님께서 저를 택해주신 것이 너무나 감사합니다. 저는 하나님께서 하신 일에 대해 매일매일 감사드립니다. 그래서 42년 전과 똑같이 하나님 때문에 행복하고 하나님에 대한 열정으로

넘칩니다. 게다가 지금은 더 많은 지혜와 경험을 가지게 되었습니다. 그러니 그때로 돌아가지는 않을 것입니다.

너무나 많은 사람들이 자신이 "왕년"에 얼마나 잘나갔는지 얘기합니다. 그러나 사랑의 마음으로 말씀드리자면 지금 현재 행복하지 않다면 그것은 당신 잘못입니다. 이것이 많은 사람들의 생각과 다를 수는 있겠지만 그렇다고 해서 틀린 것은 아닙니다. 이것은 성경적인 원리입니다. 삶의 문제가 아니라 하나님을 광대하게 하는 것이 저의 삶을 변화시켰고 그것이 저의 간증입니다. 이것은 저의 삶에 역사하고 있으며 다른 사람들에게도 역사하고 있습니다.

당신이 고수하는 삶의 방식이 원하는 결과를 가져다주지 못했는데 왜 변화를 거부합니까? 때로는 행복했다가 때로는 우울했다가 한다면 당신의 삶을 오르락내리락하게 하는 그 신념을 왜 고수하고 있습니까? 저의 삶에도 저를 좌절시킬만한 일들이 많이 일어났습니다만 하나님께 집중하고 그분께 가치를 두었기 때문에 그럴 때도 좌절하지 않을 수 있었습니다.

하나님께서 그분의 영을 보내주셔서 우리 안에 거하게 하신 이 놀라운 사실을 우리는 너무나 당연시합니다. 우리가 받은 성령님은 하늘과 땅을 창조하신 바로 그분입니다. 그렇기 때문에 하나님을 찬양해야 할 이유가 너무나도 많습니다. 하나님의 사랑을 막는 것은 바로 우리 자신이라는 사실을 깨달아야 합니다. 하나님은 우리에게 공급하시는 일을 절대 멈추지 않으십니다. 하나님이 아닌 다른 것을 높이고 영화롭게 하여 우리가 하나님의 사랑을 막는 것입니다. 경주를 멈추지 않고 끝까지 달리기 위해서는 하나님과 관련된 것들을 우리 삶 속에 생생하게 유지해야 합니다. 하나님께 민감함을 유지하는 가장 주된 방법은 하나님을 그 어떤 것보다 높이는 것입니다.

14

감사는 나를 좋은 곳으로 인도한다

하나님을 알되 하나님을 영화롭게도 아니하며 감사하지도 아니하고 오히려 그 생각이 허망하여지며 미련한 마음이 어두워졌나니
로마서 1:21

앞 장에서 지적한 바와 같이 이 구절은 사람들이 하나님께 둔감해질 때 밟는 단계를 설명해 줍니다. 저는 이 단계를 거꾸로 설명하여 어떻게 하면 하나님께 민감함을 유지하고 궤도에서 벗어나지 않을 수 있는지 말씀드리려고 합니다. 위 구절처럼 하나님을 영화롭게 하지 않고 감사하지도 않으며 허망한 생각을 하는 대신에 우리는 하나님을 영화롭게 하고 감사하며 하나님적인 생각을 해야 합니다. 이렇게 할 때 하나님을 향한 민감함을 유지하고 우리 인생의 목적을 달성할 수 있게 됩니다.

우리는 하나님과의 관계에 있어서 기쁨을 잃지 않을 수 있습니다. 사실 하나님과 우리의 관계는 시간이 갈수록 좋아져야 합니다. 믿는 자들은 시간이 갈수록 점점 더 주 안에서 강해져 가야 합니다. 하나님은 하나님과 우리의 관계가 점점 더 약해질 수도 있는 가능성을 의도하신 적이 없습니다. 하지만 그것은 그리스도인들에게 흔히 일어나는 일입니다. 하나님께서 그들을 만지시며 역사하셨지만, 그때 경험한 전율이 희미해져 가기 때문입니다. 우리 단체에서 거의 매달 진행하는 가스펠 투르스 세미나에 참석했던 사람들은 그 집회를 통해 크게 은혜를 받았다고 저에게 말합니다. 그런데 일단 집으로 돌아가면 그 열정을 잃어버립니다. 그래서는 안 됩니다.

앞 장에서 하나님께 민감함을 유지하고 하나님과의 관계를 강하게 유지하기 위한 첫 번째 단계는 하나님을 영화롭게 하는 것, 즉 하나님의 의견을 사람들의 의견보다 위에 두는 것이라고 설명했습니다. 그리고 여기 로마서에 나열된 요소들은 모두 함께 패키지로 작용합니다. 더 쉽게 설명하기 위해 각각의 주제로 나누겠지만 이것은 하나님을 구하고 그분을 삶 가운데 최고의 위치에 두는 하나의 삶의 방식입니다. 그렇기 때문에 실생활에서 하나님을 영화롭게 하고 감사하고 거룩한 생각을 하는 것은 별개의 사항이 아니고 모두 연계된 것입니다. 그래서 감사함이라는 이 두 번째 단계는 따로 떨어져서 역사하는 것이 아니라 모든 상황에서 하나님을 영화롭게 하는 삶의 방식 위에 더해지는 것입니다.

> 내가 노래로 하나님의 이름을 찬송하며 감사함으로 하나님을
> 광대하시다 하리니   시편 69:30 개역한글

   십자가에 달리신 순간 예수님은 시편의 이 구절을 인용하셨습니다. 이 예언적인 시편은 예수님께서 이 땅에 오시기 수백 년 전에 성령의 능력으로 다윗에 의해 기록된 것이지만 실제로는 예수님이 하신 말씀입니다. 그분은 '감사함으로 하나님을 광대하시다 하리라'고 하셨습니다. 질병, 가난, 거절 그 외에 다른 여러 문제들보다 하나님을 더 크게 하는 방법은 하나님께 감사하는 것입니다. 감사하고 지난 승리를 기억하는 것은 하나님을 크게 보는 관점을 갖게 합니다. 그러한 관점은 다른 것보다 하나님께 더 많은 영광을 돌리고 더 많은 가치를 둡니다.

   이는 매우 **강력한** 진리입니다. 그리스도인은 감사하는 자가 되는 것이 마땅합니다. 또한 우리가 경험했던 승리를 반복해서 기억해야 합니다. 그래서 구약 성경에서 이스라엘 민족에게 이웃의 표지석landmark,경계표을 옮기지 말라고 한 것입니다(신명기 19:14, 27:17, 잠언 22:28, 23:10). 표지석은 기억나게 해 주는 역할을 합니다. 예를 들어 사무엘이 돌을 취하여 단을 세우고 그것을 에벤에셀이라고 불렀는데 그것은 "하나님이 우리의 도우심이라"라는 의미로 그들이 전쟁에 크게 이겼기 때문에 하나님께 감사하려는 것이었습니다(사무엘상 7:12). 사람들이 그 표지석을 지날 때마다 하나님께서 아말렉을 이기게 하신 일을 기억한 것입니다.

이와 같이 우리의 삶 속에서 우리를 승리하게 하신 일들을 기억하기 위해 표지석을 세워야 합니다.

TV에 내보낼 첫 방송을 녹화하기 한 달 전쯤, 집 근처에 산책로를 만드는 일을 하다가 정말 바보스런 짓을 했습니다. 큰 바위를 옮기려다 그 밑에 저의 머리가 깔린 것입니다. 그것을 밀다 넘어지는 바람에 500kg 가까이 되는 바위 밑에 팔이 깔렸고 이어서 그 바위가 제 머리 위로 굴러간 것입니다. 그때 정말 죽을 뻔했습니다! 즉시 통증이 밀려왔는데 벌떡 일어나서 500m 정도를 달리면서 하나님을 찬양했습니다. 그리고 나서 어디를 다쳤는지 확인했습니다. 팔이 제대로 붙어있는지도 몰랐습니다. 그런데 하나님께서 저를 초자연적으로 지켜주셨고 손이 부은 것 외에 괜찮았습니다. (그런데 아내에게 머리가 바위 밑에 깔렸었다고 하니까 아내는 "네, 그렇군요."라며 웃으면서 믿지 않더군요.)

그날 하나님께서 이루신 일을 기념하기 위하여 저는 그 바위에 다음과 같은 사인을 붙였습니다. "1999년 3월 23일 이 바위가 나의 머리와 팔, 손 위를 굴러 지나갈 때 주께서 나의 생명을 구하시다." 그리고 저는 성경 구절을 썼습니다. "주께서는 우매한 자를 보존하시나니"(시편 116:6, 한글킹제임스) 저는 우매한 짓을 했지만, 하나님께서 저를 구해주셨습니다. 그 바위를 지날 때마다 그 표지는 저의 생명을 구해주신 하나님을 기억하게 해줍니다.

저는 그 산책로 시작점에 있는 넓적한 바위에 또 하나의 표지를 붙였습니다. 거기에는 "네가 하지 않으면 내가 할 것이다."라고 썼습니다. 이것은 예수님께서 예루살렘에 입성하실 때 바리새인들을 향해 '사람들이 나를 찬양하지 않고 침묵하면 돌들이 소리칠 것이다' 라고 하신 것을 인용한 것입니다(누가복음 19:40). 저는 그 바위를 지날 때마다 그 바위에게 "너는 조용히 해!"라고 한 다음 하나님을 찬양하며 그분이 저의 삶에 해주신 모든 일에 감사를 드립니다.

> 내 영혼아 여호와를 송축하라 내 속에 있는 것들아 다 그의 거룩한 이름을 송축하라 내 영혼아 여호와를 송축하며 그의 모든 은택을 잊지 말지어다   시편 103:1-2

인간의 육신적 본성은 잘못된 것에 초점을 맞추고 하나님께서 우리를 위해 하신 일을 잊어버리는 경향이 있기 때문에 시편 103편은 우리에게 하나님의 은택을 잊지 말라고 합니다. 100가지 중의 99가지가 잘 돌아가도 인간의 본성은 잘못된 **그 한 가지에** 초점을 맞추며 우리가 축복받았다는 증거가 넘쳐나도 우리의 육신은 모든 것이 잘못되고 있다고 생각하는 경향이 있습니다. 육신적인 인간의 본성은 항상 부정적인 것에 초점을 맞추기 때문입니다. 제가 싸우는 것도 바로 그것이며 그러한 성향이 제 안에서 발견되는 것이 싫기 때문에 다른 사람들이 하찮은 문제를 크게 부풀려 저에게 얘기할 때도 단호하게 대합니다.

아주 오래전의 어느 월요일 아침, 한 학생이 울면서 저의 사무실에 찾아왔습니다. 그는 늘 문제에 집중하는 학생이었습니다. 그가 너무 심하게 울고 있어서 진정하도록 달래는 데만 5분이 넘게 걸렸습니다. 울음을 그쳐야 도대체 무슨 일인지 알 수 있으니까 달래야만 했습니다. 그런데 그가 화났던 이유를 들어보니 정말 우스운 일이었습니다. 주일날 교회에서 그의 앞에 앉은 두 여성이 예배 중에 내내 웃고 떠들었다고 화가 난 것입니다. 그는 마귀가 그 두 여성을 통해 말씀을 앗아갔다고 느꼈습니다. 그래서 제가 물었습니다. "자리를 옮기지 그랬어요?" 그는 미처 그런 생각은 하지 못했다는 표정을 지었습니다. 자리를 옮기면 될 텐데 그냥 앉아서 예배 시간 내내 화가 난 상태로 마귀를 묶고 꾸짖고 했던 것입니다.

그 학생이 제 방으로 오기 바로 직전에 저는 한 친구와 통화를 했었습니다. 그는 며칠 전에 50년 동안 함께했던 아내를 잃었기 때문에 그가 어떻게 지내고 있는지 알아보고자 아침에 전화한 것입니다. 그는 50년 동안 행복한 결혼생활을 하게 해주신 하나님을 찬양하며 감사하고 있었습니다. 그는 슬퍼할 수도 있는 그 상황에서 하나님을 기뻐하고 찬양했던 것입니다. 반면 그 학생은 예배 시간에 앞에 앉은 두 사람이 떠들었다고 울고 있었던 것이고요.

잘못된 그 하나의 작은 일에 집중하는 인간의 육신적 본성이 저는 정말 싫습니다. 그것이 제 안에 있든 다른 사람 안에 있든 상관없이 싫습니다. 그러한 자세는 우리의 관점을 왜곡하여 우리가 얼마나 축복을 받은 사람들인지 깨닫지 못하게 합니다. 작은 문제를 확대해석하여 그것이 우리의 삶을 완전히 장악할 때까지 생각하는 성향 때문인데 그것을 역 이용하면 하나님께 감사하고 좋은 것에 집중할 수도 있습니다.

제 친구 목사 밥Bob의 딸은 교통사고로 머리를 다쳤습니다. 사고가 난 지 얼마 되지 않아 그 딸은 가끔 두통을 느꼈고 2년 후에 간질을 일으켜 병원으로 급히 데려갔으나 뇌사상태라는 진단을 받습니다. 살아날 것을 기대할 수 없는 상황이었습니다. 생명을 연장하기 위해 온갖 장치를 의존했지만, 상태가 매우 안 좋았습니다.

의사가 밥 목사에게 그의 딸이 사망했으니 장치를 떼야겠다고 했습니다. 밥은 그의 말에 화를 내지는 않았지만, 자신은 하나님께서 일하실 것을 믿는다고 했습니다. 현재 그 딸은 24시간 돌봄을 받아야 하는 상태지만 그 뒤로 10년이 넘게 살아있습니다. 그 의사는 아직도 그 딸이 뇌사상태라고 주장하지만 조금씩 진전이 보인다는 말을 덧붙였습니다.

장기간 투병하고 있는 가족을 돌보는 것은 정말 힘든 일입니다. 한번은 밥 목사가 우리 단체가 주관하는 목회자 세미나에 참석하여 맨 앞줄에 앉아 있었습니다. 그때 제가 설교한 내용은 우리가 얼마나 부정적인 것을 확대하고 이미 가진 것에 대해 감사하지 않는지에 관한 것이었고 우리가 해야 할 일은 긍정적으로 하나님께 영광 돌리는데 초점을 맞추는 것이라고 설명했습니다. 그런데 저의 설교 중에 밥 목사가 갑자기 일어나더니 이렇게 말했습니다. "설교에 방해가 되지 않으려고 참고 참았지만 저는 일어나 하나님을 찬양해야겠습니다. 감사할 것이 너무나도 많습니다." 그는 소리치며 하나님을 찬양하고 주님께 영광 돌렸습니다. 거기에 모인 사람들 중에 그의 사정을 알고 있던 사람들은 그가 하나님께 감사하는 모습을 보고 회개의 무릎을 꿇었습니다. 그리고 중요하지 않은 문제에 초점을 맞춘 자신들을 용서해 달라고 기도했습니다. 밥 목사는 제가 아는 사람 중 가장 행복한 사람입니다. 그는 항상 다른 사람들을 위해 자신이 할 수 있는 일은 없나 살펴봅니다. 그는 다른 사람을 위해 살고 있으며 절대 불평하지 않습니다.

2000년 3월, 1,800만 달러(한화 200억 이상_역자 주) 상당의 시설인 밥 목사의 교회에 두 개의 태풍이 덮쳤고 45초 만에 완전히 무너졌습니다. 그 당시 100명 정도의 사람들이 교회 건물 안에 있었는데 그 사람들 모두 초자연적으로 보호되었습니다. CNN은 30분도 안 돼서 교회로 찾아와 밥 목사와 인터뷰를 했습니다. 그는 무너진 교회 건물 앞에서 안전모를 쓴 채 말했습니다. "이것은 하나님이 하신 일이 아닙니다. 마귀가 한 짓입니다. 그러나 우리는 이전보다 더 나은 모습으로 이 재난을 극복할 것입니다."

그러나 그 지역 신문사는 그 교회의 참상을 계속 보도하고 싶어 했습니다. 그래서 그 교회가 그 주에 임시 예배당으로 사용했던 강당으로 가서 교회가 붕괴된 후 성도들이 슬퍼하고 있을 모습을 보도하려 했습니다. 실제로 기자 한 명은 사람들이 울면서 자신들이 잃어버린 것에 대해 말할 것을 기대했다고 했습니다. 그런데 그 교회 교인들은 마치 복권이라도 당첨된 것처럼 행동했습니다. 태풍이 지나갔지만 아무도 다치지 않았기 때문에 그들은 소리치고 뛰면서 하나님을 찬양했습니다. 그들은 또한 이 일이 일어나기 전보다 더 나은 모습으로 변화될 것을 선포했습니다. 현재 그들은 무너진 건물보다 두 배나 더 좋은 건물을 갖게 되었고 추가로 새로 지은 학교 건물과 거기에 딸린 두 개의 체육관이 지어졌습니다. 잃어버린 모든 것이 보상된 것입니다!

무엇이든 우리가 초점을 맞추는 것이 확대되기 때문에 부정적인 것에 초점을 맞추면 안 됩니다. 그리스도인으로서 우리는 하나님께 감사하므로 그분을 광대하게 해야 합니다. 감사하는 자가 되어야 합니다. 상황과 환경을 통해 하나님의 뜻을 알 수 있는 것은 아닙니다. 하지만 힘든 일을 당할 때 그것은 우리가 하나님의 뜻 안에 있다는 좋은 지표가 될 수 있음을 성경을 통해 알 수 있습니다. 하나님을 따른다고 해서 모든 게 다 잘 돌아가는 것은 아닙니다. 그런데도 하나님을 섬기면 삶의 모든 것이 수월해져야 한다고 생각하는 사람들이 대부분입니다. 그 환상을 깨는 것이 저도 기쁘지는 않지만, 주님은 그런 약속을 하신

적이 없습니다. 오히려 예수님은 이렇게 말씀하셨습니다. "이것을 너희에게 이르는 것은 너희로 내 안에서 평안을 누리게 하려 함이라 세상에서는 너희가 환난을 당하나 담대하라 내가 세상을 이기었노라"(요한복음 16:33).

하나님께서 바울과 실라를 빌립보로 보내셨을 때 며칠 되지 않아서 그들은 심하게 매를 맞고 어두운 감옥에 갇혔습니다(사도행전 16:19-23). 그러나 그들은 자신들이 당한 상황 때문에 울면서 불평하지 않았습니다. 오히려 그들은 한밤중에 감옥에서 기도하며 하나님을 찬양했는데 모든 죄수들이 들을 수 있을 만큼 큰 소리로 찬양했습니다. 그러자 갑자기 지진이 일어나서 감옥의 지반을 흔들고 죄수들을 얽어맨 족쇄가 풀리고 옥문이 열렸습니다. 그것은 매우 비상한 지진이었습니다(사도행전 16:25-26).

찬양의 힘은 이렇게 강력합니다! 더 놀라운 것은 지진으로 인해 자유로워진 바울과 실라가 아무데도 가려 하지 않았다는 것입니다. 그들은 감옥에서 탈출하려고 혹은 하나님께 뭔가를 받으려고 찬양한 것이 아니었습니다. 그들이 찬양한 이유는 오직 하나님을 사랑해서입니다. 쥐가 득실거리는 어두운 감옥에서 채찍을 맞은 등에는 피가 흐르고 이제 곧 죽임을 당할 운명이었지만 그러한 상황 속에서도 그들은 하나님 때문에 기뻐했던 것입니다.

그리스도인 순교자 사전이라는 책에는 예수님에 대한 믿음 때문에 죽임을 당한 수천 명의 사람들이 기록되어 있습니다. 그

책에는 로마 시대의 그리스도인들에 관한 내용이 나오는데 그들은 주님을 너무 사랑해서 주님을 위해 먼저 죽으려고 서로 다투었다고 합니다! 오늘날에 그러한 소원을 이해할 수 있는 사람은 거의 없을 것입니다.

그 책에는 감옥에서 죽음을 기다리고 있었던 임신 8개월의 한 여성에 관한 이야기가 있습니다. 그녀의 가족과 친구들은 다음 날 모두 함께 사나운 짐승들에게 먹힐 예정이었습니다. 그러나 로마인들은 임신한 여인을 죽이지 않았기 때문에 그녀의 처형은 출산 이후로 미뤄졌습니다. 그녀는 자신이 아기를 낳자마자 그들이 자신을 죽일 것이라는 사실을 알았습니다. 그녀는 친구들과 같이 죽으려고 했기 때문에 형제자매들에게 아기를 빨리 낳도록 기도해 달라고 부탁했습니다. 그들이 기도하자 즉시 진통이 왔고 그녀는 출산했습니다. 한 친구가 감옥으로 와 아기를 데려갔고 그녀는 이튿날 친구들과 함께 처형당하러 나갔습니다. 그들은 그녀의 옷을 모두 벗기고 그물망 안에 그녀를 집어넣었습니다. 그리고 사나운 짐승을 풀어 그녀를 갈기갈기 찢었습니다. 이 모든 일이 일어나는 동안 그녀는 하나님께 영광 돌리며 예수님의 이름으로 죽을 수 있는 영광을 주신 주님께 감사드렸습니다.

오늘날에는 그 정도로 하나님의 선하심에 집중하는 사람은 많지 않습니다. 우리는 천국이 너무 좋은 곳이라는 노래를 부르면서도 의사가 우리에게 얼마 남지 않았다고 하면 울기 시작합니다. 죽어서 예수님께 가는 것에 대해 열광하는 그리스도인들은 없습니다. 하나님보다 이 세상에 더 집중하기 때문입니다.

마지막 때

또한 이것을 알라. 즉 마지막 날들에 위험한 때가 이르리라. 사람들이 자기를 사랑하며 탐욕을 부리며 자랑하며 교만하며 신성모독하며 부모에게 불순종하며 감사하지 아니하며 거룩하지 아니하며 본성의 애정이 없으며 협정을 어기며 거짓 고소하며 절제하지 못하며 사나우며 선한 자들을 멸시하며 배신하며 고집이 세며 높은 마음을 품으며 하나님을 사랑하기보다는 쾌락들을 더 사랑하며 디모데후서 3:1-4, 킹제임스 흠정역

다들 아시겠지만 우리는 마지막 때를 살고 있습니다. 사도 베드로는 마지막 때가 2천 년 전 오순절에 시작되었다고 했습니다(사도행전 2:17). 그렇다면 우리는 말세지말末世之末 즉 마지막 때의 마지막을 살고 있는 것입니다. 성경은 마지막 때에 사람들이 자기를 사랑하게 된다고 했습니다. 오늘날 대부분의 사람들이 매우 자기중심적입니다. 우리의 삶이 비참한 이유는 우리가 자기 자신을 너무나 사랑하기 때문입니다. 자기 사랑은 중독과 같아서 절대 만족이 안 됩니다. 많이 가질수록 더 많이 원하게

됩니다. 자기self는 만족시킬 수 있는 대상이 아니기 때문입니다. 자기는 부인해야 할 대상입니다. 자기만을 생각하는 자세는 버려야 합니다. 자기만을 위해 사는 사람은 오직 한 사람을 위해 살 뿐입니다.

위의 구절은 마지막 때가 이르면 사람들이 탐욕을 부릴 것이라고 합니다. 서양인들은 아마도 지구상에서 가장 탐욕스러운 사람들일 것입니다. 우리는 마치 진공청소기처럼 할 수 있는 한 모든 것을 손에 넣으라는 교육을 받아왔습니다. 아메리칸 드림이란 쌓고 더 쌓는 것입니다. 저는 정죄감을 주려고 이런 말을 하는 것이 아니며 다만 오늘날 우리 사회의 현실을 지적하는 것입니다. 서구 사회는 매우 탐욕스럽습니다. 성경은 탐욕이 우상숭배라고 가르치고 있습니다(골로새서 3:5). 세상에서 가장 탐욕스런 사람들도 자신들이 우상숭배자라고 인정하지 않겠지만 그래도 그들은 우상숭배자이고 이것이 바로 말세의 징조입니다.

말세의 또 다른 특징은 사람들이 자기 자랑을 한다는 것입니다. 제가 어렸을 때만 해도 사람들은 자신들이 얼마나 대단한지 자랑하고 다니지는 않았습니다. 예나 지금이나 사람의 본성은 근본적으로 다르지 않았겠지만, 전에는 이렇게까지 대담하게 자기 자랑을 하지는 않았습니다. 그랬다면 그것은 교만으로 여겨졌을 것이고 그런 행동은 사람들의 눈살을 찌푸리게 했을 것입니다. 그러나 오늘날의 사회는 교만과 자랑을 숭배하는 것 같습니다. 사람들이 스스로를 멋지다는 듯 행동하거나 세상이 자기를 중심으로 돌아가는 것처럼 행동하면 그것을 일반적으로 좋은 것이라고 생각하는 문화가 되었습니다. 슬프게도 그렇게 행동하는 그리스도인들도 아주 많습니다. 그들은 자기를 자랑하는 자들입니다. 그들은 교만합니다. 디모데후서 3장의 부정적 특징들이 이 세상의 현 상황을 정확히 설명해주고 있습니다.

본문은 계속해서 사람들이 신성 모독을 하는 자들이 될 것이라고 말합니다. 심지어 좌경화된 언론 문화를 반대하는 보수적인 라디오 토크쇼에서도 신성 모독을 하는 용어를 사용합니다. 제가 어릴 때는 대화에서 사용하면 안 된다고 여겨왔던 말들을 사용하면서도 그것을 아무렇지도 않게 생각합니다. 또 성경은 아이들이 부모에게 불순종할 것이라고 했습니다. 오늘날의 어린이들이 그 어느 때 보다 부모에게 불순종하고 반항적이라는 사실을 의심할 사람이 있을까요?

본문은 또한 마지막 때에 사람들이 감사하지 않고 거룩하지 않을 것이라고 합니다. 그 구절에 '감사하지 않는 것' 과 함께 나열된 항목들을 봅시다. 본성적인 애정이 없고 협정을 어기며 거짓으로 고소하고 절제하지 못하며 사납고 선한 자들을 멸시하며 배신하고 고집이 세며 높은 마음을 품으며 하나님을 사랑하기보다는 쾌락을 더 사랑하는 것이 '감사하지 않는 것' 과 나란히 나열되어 있습니다. 오늘날의 가정들이 파괴되고 있는 이유는 가족을 묶어주는 본성적인 애정이 없기 때문입니다. 사람들이 너무나 이기적입니다. 이 구절에 있는 **절제하지 못한다**는 단어는 "전혀 제약받지 않는 감정을 가진 것"을 의미합니다. 오늘날 사람들은 자기감정에 의해 완전히 지배당하고 조정 당합니다. 마지막으로 이 구절은 사람들이 하나님보다는 쾌락을 더 사랑할 것이라고 합니다. 사람들이 하나님보다 자신들의 즐거움을 위해 훨씬 더 많은 시간과 돈을 투자하고 있다는 것은 의심의 여지가 없습니다.

'감사하지 않는 것' 이 말세의 끔찍한 특징들의 한 가운데 자리를 차지하고 있습니다. 우리는 부정적인 것에 너무 집중합니다. 감히 말씀드리지만, 자신의 경주를 마치고 자신의 목적을 달성하고자 한다면 주님을 항상 송축하기로 결단해야만 자신의 마음을 바르게 유지할 수 있습니다. 그렇게 하면 어떤 일이 일어나도 하나님을 찬양할 이유를 찾을 수 있을 만큼 긍정적인 사람이 됩니다. 우리에게 문제가 없다는 말이 아닙니다. 다만 영원의 관점으로 볼 때 우리의 문제는 아무것도 아니라는 말씀입니다.

영원의 관점

우리가 잠시 받는 가벼운 고난이 우리를 위해 훨씬 더 뛰어나고 영원한 영광의 무거운 것을 이루느니라. 우리는 보이는 것들을 바라보지 아니하고 보이지 아니하는 것들을 바라보나니 보이는 것들은 잠깐 있을 뿐이나 보이지 아니하는 것들은 영원하니라.

고린도후서 4:17-18, 킹제임스 흠정역

바울은 그가 받은 고난을 "가벼운 고난"이라고 했지만, 그는 우리보다 훨씬 더 많은 문제를 가지고 있었습니다(고린도후서 11:23-27). 그는 세 번이나 매를 맞았는데 이 형벌은 죄수를 매달아 놓고 그의 종아리, 발, 발목의 뒷부분을 뼈가 부러질 때까지 때리는 것입니다. 그는 채찍을 수없이 맞아 셀 수도 없다고 했습니다. 바울은 성경에 나오는 그 누구보다 더 많이 감옥에 갇히고 박해를 받았습니다. 제가 타지로 복음을 전하러 갈 때면 보통 좋은 호텔에 묵습니다. 반면에 바울은 어두운 감옥 최악의 장소에 갇히곤 했습니다. 그는 그러한 엄청난 박해와 거절을 이겨낸 것입니다.

바울도 자신이 당한 이러한 박해를 가벼운 고난이라고 하는데 어떻게 우리는 자신의 문제가 그렇게도 무거운 짐이라고 믿을 수 있을까요? 그 이유는 우리의 관점과 바울의 관점이 다르기 때문입니다. 앞서 말씀드렸듯이 우리의 마음은 망원경과 같아서 어디에 초점을 맞추든 그것이 커지게 됩니다. 망원경을 들이대서 부정적인 작은 일을 크게 확대할 수도 있지만, 망원경을 돌려서 보면 큰 산조차 아무것도 아니게 됩니다. 이렇듯 우리가 집중하는 것이 커지고 우리가 무시하는 것이 작아집니다.

바울은 하나님께 매우 집중했기 때문에 "이는 내게 사는 것이 그리스도니 죽는 것도 유익함이라"(빌립보서 1:21)고 할 수 있었습니다. 우리도 바울과 같은 관점을 가질 수 있습니다. 그것은 바로 우리의 고난이 "잠시"라는 것을 기억하는 것입니다. 지금 겪고 있는 문제가 무엇이든 그것을 영원이라는 관점에서 보십시오. 지금 당신을 괴롭히고 있는 그 문제가 천년 뒤에도 여전히 문제일까요? 그것이 죽고 사는 문제라 할지라도 천년 뒤에는 아무것도 아닐 것입니다! 우리는 모두 죽습니다. 지금 40대, 60대 또는 80대일 수도 있겠지만 우리가 살아있을 때 주께서 오시지 않는다면 우리는 모두 죽습니다. 그렇기 때문에 이생의 삶이 전부인 양 매달려선 안 됩니다. 우리가 죽으면 주님과 함께 있을 수 있습니다. 얼마나 좋을까요! 이 세상에서 겪는 현재의 고난은 장차 우리가 주님과 함께 있게 되었을 때 나타날 영광과 비교할 수 없습니다 (로마서 8:18).

저는 제가 마쳐야 할 사명이 있기 때문에 올바른 식생활과 운동으로 육신을 돌보지만 만약 내일 죽는다고 해도 조금도 개의치 않습니다. 나의 삶과 사역을 통해 중요한 일을 하고 있지만, 주님과 함께할 것에 기대가 크기 때문입니다. 이 땅을 떠나는 것에 대해서는 전혀 신경 쓰지 않습니다. 하나님께서 다른 누군가를 통해 제가 하던 일을 계속해 나가실 것이며 하나님께서 다 알아서 하실 것입니다. 일단 이런 태도를 가지고 영원이란 관점에서 본다면 이생의 문제들은 영원과 비교할 때 아무것도 아닌 것으로 작아질 것입니다.

어느 날 제 설교가 끝나자 한 여성이 기도를 받으러 나왔습니다. 그녀는 울면서 지금 네 번째 결혼인데 현재 남편이 자신과 이혼하길 원한다고 했습니다. 이혼을 당할 생각에 참을 수 없어서

엊그제 자살을 시도했다고 합니다. "저는 당신과 같은 그리스도인은 아니지만, 하나님이 계신다는 것도 알고 기도가 통한다는 것도 압니다. 제발 제가 이혼당하지 않도록 기도해 주시겠어요?"

놀란 저는 이렇게 물었습니다. "당신은 그리스도인이 아니며 자신이 그리스도인이 아니라는 것을 안다고요?"

"예"

"제가 당신의 결혼을 위해 기도해주기를 원하면서 거듭나기를 원하지는 않나요?"

"맞아요."

저는 잠깐 동안 그녀를 바라봤습니다.

"지옥에서 천년 동안 불타고 나면 결혼에 실패한 것은 기억도 나지 않을걸요? 지금 중요한 것은 이혼하냐 마냐가 아니에요!"

그러자 그녀는 마치 한 대 맞은 것 같은 표정을 지었습니다. 그녀는 울음을 그치고 저를 바라보며 이렇게 말했습니다.

"목사님 말이 옳다고 생각되네요. 저는 구원을 받아야 해요."

"그렇고 말고요." 그래서 우리는 기도했고 그녀는 거듭났으며 그러고 나서 그녀의 부부관계를 위해 기도했습니다.

하나님께서 우리의 부부관계에 무관심하시다는 말은 아닙니다. 제가 말씀드리고자 하는 것은 이것입니다. 사람들은 어려움을 겪을 때 기뻐할 수 없다고 생각하는데 그것은 그렇지 않습니다. 당신의 결혼, 건강, 그리고 다른 그 무엇보다도 당신의 구원이 더 중요합니다. 비극적인 일이 일어날 때 좋아해서는 안 되겠지만 그런 일이 일어났다고 해서 하나님이 선하지 않으신 것은 아닙니다. 누군가 죽었을 때조차 그들이 그리스도인이라면 그들이 주님의 임재 안에 있으므로 우리는 기뻐할 수 있습니다. 사람들이 죽었을 때 그들을 그리워하는 것은 정상이지만 우리가 느끼는 슬픔은 우리 자신을 위한 것이지 죽어서 주님과 함께 있는 사람을 불쌍해할 이유가 전혀 없습니다. 그들이 사고로 죽었든 수명을 다하지 못하고 죽었든 상관없이 그들이 하나님의 임재 안에 있다는 것을 알면 우리가 느끼는 슬픔은 우리 자신의 상실감 때문이란 사실을 알게 될 것입니다. 그 사람은 천국에 있습니다. 이렇게 영원의 관점에서 보면 상실감이 줄어들 것입니다.

영원의 관점을 가지면 생각하는 방식이 완전히 달라집니다. 의사가 나에게 곧 죽는다고 해도 별 일 아닙니다. 하나님은 우리가 건강하기를 원하시고(요한삼서 1:2) 그분의 뜻은 모두가 치유 받는 것이지만 최악의 경우라 해도 우리는 주님과 함께 있게 됩니다(고린도후서 5:8). 이렇게 영원의 관점을 가지면 두려움, 스트레스, 걱정을 몰아낼 수 있습니다. 성경은 마음의 즐거움은 좋은 약과 같다고 했습니다(잠언 17:22). 이렇든 저렇든 승리할 수밖에 없는 상황이기 때문에 하나님께 감사할 수 있습니다. 치유를 받으면 전 세계를 돌아다니며 하나님의 치유를 간증할 수 있고 무슨 이유든 치유 받지 못하면 예수님께 가는 것입니다. 이렇든 저렇든 승리할 수밖에 없습니다. 하나님께 감사하고 하나님을 광대하게 하면 면역체계가 향상되어 치유가 나타날 가능성이 더 큽니다. 감사하는 자가 됨으로써 이길 수 있습니다. 우선 매일 아침 하나님께 살아있게 해 주신 것부터 감사하십시오.

지금 눈에 보이는 것들, 집, 차, 옷 그 외 모든 것들은 전부 한시적인 것들입니다. 눈에 보이지 않는 것들이 영원한 것입니다. 바울은 단순히 물리적인 영역만을 바라본 것이 아니었습니다. 그는 그의 집, 재산, 또는 은퇴 후 누릴 여유 등에 집중하지 않았습니다. 그는 손으로는 만질 수 없는 영원한 것들을 바라보았습니다. 그렇게 할 때 우리의 삶을 향한 하나님의 뜻을 성취할 수 있습니다.

예수님은 어제나, 오늘이나, 영원히 동일하십니다(히브리서 13:8). 주님께 집중하고 그분께 가치를 두면 환경에 따라 요동하지 않을 수 있습니다. 기뻤다 슬펐다 하는 이유는 하나님께 집중하지 않고 있다는 증거입니다. 그러나 우리는 육신적인 욕망만을 충족시키려 하는 불신자처럼 살 필요는 없습니다. 하나님께 영광 돌리는 것을 목적으로 살 수 있습니다. 매일매일 하나님께 감사할 수 있습니다. 삶에 일어나는 모든 일들이 완벽할 수만은 없겠지만 하나님을 찬양할 만한 일은 항상 찾을 수 있습니다.

문제에 집중하는 인간의 본성과 싸워 이기는 방법은 감사하는 자가 되는 것입니다. 사실상 감사하는 것과 하나님께 영광 돌리는 것은 서로 관계가 매우 깊습니다. 감사하지 않는다면 진정으로 하나님께 영광을 돌릴 수 없습니다. 육신적인 본능은 하나님의 선하심을 잊어버리는 경향이 있기 때문입니다. 감사하기 위해 우리가 해야 하는 것들 중의 하나는 지난날의 승리와 하나님께서 우리를 위해 이루신 선한 일들을 기억하는 것입니다. 문제는 생깁니다. 그러나 영원의 관점을 가질 때 그 문제들을 극복할 수 있는 힘을 얻게 될 것입니다.

만약 우리가 시속 1,000km로 달리고 있다면 마귀가 우리 앞에 벽을 만든다 해도 우리를 멈추게 할 수 없습니다. 이처럼 우리의 삶에 동력이 쌓이면 어떤 문제도 우리의 기쁨을 빼앗아 가거나 하나님을 영화롭게 하는 것을 막을 수 없습니다. 하나님의 뜻을 성취하려면 이러한 태도를 길러야 합니다. 감사하는 자가 되어 하나님을 영화롭게 하고 우리 마음을 그분께 민감하게 유지해야 합니다. 그러면 우리의 삶이 훨씬 나아지는 것을 경험하게 될 것입니다.

15
묵상(imagination)을 활용하는 방법

> 그들이 하나님을 알되 그분을 하나님으로 영화롭게 하지도 아니하고 감사하지도 아니하며 오히려 자기들의 상상imagination 속에서 허망해지고 또 그들의 어리석은 마음이 어두워졌나니
> 로마서 1:21, 킹제임스 흠정역

앞서 계속 공부해 온 위 구절을 보면 하나님을 향한 우리의 마음이 강퍅해지는 단계의 마지막은 상상 속에서 허망해지는 것임을 알 수 있습니다. 다시 말씀드리지만, 우리가 논의했던 이 단계는 서로 분리된 것이 아닙니다. 하나님을 알지만 그분을 영화롭게 하지 않는 것, 감사하지 않는 것, 상상 속에서 허망해지는 것은 주님으로부터 멀어져가는 과정의 순차적인 단계입니다. 하나님이 아닌 다른 것들로 생각을 채우고 다른 사람들의 의견을 하나님의

의견 위에 둘 때 이 과정이 시작됩니다. 그다음으로 하나님께 영광 돌리는 것을 그만두어 감사하지 않는 자가 되고 마침내 상상하는 것이 허망해집니다. 그 말은 상상이 작동을 멈췄다는 뜻이 아니라 상상이 나에게 불리하게 작동하기 시작했다는 말입니다. 즉 성공이 아닌 실패를 상상하기 시작했다고 표현할 수도 있습니다. 부정적인 상상은 또 다른 부정적인 상상으로 인도하고 그 결과 마음이 강퍅해지는 것입니다.

상상을 공상이라고 생각하는 사람들이 많지만, 상상은 공상이 아닙니다. **상상**이란 "물질세계에 실존하지 않거나 현실에서 온전하게 인식된 적이 없었던 것을 머릿속의 이미지로 형성해 내는 행동이나 능력"3)입니다. 예를 들어 자신의 집에 문이 몇 개인지 세어 본 사람은 별로 없을 것입니다. 그러나 집에 문이 몇 개냐는 질문을 받는 순간 머릿속에 집을 그리면서 문이 몇 개인지 셀 수 있습니다. 물리적인 눈으로 보는 것이 아니라 상상을 사용하는 것입니다. 누군가 길을 물어 올 때도 이와 같이 합니다. 머릿속에 그 길을 그리면서 길을 알려줍니다. 상상이란 눈으로 볼 수 없는 것을 우리의 생각mind 또는 마음heart으로 보는 능력입니다.

상상을 사용하지 않고 살아갈 수 없습니다. 우리는 그림으로 생각하기 때문입니다. 사과라는 단어를 들으면 우리는 '사-과-'

---

3) "상상imagination"의 정의. Merriam-Webster 인터넷 사전. 2013년 2월 22일 검색. http://www.merriam-webster.com

라는 글자가 아닌 사과의 모습을 머릿속에 떠올립니다. 어떤 사람들은 파란 사과를, 어떤 사람들은 빨간 사과를 떠올리겠지만 "사과"라는 단어를 들으면 어떤 사과가 됐든 머릿속에 사과의 이미지를 떠올립니다. 또한 무언가를 머릿속에 그릴 수 없으면 그것을 진정으로 이해할 수도 없습니다. 그래서 사람들은 백문이 불여일견이라고 하는 것입니다. 머릿속에서 그릴 수 있다면 우리는 무엇이든 할 수 있습니다!

베트남에 징병 되었을 때 우리는 워터 블리벳이란 것을 통해 물을 공급받았었습니다. 여러분 대부분이 워터 블리벳을 머릿속에서 그려볼 수 없기 때문에 앞으로도 기억하지 못할 것이고 누군가에게 설명하지도 못할 것입니다. 워터 블리벳이란 검은색 원통 모양의 고무 컨테이너인데 끝에는 동으로 된 꼭지가 달려있는 물통입니다. 크기는 세 가지인데 각각 1,000리터, 2,000리터, 4,000리터의 물이 들어가며 헬리콥터로 운반됩니다. 끝에 있는 꼭지를 통해 물을 옮겨 담습니다. 물이 나오면 주변 기압으로 인해 블리벳은 점점 납작해집니다. 그렇게 되면 또 헬리콥터가 와서 가져갑니다.

이 설명을 듣고 나면 완벽하진 않더라도 대강 이해가 되는 이유는 이제 블리벳의 모습이 머릿속에 그려졌기 때문입니다. 단어와 함께 이미지가 형성되었기 때문에 이제 워터 블리벳을 기억할 수 있게 된 것입니다. 이러한 이유로 건축가들이 청사진을 사용합니다. 청사진이란 건설업자에게 그들이 상상한 것을 어떻게 건설할 것인지 보여주기 위한 것입니다. 우리는 콜로라도 우드랜드 파크에 새 캠퍼스를 건설하기 위해 건물을 설계하는 과정에 있습니다. 몇 시간 동안 함께 모여 앉아 강당을 어떤 모양으로 지을 것인지 상의했습니다. 그것은 머릿속에 그림을 그리는 과정입니다. 일단 우리가 원하는 것을 상상 속에서 그릴 수 있어야 건축을 시작할 수 있습니다.

상상의 또 다른 정의는 창의력, 그리고 임기응변의 능력입니다.[4] 왜냐면 상상 없이 무언가를 만들어 낼 수 없기 때문입니다. 얼마 전 저는 저희 집 현관 입구에 데크를 지었습니다. 저에게는 건축 경험이 전혀 없지만 무언가를 짓는데 도전해보고 싶어서 계단 세 개를 포함한 현관 입구를 만든 것입니다. 엎어 놓은 양동이 위에 앉아 데크를 어떻게 지을지 상상을 이용해 계획을 세웠습니다. 청사진이나 그런 건 없었지만 머릿속에 그림을 그렸습니다. 그리고 제 안에서 그것을 상상할 수 있게 되자 마침내 그것을 만들 수 있었습니다.

이렇듯 상상은 어린아이들의 전유물이 아닙니다. 상상 없이 우리는 기능할 수 없습니다. 상상은 수학과 같은 추상적인 개념을 이해하는 데에도 도움을 줍니다. 수학을 어려워하는 사람들이 있지만 훌륭한 교사는 수학 문제를 쉽게 그림으로 설명합니다. "2 더하기 2는 4"라고 가르치는 대신 언어로 그림을 그립니다. '사과가 두 개 있는데 거기에 두 개를 더하면 몇 개가 될까?'

---

4) Ibid.

언어로 그림을 그려서 학생들이 그 개념을 그림으로 볼 수 있도록(시각화할 수 있도록) 도와주는 것입니다. 훌륭한 선생님은 언어로 그림을 그려서 듣는 사람들이 아이디어를 형상화할 수 있도록 해 주는 사람입니다.

상상하지 못하는 것은 삶에 이루어지지 않습니다. 안에서 볼 수 없는 것은 밖으로 나타날 수 없기 때문입니다. 치유된 자신을 그려 볼 수 없거나 건강한 자신을 상상할 수 없다면 치유는 현실로 나타나지 않을 것입니다. 하나님께 치유의 능력이 있다는 것을 아는 사람들은 많지만 그럼에도 불구하고 상상 속에서는 여전히 자신을 아픈 사람으로 봅니다. 고통스러워하는 자신을 봅니다. 너무 오랫동안 아팠던 사람들은 꿈속에서도 아픈 모습으로 나옵니다. 그들의 상상이 작동하는 것은 맞지만 자신을 대적하여 작동하는 것입니다. 그러한 상황을 '상상이 허망해진 것'이라고 하는 것입니다.

주차를 어디에 했는지 하는 간단한 것에서부터 자신이 자란 동네를 회상하는 것에 이르기까지 기억 또한 상상에 연결되어 있습니다. 자기 차를 어디다 주차했는지 메모하는 사람은 없습니다. 그냥 머릿속에 그림을 저장합니다. 우리가 자란 동네 또한 머릿속에 그림으로 저장되어 있습니다.

때로는 우리가 가진 이미지가 실제와 다를 수도 있습니다. 어렸을 때 저는 집에서 멀지 않은 숲에서 놀곤 했습니다. 여름에는 자전거를 타고 숲속의 시원한 그늘로 들어가 어두운 환경에 눈이 적응할 때까지 잠시 기다렸던 것도 기억납니다. 그곳은 저에게 특별한 장소였습니다. 어른이 되어서도 그곳을 아주 넓은 곳으로 기억했지만, 나중에 찾아가 보니 아주 작은 숲이었습니다. 제 속에 있는 이미지는 여러 가지 요소들로 영향을 받거나 오염될 수 있기 때문에 그 숲이 시간과 함께 제 기억 속에서 자라났던 것입니다.

상상이라는 단어와 동사형인 **상상하다**는 성경에 36번 나옵니다. "상상"으로 번역된 단어 중 하나는 히브리어 **예쩨르**yetser 입니다. 예쩨르는 성경에서 "생각mind"으로도 번역되었습니다. "주께서는 생각을 주께 고정시킨 자를 완전한 평강으로 지키시리니 이는 그가 주를 신뢰하기 때문이니이다."(이사야서 26:3, 킹제임스 흠정역). 이 구절에서 생각을 주께 고정시킨다고 했을 때 이것은 하나님에 관해 생각을 하는 것 그 이상을 말하고 있습니다. 이것은 내면에 이미지가 그려질 때까지 하나님을 생각하여 결과적으로 하나님의 관점으로 판단하게 되는 과정을 의미합니다. 이 과정을 하지 않기 때문에 하나님의 말씀 속에 있는 능력을 이해하는 사람들이 많지 않은 것입니다. 말씀을 수박 겉핥기식으로만 보고 자신의 내면에 분명해 질 때까지 그 말씀을 깊이 묵상하지는 않습니다.

상상이 무엇인지 이해하는 것은 매우 중요합니다. 상상은 하나님의 뜻을 성취할 수 있게 해 주는 중요한 것입니다. 믿는 자라고 하면서 하나님에 관한 것들을 얄팍하게 이해하고 살 수는 없습니다.

말씀의 표면적인 것에 만족해서는 안 되며 하나님의 말씀이 우리 마음을 완전히 변화시켜서 생각하는 방식이 바뀌어야 합니다.

실명 진단을 받은 사모님에 대한 이야기를 들은 적이 있습니다. 그 사모님의 안경이 너무 두꺼운 나머지 콜라병 바닥 같았다고 합니다. 한번은 어떤 치유 사역자가 그 교회에서 설교하게 되었는데 그 사모님은 과거에도 기도를 많이 받았지만 치유되지 않았기 때문에 또 실망하고 싶지 않아서 기도 받지 않으려고 그 치유 사역자를 피해 다녔습니다. 하지만 그 치유 사역자는 그 사모님을 코너에 몰아넣고 이렇게 말했습니다.

"사모님, 기도해 드리고 싶습니다."

그분은 사모님에게 안경을 벗으라고 하고 나서 눈이 치유되라고 명령했습니다. 그리고 이렇게 물었습니다. "볼 수 있으세요?"

사모님은 볼 수 있나 보려고 눈을 뜨려 했습니다. 그러자 그 치유 사역자는 사모님을 막으며 이렇게 말했습니다.

"눈을 감으세요!"

그래서 사모님은 바로 눈을 감았습니다.

"볼 수 있으세요?" 그가 다시 물었습니다.

사모님이 눈을 뜨려 하자 그는 "눈을 감으세요!"라고 다시 말했습니다.

이것을 세 번 반복한 뒤 사모님은 눈을 감고 서서 의아해했습니다. "이분이 도대체 뭘 하는 거지? 눈을 감고 있는데 어떻게 보이는지 말하라는 건가?"

그러자 치유사역자가 말했습니다. "저는 눈을 뜨라고 하지 않았습니다. 안에서 먼저 보지 못하면 밖에서도 볼 수 없습니다."

사모님은 눈을 감은 채 서서 그가 한 말을 생각했습니다. 그리고 사모님은 그 말을 이해했습니다. 치유 사역자가 말했습니다. "상상 속에서, 당신은 소경입니까 아니면 당신은 볼 수 있습니까?"

사모님은 방언으로 잠시 기도하고 나서 마침내 이렇게 말했습니다. "내가 보는 것을 볼 수 있습니다."

"자, 그럼 이제 눈을 뜨세요."

사모님이 눈을 뜨자 시력은 완벽해졌습니다.

잉태

많은 사람들이 치유를 원하면서도 스스로를 아픈 사람으로 보고 있기 때문에 하나님께서 주시고자 하는 것들을 놓치고 맙니다. 너무나 오랫동안 아팠기 때문에 육신만 질병의 영향 아래 있는 것이 아니라 마음과 감정까지도 병든 것입니다. 무슨 일이라도 일어나기를 바라면서 기도하지만, 내면에서는 진정으로 치유를 믿지 않습니다. 자신을 건강한 사람으로 보지 않습니다. 허망해진 그들의 상상이 그들 자신을 대적해 작용하는 것입니다. 그들은 자신을 환자로 보며 실제로는 변화될 것이라고 믿지 않습니다.

> 믿음은 바라는 것들의 실상이요 보이지 않는 것들의 증거니
>
> 히브리서 11:1

소망은 우리 자신의 상상이며(로마서 8:24-25) 믿음은 내가 소망하는 것들의 실상입니다. 먼저 소망하지 않으면(상상하지 않으면) 믿음으로 그것을 받을 수가 없습니다. 많은 사람들이 이미 치유를 받았다고 믿고 싶어 하지만 치유를 받았다는 것을 **소망**하지는 않습니다. 그들 내면에 치유된 자아상이 없기 때문에 믿음을 일으키고 추진해 나갈 동력이 없는 것입니다.

하나님의 뜻을 성취하고 오랫동안 한결같음을 유지하려면 강력한 소망이 필요합니다. 소망은 우리 혼을 지탱해 주는 닻입니다(히브리서 6:19). 닻은 배가 바람에 떠내려가지 않도록 고정해 줍니다. 소망은 정도에서 벗어나 길을 잃고 떠내려가는 것을 막아 주어 목적지에 당도하게 해 줍니다. 비전은 곧 내면에 품은 이미지입니다. 안에서 볼 수 없다면 밖으로 나타나지 않습니다.

사랑하는 사람이 병이나 정신질환으로 죽는 것을 본 사람의 생각에는 그 질병의 이미지가 새겨질 수 있습니다. 그리고 그 질병이 가족력이라고 믿기 시작합니다. 무의식적인 생각일 수 있지만, 그들은 똑같은 질병으로 죽어가는 자신을 상상하고 있을 수도 있습니다. 그런 일이 일어날 것을 어느 정도 예견하고 있기 때문에 결국은 그 일이 일어나게 됩니다. 자기 자신에 대해 가지고 있는 그 이미지가 결국은 열매를 맺기 때문입니다(잠언 23:7).

우리는 하나님께서 나를 보시는 관점으로 자기 자신을 보아야 합니다. 하나님의 관점은 말씀에 나타나 있습니다. 모세는 120세에도 시력이 흐려지지 않았고 기력도 떨어지지 않았습니다(신명기 34:7). 그러나 오늘날의 문화에서는 40대가 되면 "몸이 예전 같지 않다."고 말하기 시작합니다. 몸이 아픈 70대나 80대를 보면서 "나도 언젠가 저렇게 되겠지."하고 생각합니다. 앞으로 닥칠 문제에 관해 이야기하면서 예견하기 시작하고 결국은 자신이 생각한 대로 됩니다. 그러나 우리는 모세가 받은 언약보다 뛰어난 언약을 받았기 때문에 모세가 120세까지 건강하게 살 수 있었다면 우리도 그렇게 할 수 있습니다. 그러려면 생각하는 방식을 바꾸어야 합니다. 건강하고 의롭고 기쁨과 평안이 충만한 자신의 모습이 분명하게 그려질 때까지 말씀을 공부하고 하나님의 진리를 묵상해야 합니다.

"상상imagination"으로 번역된 히브리어 **예쩨르**yetser에는 "잉태"라는 뜻이 있습니다. 이것은 매우 중요한 진리를 나타내 줍니다. 상상하는 기관이 곧 잉태하는 기관이란 뜻입니다. 이것을 깨닫는 것이 정말 중요합니다. 부부가 아기를 갖고 싶다면 기도만 해서 되겠습니까? 아이를 가지려면 잉태를 해야 합니다. 저는 임신이 안 되는 부부를 위해 수없이 기도를 했습니다. 그들의 치유를 위해 기도한 후에 저는 항상 이렇게 얘기합니다. "기도했다고 동정녀가 아이를 낳을 수는 없어요. 두 분의 역할도 있다는 말씀입니다. 행함이 없는 믿음은 죽은 것이니 가서 두 분의 임무를 다하세요." 이렇듯 아이는 육체적인 관계를 통해서 잉태되어야 하며 기도만 한다고 되는 것은 아닙니다. 이처럼 상상은 하나님의 기적을 잉태하는 곳입니다. 상상하지 않는다는 것은 잉태하지 않는다는 뜻입니다.

마음에 잉태할 때까지 말씀을 묵상하는 사람들은 별로 없습니다. "오, 하나님! 저를 치유해 주시옵소서. 필요를 채워 주시옵소서."라고 기도는 하지만 자신들이 원하는 것을 말씀에서 취해 마음에 잉태하지는 않습니다. 마치 아기가 어디서 굴러들어 올 것을 기대하는 부부와 같습니다. 우리가 해야 할 일은 먼저 하나님의 말씀이 선포하는 바를 마음속에 잉태해서(품어서_역자 주) 상상할 수 있어야 합니다. 즉 내면에서 자신을 치유된 자로 보아야 한다는 말입니다.

현재(2013년 이전_역자 주) 우리 단체 건물은 3,000평 가량인데 처음에 이 건물을 샀을 때는 300평만 사무실로 완성된 상태였고 나머지는 창고였습니다. 설계도가 완성되고 건축을 시작할 만한 후원금이 들어올 때까지 저는 벽이 세워질 위치에 테이프를 붙여 놓았습니다.

그 빈 창고에서 테이프 주변을 걸으며 많은 시간을 보냈습니다. 머릿속에서 그 벽들이 세워진 것을 보았고 건물이 완성된 모습을 그렸습니다. 그리고 벽을 세울 위치에 붙여 놓은 그 테이프 위를 그냥 넘어가 본 적이 없습니다. 항상 문이 세워질 곳으로만 드나들었습니다. 이상하다고 생각하는 사람들도 있겠지만 저는 저의 상상을 도와주고 있었던 것입니다. 작성된 도면을 보며 벽이 전부 다 세워진 것을 상상하면서 테이프 선의 안쪽으로만 걸어 다녔습니다. 강당에 모인 사람들도 그랬습니다. 두 개의 플라스틱 통 위에 나무판을 올려놓고 그 위에 올라가서 설교도 했습니다. 건물 안에는 한 사람도 없었고 한밤중이라 창고는 어두웠지만, 강당 가득 사람들이 모인 듯 설교했습니다. 하나님께서 주실 거라고 믿었던 것들을 상상을 통해 보고 있었던 것입니다.

건물이 완성되고 헌당예배를 드리던 날, 사람들은 매우 신이 났습니다. 저의 모습이 맹숭맹숭해 보였는지 어떤 여학생이 이렇게 물었습니다. "건물이 완성되었는데 기쁘지 않으세요?" 물론 저도 기뻤지요. 하지만 마음으로 이미 그 건물을 보았기 때문에 눈으로 직접 보는 것은 이상하게도 감흥이 없었습니다. 일 년 이상을 내면에서 보아 왔던 것이고 이제 육신의 눈이 볼 수 있게 밖으로 표출되었을 뿐이었습니다. 건축이 마무리되자 벌써 저의 마음은 하나님께서 주신 비전의 다음 단계로 달려가고 있었습니다.

오늘날 이와 같은 비전을 소유한 사람이 드문 이유는 현대인의 삶이 위에 설명 드린 태도를 우리에게서 앗아가기 때문입니다. 어른들은 아이들에게 "상상은 그만해라, 꿈꾸지 마라"고 하면서 미래를 상상해 보는 것을 공상이라고 생각하는 경향이 있지만, 상상과 공상에는 큰 차이가 있습니다. **상상**은 육신의 눈으로 볼 수 없는 것들을 보는 힘 또는 그 과정입니다. 반면 공상은 그냥 망상일 뿐입니다. 공상은 실제가 아닌 것을 상상하는 것으로 그것은 허구입니다. 제가 상상이라고 할 때는 백일몽을 말하는 것이 아닙니다. 제가 말하는 상상이란 하나님의 말씀을 깨달아 그것이 나타내는 영적인 진리를 보는 것입니다. 성화된 하나님적인 상상은 하나님의 뜻을 잉태하는 부분이며 우리 안에 미래에 대한 비전을 품는 창의적인 기관입니다.

이런 면에서 비전이란 눈으로 보는 것이 아닙니다. 마음으로 보는 것입니다. 성령으로 충만한 믿는 자들에겐 육신의 눈으로 볼 수 없는 것을 보는 능력이 있습니다. 사람들의 치유를 위해 기도할 때 저는 상상 속에서 그들이 치유된 것을 봅니다. 하나님께서 그들의 마음을 만지시는 것을 봅니다. 어떤 사람의 다친 부위나 아픈 부위를 보여주실 때도 있습니다. 눈에 보이는 것이 아니라 머릿속에 어떤 그림이 보입니다.

하나님의 말씀을 취하여 당신의 상상, 즉 창의적인 생각 속에 푹 담그십시오. 형통하고 치유 받은 자신이 그려질 때까지 그렇게 해야 합니다. 말씀이 내면으로 스며들어 비전을 만들어내게 하십시오. 아픈 사람들에게 손을 얹어 기도한다면 그들이 회복되는 것을 볼 수 있을 때까지 또는 당신이 시작하고자 하는 사업이 형통하게 성장하는 모습을 볼 수 있을 때까지 그렇게 해야 합니다.

하나님적인 상상은 하나님을 영화롭게 하고 감사하는 자가 되는 것과 직접적으로 연결되어 있습니다. 하나님을 영화롭게 하지 않고 감사하지 않으면 상상이 허망하여진다고 성경이 말하고 있기 때문입니다(로마서 1:21). 저절로 그렇게 됩니다. 허망한 생각은 창조적이지 못하고 좋은 것들을 잉태하지 못합니다. 오직 악한 것을 잉태할 뿐입니다.

어떤 아이들은 어려서부터 '내가 널 왜 낳았는지 모르겠다', '네가 커서 뭐가 되겠니' 같은 말을 듣고 자랍니다. 또 어떤 사람들은 자신의 피부색이나 교육 수준 또는 경제력에 의해 무시를 당합니다. 이렇게 우리에게 쏟아지는 부정적인 말이나 생각을 믿을 때 그것은 우리의 정체성과 우리의 능력에 대한 내적 이미지를 만들어 냅니다. 그렇게 형성된 그 이미지는 우리로 하여금 다음 단계로 갈 수 없게 하는 한계점으로 작용합니다. 그 이상을 할 수 있는 재능과 능력이 있더라도 우리 스스로가 그것을 허락하지 않고 어떻게 해서든 스스로를 파괴하는 방법을 찾아내는 것입니다.

저와 아주 친한 친구 하나는 매우 엄격한 아버지 밑에서 자랐습니다. 그 아버지는 부품을 위해 여러 대의 중고차를 가지고 있었는데 차를 손볼 때 아들에게 심부름을 시켰고 그때마다 이렇게 말했습니다. "야, 이 바보야. 너는 나사를 한 번 제대로 끼우지 못하는구나!" 저는 이 친구와 여러 번 차를 고쳐봤는데 나사를 끼울 때마다 그는 번번이 실패했습니다. 나사가 제대로 들어갔는데도 "아무래도 잘못 끼운 거 같아."라면서 뺐다 끼우기를 대여섯 번 반복했습니다. 그러다 결국은 잘못 끼우고 맙니다. 그의 내면에 그려진 부정적인 자아상이 여전히 그에게 영향을 미치고 있었던 것입니다.

많은 사람들이 이런 식으로 저주를 받은 상태입니다. 그것을 "저주받았다"고 표현하지는 않겠지만 그게 바로 저주입니다. 또는 자기 자신에게 비판적인 자세로 인해 스스로를 저주했을 수도 있고 또는 너무나 바보 같은 짓을 했던 과거의 경험으로 인해 자신을 실패자라고 보고 있을 수도 있습니다. 이 모든 것들이 상상 속에서 허망해지는 원인이 됩니다. 그 이유는 자기 자신을 볼 때 하나님께서 말씀하시는 대로의 자신을 보지 않기 때문입니다. 하나님은 당신이 아픈 사람에게 손을 얹으면 그가 낫는다고 하셨지만(마가복음 16:18) 당신은 자기 자신을 그렇게 보지 않습니다. 당신은 자신을 "보잘것없는 사람"이라고 생각하고 종교는 그 생각이 더욱 굳어지게 도와줍니다. 그 결과 이러한 사고를 갖게 됩니다. "나 같은 사람을 위해 하나님이 일하실 거라고 생각하는 것 자체가 말이 안 되지." 그러면 삶에서 일어나는 일들도 내면의 그 모든 부정적인 이미지를 더욱 굳어지게 하는 쪽으로 진행됩니다.

하나님을 영화롭게 하여 그 어떤 것보다 하나님께 가치를 둘 때 감사하는 사람이 되고 그 결과 상상은 되살아나 당신을 위해 긍정적인 방향으로 일하기 시작합니다. 비로소 부정적인 이미지가 아닌 긍정적인 생각들을 품기 시작합니다. 긍정적인 상상은 자기 자신에 대한 패배주의적인 생각을 지우기 때문에 결과적으로 하나님께서 보시는 관점으로 자신을 보게 합니다.

저는 2009년에 오랄 로버츠 목사님을 만날 기회가 있었습니다. 그 만남이 저의 상상을 살아나게 했습니다. 오랄 로버츠 목사님이 한 일에 모두 동의하는 것은 아니지만 그는 하나님을 사랑했고 배울 것이 많은 분입니다. '나는 오직 100% 동의할 수 있는 사람의 말만 듣겠다.' 라고 한다면 한쪽으로 너무나 치우친 것입니다. 비밀을 하나 알려드릴까요? **당신도 모든 것이 완벽하지는 않습니다.** 완벽한 사람은 아무도 없으니까요. 그래도 우리는 서로에게 배울 수 있습니다. 예를 들어 고속도로를 달리고 있는데 누군가 다섯 시간 정도 앞서 달리고 있다고 해 봅시다. 그 사람이 세상에서 가장 위대하지 않고 완벽하지 않아도 상관없습니다. 왜냐면 그에게는 도로 사정이 어떤지, 어디에 휴게소가 있는지, 어디에서 주유할 수 있는지에 관해 당신에게 알려줄 정보가 있기 때문입니다.

저도 오랄 로버츠 목사님을 통해 많은 것을 배웠습니다. 하나님께서 그분께 말씀하신 것들을 들을 때 저의 상상이 자극되었습니다. 오랄 로버츠 목사님과 얘기를 나눈 후 몇 달 안 되어서 하나님은 우리 사역의 큰 도약을 말씀하셨습니다. 큰 비전을 말하는 사람들을 만나면 당신도 큰 꿈을 꾸게 됩니다. 대부분의 사람들의 생각은 너무 작습니다. 겨냥하는 목표가 없으니 이루어지는 것도 없습니다. 하지만 우리는 별을 겨냥해야 합니다. 별은 못 맞추더라도 달이라도 맞출지 누가 압니까!

콜로라도 스프링스에 캐리스 바이블 칼리지 캠퍼스를 건축할 때 일입니다. 9월에 시작하는 새 학기에 맞춰 8월까지는 완공하길 원했습니다. 하지만 11월이 돼서야 건축을 마무리할 수 있었습니다. 그전에 쓰던 건물은 너무 작았습니다. 화장실도 충분하지 못해서 남학생들은 야외 이동식 화장실을 써야 했는데 문제는 10월부터 콜로라도는 엄청 춥다는 것입니다! 마침내 새 건물로 이사했을 때 학생 한 명이 저에게 오더니 8월에 건축을 마무리하지 못해 실망했냐고 물었습니다. 저는 이렇게 대답했습니다. "14개월 동안 원래 필요한 후원금 외에 3백 2십만 달러(한화 약 36억)를 더 모금할 수 있었다면 엄청난 성공이 아닌가!" 8월을 겨냥했지만 3개월 늦어진 것은 별일 아닙니다. 평생 어떤 것도 완벽하게 해 본 적이 없는 저에게 그 정도면 성공입니다. 그 자체도 엄청난 기적이었으니까요. 이렇듯 우리는 긍정적인 것에 집중해야 합니다.

상상을 긍정적으로 기능하게 하려면 잠잠하게 가만히 있는 시간을 가져야 합니다. 이 세상의 일로 분주하고 계속 TV를 보거나 라디오를 듣는데 집중한다면 당신의 상상은 기운이 막힐 것입니다. 조용한 시간을 통해 상상이 마음껏 달릴 수 있도록 해야 합니다. 자신을 잠잠히 하여 하나님의 전능하심을 아십시오. 그러면 그 결과로 자신이 품게 되는 것에 대해 놀랄 것이며 그것을 내면에서 볼 수 있게 될 때 밖에서도 이루어지는 것을 경험할 것입니다.

깨달음 Understanding

신약성경에서 "상상"이라고 번역된 단어는 "깨달음"(개역개정에는 '총명'으로 번역됨_역자 주)으로도 번역되었습니다. 성경에는 깨달음의 중요성을 증거하는 구절들이 많이 있습니다. 예수님은 사람이 깨닫지 못하면 사탄이 와서 그의 마음에 뿌려진 말씀을 앗아간다고 가르치셨습니다(마태복음 13:19). 우리가 깨달은 것은 우리의 내면에 심기게 됩니다. 하나님의 진리는 지적으로만 인식해선 안 됩니다. 말씀이 깨달음의 깊이까지 내려오려면 상상 속에서 그 진리를 볼 수 있어야 합니다.

깨달음이란 단순한 지식이나 어떤 사실을 생각해 내는 것 이상입니다. 성경을 머리로 읽는 사람들은 많지만, 상상이나 마음으로 읽는 사람들은 적습니다. 그것은 음식을 씹기만 하고 삼키지 못하는 것과 같습니다. 말씀을 깨닫지 못하면 그 말씀이 가진 능력이 우리에게 전부 풀어지지 못합니다. 하나님과 그분의 뜻에 대하여 단순히 듣는 것만으로는 충분하지 않습니다. 그 말씀이 뜻하는 바가 머릿속에서 그려질 때까지 묵상해야 합니다. 상상을 이렇게 사용할 때 하나님의 뜻을 마음에 품을 수 있습니다.

어렸을 때 저는 다윗과 골리앗에 관한 이야기를 읽곤 했습니다. 골리앗의 키가 약 3미터라는 말에 밖에 나가서 나무에다 표시를 했습니다. 그리고 당시 다윗의 키(152cm) 정도로 허리를 굽혔습니다. 다윗이 직면했던 상황을 그려보고 싶었던 것입니다. 성경의 이야기를 이렇게 꼭 행동으로 옮길 필요는 없겠지만 이런 방법으로 상상력을 동원하면 하나님의 말씀을 더 깊이 이해할 수 있습니다.

그리고 세월이 한참 지나 이스라엘 성지순례를 가게 되었습니다. 그날은 날씨가 특별히 더 더웠습니다. 버스를 타고 다윗과 골리앗이 싸웠던 엘라 골짜기를 지나가는데 가이드가 버스에서 내려 밖으로 나가 보고 싶은 사람이 있는지 물었습니다. 날씨가 너무 더워서인지 에어컨을 뒤로하고 버스에서 내린 사람은 저뿐이었습니다. 그리고 그 골짜기에 흐르는 작은 강 쪽으로 걸어 내려가서 작은 돌 다섯 개를 주워들었고 다윗이 골리앗을 향해 섰을 때 어떤 심정이었을까 생각해 보았습니다. 이스라엘 성지순례를 하면 성경 말씀이 더욱 실감 나게 다가오는 이유는 이렇듯 "현장"에 있을 때 상상이 동원되기 때문입니다. 일단 그 장면을 내면에서 보게 되면 말씀이 살아 움직이기 시작합니다.

말씀을 묵상하는 사람은 극소수입니다. 대부분 종교적 임무를 다하기 위해 또는 성경 읽기표에 체크하기 위해 성경을 읽습니다. 그 행위가 하나님으로 하여금 그들의 삶에 일하시도록 만들 것이라고 기대하면서 말입니다. 그러한 강박관념으로 성경을 읽기 때문에 가능한 한 빨리 읽고 지나갑니다. 그래야 좋아하는 TV 프로를 놓치지 않을 수 있으니까요. 이러한 수준이라면 글자만 읽고 정보를 머리에 저장할 뿐입니다. 그 정도로는 하나님의 말씀이 마음이나 상상으로 들어올 수 없기 때문에 아무것도 품지 못하고 말씀은 살아나지 않습니다.

상상은 우리가 무시하고 넘어갈 수 있는 것이 아닙니다. 전에 사업과 부에 관해 강의하는 어느 백만장자 기업가의 강연을 들은 적이 있는데 그는 일주일에 하루를 떼어 조용히 생각을 한다고 했습니다. 그날은 사업에 관련된 일은 아무것도 하지 않고 지금의 위치와 앞으로 도달할 곳에 관해 정리해 본다고 합니다. 그가 하는 것은 바로 자신의 상상에 연료를 주입하는 것입니다. 그가 성공적인 백만장자가 되게 해 준 비결이 바로 그것이었습니다.

우리도 각자의 상상력을 높이는데 더 많은 시간을 사용한다면 우리의 상황은 훨씬 더 좋아질 것입니다. 항상 다른 사람들이 떠먹여 주는 것으로 연명할 순 없습니다. 또한 우리의 삶을 향한 **하나님의** 계획은 무엇인지 물어야 합니다. 다른 사람들이 한 말이 우리의 정체성과 미래를 결정하게 놔둬서는 안 되며 말씀이 우리에 대해 뭐라고 하는지 발견해야 합니다. 그리고 우리의 정체성과 우리의 사명에 대한 이미지를 달라고 성령님께 기도해야 합니다. 하나님께서 우리를 보시는 방법으로 우리 자신을 보아야 하나님이 말씀하시는 우리의 모습이 될 수 있습니다. 일단 우리의 내면에서 그 모습을 볼 수 있어야 현실에서도 그 사람이 될 수 있기 때문입니다.

우리는 우리가 상상하는 그대로 됩니다. 그 상상이 긍정적이든 부정적이든 말입니다. 스스로를 실패자라고 생각한다면 그렇게 될 것입니다. 자신의 상상을 다듬어서 하나님의 의견과 일치시키십시오.

더 큰 일들

다음의 말씀을 읽고 저는 죽은 사람을 살리는 것이 가능하다고 믿기 시작했습니다.

> 내가 진실로 진실로 너희에게 이르노니 나를 믿는 자는 내가 하는 일을 그도 할 것이요 또한 그보다 큰 일도 하리니 이는 내가 아버지께로 감이라   요한복음 14:12

제가 읽은 이 구절이 하나님께서 나를 통해 기적을 행하실 것이라고 믿게 해 주었습니다. 그리고 예수님이 행하신 기적을 전부 생각해 보았습니다. 나사로를 무덤에서 불러내신 장면도 묵상했습니다. "아버지, 저도 죽은 자를 살려낼 수 있을까요?" 그리고 이것을 너무 많이 묵상한 나머지 매일 밤 꿈속에서 열두 명도 더 되는 사람들을 살렸습니다. 영안실에 있는 사람들을 전부 다 살리는 꿈도 꾸었습니다. 그리고 6개월이 지나자 정말로 죽은 자를 살리게 되었습니다. 현실에서 그 일이 일어나기 전에 먼저 마음의 눈으로 보아야 했던 것입니다.

자기 자신을 어떻게 보는가 하는 문제는 굉장히 중요합니다. 자신이 기도하고 있는 그 일을 할 수 있고 자신이 되고자 하는 사람이 될 수 있다고 여겨야 합니다. 하나님께서 당신을 통해 기적을 행하실 수 있다고 믿지 않으면 당신을 통해 기적은 일어나지 않을 것입니다. 상상 속에서 그것이 너무나 생생한 나머지 꿈에도 나올 정도가 되어야 합니다.

　죽은 사람을 두 명 살린 후 세월이 지나 15년 정도 흘렀습니다. 어느 날 죽은 사람을 살리는 것을 묵상했던 것이 생각났습니다. 그래서 그것을 다시 묵상해야겠다는 결심이 섰습니다. 하나님께서 다시 죽은 자를 살리는 생각을 하라고 말씀하시는 것 같았고 그러자 또 죽은 자를 살리는 꿈을 꾸기 시작했습니다.

　그러던 어느 날 밤에 제 아들이 죽었다는 전화를 받게 되었습니다. 그 전화를 받았을 때는 이미 아들이 죽은 지 4시간 반이 지난 상태였습니다. 저는 곧바로 기도했고 하나님의 선하심을 생각하면서 이 상황보다 하나님이 더 크심을 생각했습니다. 제가 병원에 도착하자 죽었던 아들이 살아났습니다. 그러나 제가 "죽은 자를 살리는 하나님의 능력"을 묵상하지 않고 상상하지 않았더라면 이 일은 일어나지 않았을 것입니다.

　이렇듯 어떤 일이 밖으로 표출되는 것을 경험하려면 그것에 집중해야 합니다. 그것이 너무 실제가 된 나머지 꿈에서도 그것을 하고 있는 자신을 볼 수 있어야 합니다. 자신의 상상 속에서 자신을 패배하고, 낙심하고, 우울한 사람으로 보고 있다면 하나님의 기적은 경험할 수 없을 것입니다. 성경은 그 마음의 생각이 어떠하면 그 위인도 그러하다고 했습니다(잠언 23:7). 죽었던 자신의 상상력을 다시 살려서 긍정적으로 사용하십시오!

소망

성경에 **상상**이라는 단어가 쓰인 경우를 전부 찾아보니 한 구절(역대상 29:18)을 제외하고 전부 부정적으로 사용되었다는 것을 발견했습니다. 예를 들면 창세기 6장 5절에는 '하나님은 사람의 마음에서 상상하는 모든 것이 항상 악할 뿐임을 보셨다'고 합니다(킹제임스 흠정역). 바벨탑 사건에서는 사람들이 상상하는 일은 아무도 막지 못할 것이라고 하시면서 그들의 언어를 나누어 다시는 연합하지 못하게 하셨습니다(창세기 11:6-7). (이 구절은 사람들의 상상력이 모이면 인류를 향한 하나님의 목적까지도 위협할 수 있음을 하나님께서 그때서야 깨달으셨다는 뜻이 아니라 단지 상상의 힘이 얼마나 강한지를 보여주는 것입니다.)

신약성경에서는 이렇게 말합니다. "우리의 전쟁 무기는 육신에 속하지 아니하고 하나님을 통해 강력하여 요새들도 무너뜨리느니라. 우리는 상상하는 것과 또 하나님을 아는 지식을 대적하여 스스로를 높이는 모든 높은 것을 무너뜨리고 모든 생각을 사로잡아 그리스도께 순종하게 하며"(고린도후서 10:4-5, 킹제임스 흠정역). 이렇듯 상상은 항상 부정적인 것으로 언급되었습니다. 상상이 이렇게도 강력한 것인데 왜 성경에서는 늘 부정적인 의미로 쓰였는지 혼란스러웠습니다. 그래서 주께서 답을 해 주실 때까지 기도했습니다.

우리가 소망으로 구원을 얻었으매 보이는 소망이 소망이 아니니 보는 것을 누가 바라리요 만일 우리가 보지 못하는 것을 바라면 참음으로 기다릴지니라   로마서 8:24-25

성경에 따르면 소망이란 육안으로 볼 수 없는 것을 보는 것입니다. 볼 수 있다면 더 이상 소망이 아닙니다. 즉 소망은 육안으로는 볼 수 없는 무언가를 마음으로 보는 것이며 그것이 바로 상상입니다. 소망 곧 상상은 물리적인 세계에 존재하지 않는 것을 볼 수 있는 능력이며 마음으로 보는 능력입니다. 그렇기 때문에 '긍정적인 상상'을 뜻하는 성경적 용어가 소망이라고 믿습니다. 소망은 당신을 대적하지 않고 당신을 위해 일하는 상상입니다.

우리에게는 강력한 소망의 감각이 필요합니다. "믿음은 바라는 (hoped, 소망하는_역자 주) 것들의 실상이요 보이지 않는 것들의 증거니"(히브리서 11:1). 이 구절에 따르면 믿음은 소망이 이미 본 것들만 제공할 수 있습니다. 소망과 믿음의 관계는 마치 에어컨과 리모컨의 관계와 같습니다. 소망은 하나님의 능력을 "켜는" 역할을 하고 믿음은 그것이 성취되게 만드는 능력입니다.

찰스 캡스 목사님이 온도조절기에 대해 말씀하시는 것을 들었습니다. 아마도 예화를 위해 만들어낸 얘기인 것 같지만 시사하는 바가 큽니다. 현대사회의 편의시설을 경험하지 못한 산골 남자가 있었습니다. 한번은 그가 도시에서 열리는 모임에 참석했는데 그 장소는 많은 참석자들로 인해 후덥지근해졌습니다. 부채질을 하던 그는 안내요원이 벽에 부착된 작은 박스의 다이얼을 돌리는 모습을 보았습니다. 그리고 곧장 시원한 바람이 나왔습니다. 그 산골 남자는 너무 놀라 그 안내위원에게 가서 어떻게 시원한 공기를 만들어 냈냐고 물었습니다.

"무슨 말씀이세요?" 안내위원이 되물었습니다.

"벽에 붙어있는 그 조그만 것을 돌리니까 찬 바람이 나오던데요."

"아, 그것은 온도조절기예요."

"저도 구할 수 있을까요?"

"그럼요. 철물점에서 팝니다."

그 산골 남자는 너무나 신이 나서 바로 철물점으로 달려가 온도조절기를 하나 샀습니다. 산골에 자기 집으로 돌아간 그는 벽에 온도조절기를 달고 다이얼을 돌려서 찬 바람이 나오기를 기다리며 앉았습니다. 물론 아무것도 나오지 않았습니다. 온도조절기는 에어컨에 연결되었을 때만 작동하기 때문입니다. 온도조절기가 찬바람을 만들어 내는 것은 아닙니다. 다만 찬바람을 만들어 내도록 스위치를 켤 뿐이지요.

이처럼 믿음은 오직 소망이 이미 본 것만을 만들어낼 뿐입니다. 기적이 일어나길 바란다면 마음속에서 기적이 일어나는 것을 보는 소망 즉 긍정적인 상상을 해야 합니다. 온도조절기가 찬 공기 또는 더운 공기 중 하나를 선택할 수 있듯이 당신의 상상은 긍정적일 수도 있고 부정적일 수도 있습니다. 그러나 그것을 소망이라고 하려면 그것은 긍정적인 상상이어야 합니다. 만약 당신의 상상이 부정적이라면 내면에서 실패를 볼 것이고 그것은 현실에서도 실패를 경험하는 쪽으로 당신을 이끌어 갈 것입니다. 그러나 마음속에서 기적이 일어나는 것을 보며 그것을 소망한다면 그것이 하나님의 능력을 작동시키고 그 기적이 삶 속에 나타나는 것을 보게 됩니다.

믿음은 당신을 **위해** 일하기도 하지만 당신을 **대적해** 일하기도 합니다. 하나의 부정적인 이미지가 내면에 있는 모든 것을 동원하여 당신이 열매 맺어 놓은 더 많은 부정적 이미지를 만들게 합니다. 그렇기 때문에 소망을 만들어 냄으로써 내면의 이미지를 바꿔야만 합니다. 소망은 하나님의 말씀에서 옵니다(로마서 15:4). 이것이 믿음의 첫 단계입니다.

우리가 소망에 의해 구원을 받았다고 하는 성경 말씀에 주목해 보십시오(로마서 8:24). 현재 눈으로 보지 못하는 것은 인내로 참고 기다려야 하기 때문입니다. 앞서 저는 우리의 삶을 향한 하나님의 뜻을 이루는데 있어서 인내가 얼마나 중요한지 설명했습니다. 또한 인내는 오랫동안 지속되는 믿음이라고 말씀드렸습니다. 인내는 또한 소망, 즉 상상과도 연결되어 있습니다. 강한 소망의 감각이 있거나 강한 상상이 있다면 시간이 걸릴지라도 하나님의 뜻이 나타나기를 기다릴 수 있는 인내가 생깁니다.

강한 소망의 감각을 가지고 있으면 한 치의 의심도 없이 하나님의 뜻은 반드시 이루어진다는 것을 알게 됩니다. 상상을 통해 하나님의 뜻이 이루어지는 것을 생생하게 보았기 때문에 앞으로 그것이 이루어질 것을 알며 또 기대하게 되는 것입니다. 그리고 무슨 일이 일어나든 자신이 그 문제의 해답을 이미 가졌다는 사실을 알게 될 것입니다.

저희가 만든 영상물 **'치유의 여정'** 2편에 보면 중풍에서 치유된 메르시 산토스라는 여자의 이야기가 나옵니다. 그녀가 휠체어를 타고 다녔을 당시 사람들은 그녀가 다시는 걸을 수 없을 것이라고 했지만 그녀는 그것이 사실이 아니라고 생각했습니다. 그녀는 치유 받은 자신의 모습을 그렸고 언젠가 그렇게 될 것을 알았습니다. 말씀을 가르쳐 줄 사람도 없었고 어떻게 믿음을 사용하는지 알려줄 사람도 없었지만, 증상이 더더욱 악화됨에도 불구하고 그녀는 자신을 건강한 자로 보았습니다. 그것이 바로 소망입니다. 소망이 우리 몸을 직접 치유하진 못하지만, 우리의 믿음을 일으켜 몸을 치유하게 합니다.

때로는 자신에게 솔직해질 필요도 있습니다. "지금 즉시 치유를 받을 수 있다고 믿지는 않지만 소망하고 있어. 내 소망을 세워가는 중이고 내면에 치유를 받은 내 모습을 그리고 있어."

전에 골수암 진단을 받은 사람을 만났었는데 그는 자신이 치유를 받을 것이라고 믿었고 실제로도 치유를 받았지만, 그 과정에서 의사가 수술을 통해 뼈 일부를 제거했습니다. 그는 잘려나간 그 뼈가 다시 자라날 것을 믿기로 했습니다. 잘려나간 것을 다시 성장하게 한다는 것은 큰 믿음을 필요로 하는 일이었습니다. 어쨌든 그는 백과사전에서 인체의 골격 사진을 뜯어내어 벽에 붙였습니다. 그리고 잘려나간 자신의 뼈가 단기간에 재생되는 것을 상상했고 실제로 그렇게 되었습니다. **내면에서 그것을 보자 밖에서도 이루어졌던 것입니다!**

우리는 하나님께서 우리에게 의도하신 것보다 훨씬 떨어지는 삶을 살고 있습니다. 우리 대부분은 하나님께서 모든 믿는 자들의 내면에 넣어주신 능력이 얼마나 큰지 알지 못합니다. 예수님을 죽음에서 살리신 것과 동일한 능력을 우리도 가지고 있다고 증거하는 구절들을 보여 드릴 수도 있습니다. 그러나 그런 구절들을 보여 줄 수 있느냐 없느냐보다는 당신이 그것을 믿느냐가 더 중요합니다.

당신이 죽은 사람을 살리는 것을 상상할 수 있습니까? 마귀를 대적하여 질병과 가난을 극복하는 것을 볼 수 있습니까? 예수님께서 이루신 기적을 동일하게 행하고 있는 자신의 모습이 그려지십니까? 우리 자신이 이런 일들을 하는 모습을 그릴 수 있을 때까지 하나님의 말씀을 묵상해야 합니다. 우리의 상상이 일하도록 해야 합니다. 소망이 그렇게 능력 있다고 말씀이 증거하는 이유는 일단 마음속에서 하나님의 능력이 나타나는 것을 그릴 수 있으면 삶의 현실에서도 그것이 나타나는 것을 경험할 수 있기 때문입니다.

마음

진심으로 감사하고 하나님의 일에 가치를 둘 때 결과적으로 갖게 되는 것이 긍정적인 상상입니다(로마서 1:21). 하나님을 귀하게 여기고 감사하는 것은 당신의 상상을 살아나게 하며 그 결과 당신은 과거와 다른 시각을 가지게 됩니다. 그러나 하나님을 광대하게 하지 않고 감사하지도 않으면 당신의 상상은 부정적이 되고 당신의 마음은 강퍅해질 것입니다. 우리가 계속 살펴봐 왔던 성경 구절은 이렇게 말합니다. "오히려 자기들의 상상 속에서 허망해지고 또 그들의 어리석은 마음이 어두워졌나니"(로마서 1:21, 킹제임스 흠정역). 어리석고 어두워진 마음이 곧 강퍅한 마음입니다. 일단 마음이 강퍅해지면 당신은 하나님의 생명으로부터 분리된 것입니다(에베소서 4:18).

비극적인 일이긴 하지만 대부분의 사람들은 허망하고 부정적인 상상과 강퍅한 마음 그사이 어딘가에서 살고 있습니다. 그들은 나쁜 일만 상상하기 때문에 의사가 얼마 남지 않았다고 하면 바로 자신들의 장례식을 상상합니다. 그들은 자신이 죽어가는 것과 그들이 떠난 후에 일어날 일들을 상상합니다. 그렇게 허망하고 부정적인 상상은 그들을 대적하여 일하며 강퍅한 마음의 원인이 됩니다. 강퍅한 마음을 가졌다고 해서 꼭 하나님을 사랑하지 않는다거나 하나님의 뜻을 따르지 않는다는 의미는 아닙니다. 마음이 강퍅하다는 것은 나의 행동이나 업적과 상관없이 하나님이 나를 얼마나 사랑하시는지 이해하지 못한다는 뜻입니다.

강퍅한 마음을 가진 사람들은 하나님의 말씀을 머리로만 보고 이해합니다. 그 단계를 뛰어넘으려면 시간과 노력이 필요합니다. 하나님께 순종해야 하고 말씀을 묵상해야 하며 주님을 영화롭게 하고 감사해야 합니다. 당신이 하나님께 더욱 집중할수록 당신의 상상이 살아나서 하나님이 약속하신 것에 대한 강한 소망의 감각을 갖게 될 것입니다. 그렇게 할 때 자기 자신이 아니라 하나님과 그분이 이루신 일에 계속 집중할 수 있게 됩니다. 그 결과 자신의 경주를 계속하여 당신의 삶을 향한 하나님의 뜻을 성취하게 될 것입니다.

우리에게는 그것을 향해 달려갈 비전이 필요합니다. 비전은 곧 미래에 대한 소망 또는 긍정적인 생각입니다. 비전은 동기를 부여해 주고 계속해서 당신을 향한 하나님의 뜻을 성취하는데 집중하게 해 줍니다. 사도 바울은 이렇게 기록했습니다.

> 우리가 주목하는 것은 보이는 것이 아니요 보이지 않는 것이니 보이는 것은 잠깐이요 보이지 않는 것은 영원함이라
>
> 고린도후서 4:18

바울은 어떻게 볼 수 없는 것들을 주목했을까요? 바로 그의 마음과 상상으로 본 것입니다. 콜로라도에 있는 우리 학교 CBC의 한 행사 중에 아내는 "할렐루야"를 부르며 찬양을 인도하고 있었

습니다. 그때 주님의 임재가 강력했습니다. 저는 눈을 감고 있었는데 갑자기 예수님께서 제 왼쪽에 있는 문을 열고 걸어 들어오시는 모습을 마음으로 보았습니다. 예수님이 들어오시자 천천히 문이 닫혔습니다. 예수님은 그곳에 서서 잠시 둘러보셨습니다. 그러고는 앞줄에 앉은 한 자매에게로 걸어오셔서 그녀에게 손을 대셨습니다. 그러자 그녀는 바닥에 엎드려 하나님을 예배하며 찬양했습니다. 그리고 두 사람을 지나서 다른 자매에게 손을 얹었습니다. 그러자 그녀는 무릎을 꿇고서 두 손을 들고 하나님을 예배했습니다. 이 일이 일어나는 동안 저는 계속 눈을 감고 있었습니다. 상상 속에서 이 일들을 보고 있었던 것입니다.

그것이 너무나 생생해서 실제로 그 일이 일어나고 있는지 보려고 눈을 떴습니다. 그러자 제 왼쪽에 있는 문이 활짝 열렸습니다. 거기엔 아무도 없었지만, 활짝 열린 문은 천천히 닫혔습니다. 문이 닫히고 난 후에 예수님께서 손을 댔던 여인이 바닥에 엎드렸습니다. 잠시 후 두 번째 여인이 무릎을 꿇고 하나님을 찬양하기 시작했습니다. 제가 상상 속에 봤던 것들이 전부 실제로 일어났습니다. 예수님을 제외하고 모두 육안으로 볼 수 있었습니다. 제가 볼 수 있었던 것은 물리적으로 일어나는 일들이었고 영적인 세계에서 일어나는 일들은 볼 수 없었습니다.

눈으로 보는 것보다 눈을 감고 마음으로 보는 것이 더 생생했기에 다시 눈을 감았습니다. 그러자 저의 상상 속에서 예수님이 제 옆에 서서 저에게 말씀하시는 것을 보았습니다. 그리고 예수님은 중앙 통로로 지나가시며 몇몇 사람들에게 안수하셨습니다. 저는 계속 눈을 감고 저의 상상 속에서 일어나는 일들을 보았습니다. 눈으로 보는 것보다 더 잘 볼 수 있었습니다. 집회가 끝난 후에 저는 예수님께서 안수하시던 사람들에게 가서 예배 중에 어떤 경험을 했느냐고 물었습니다. 그들이 말해준 내용은 제가 마음으로 본 것과 정확하게 일치했습니다.

우리 대부분의 삶은 하나님께서 우리를 창조하실 때 의도하신 것에 훨씬 뒤처집니다. 대부분 육안으로만 보면서 눈을 반쯤 감은 채 살아가기 때문입니다. 눈을 반쯤 감고 경주를 한다면 언젠가 넘어집니다. 이처럼 마음으로 보지 않으면 하나님의 뜻을 성취할 수 없습니다.

하나님의 임재 안으로 들어갈 때 상상으로 볼 수 있게 됩니다. 물리적인 것들이 보여주는 것도 있지만 하나님의 말씀은 당신의 마음에 완전히 다른 그림을 그립니다. 물리적인 증거들은 당신의 사업이 망해가는 것을 보여주더라도 당신의 내면으로는 그것이 성공할 것을 확신시켜주는 또 다른 이미지를 가질 수 있습니다. 당신의 상상으로 기적을 잉태한다면 그것이 실현되는 것을 보게 될 것입니다.

물리적으로 볼 수 있고, 느낄 수 있고, 이해할 수 있는 것만 의지하는 사람들보다 더 소경인 자들도 없습니다. 믿음은 물리적으로 존재하지 않는 것들을 볼 수 있는 능력입니다. 자신의 삶을 향한 하나님의 뜻을 성취하려면 비전을 가져야 합니다. 잠언은 비전이 없을 때 백성이 망한다고 했습니다(잠언 29:18). 많은 사람들이 중도에 포기하는 이유는 비전이 없기 때문입니다. 가고자 하는 방향이 없기 때문에 일평생 당구공처럼 이 문제에 부딪혀 튕겨 나가고 또 그다음 문제에 부딪힙니다. 그러나 믿는 자라면 환경에 의해 좌지우지 되선 안 됩니다.

하나님께서 당신을 향해 가지신 그 목적을 발견하십시오. 주님을 찾고 그분의 음성을 듣는 방법을 배우십시오. 목표를 정하고 건설적인 일을 하십시오. 당신이 떠난 뒤에도 사람들이 당신을 그리워하는 그런 삶을 사십시오. 그러려면 세상이 주는 안전과 보호를 떠나 위험을 감수해야 할 것입니다. 그래서 하나님은 성령님을 보내서서 당신을 돕게 하셨습니다. 열매는 가지에서 열립니다. 나무를 붙잡고 있으면 열매를 맺을 수 없습니다. 바람에 흔들리고 살기 위해 매달려 있어야 하는 가지 끝으로 나아가야 합니다.

하나님을 영화롭게 하고 하나님께서 당신의 삶에 이루신 일들을 기억하십시오. 최악의 경우에도 천국으로 간다는 것을 명심하십시오. 하나님께 감사하고 모든 상황보다 하나님을 높이십시오. 하나님의 목적을 당신의 상상 속에 적극적으로 품으십시오. 당신을 위한 하나님의 계획이 마음에 뿌리를 내리게 하고 그것을 성취하는 자신의 모습을 그리며 마치 그것이 이루어진 것처럼 바라보십시오.

당신의 삶을 향한 하나님의 계획을 하룻밤에 이룰 수는 없습니다. 인내가 필요합니다. 하나님께서 당신을 다시 궤도에 올리고 바른 방향으로 가도록 하시는데 시간이 좀 걸릴 수 있습니다. 그러나 매일매일 하나님을 찾는다면 좋은 일들이 일어나기 시작할 것입니다. 단기간 내에 당신의 상상이 살아날 것입니다. 그러면 당신의 마음은 더 이상 어둡지 않을 것입니다. 이전에는 보거나 듣지 못하던 것을 보고 듣게 될 것입니다. 하나님께서 당신의 삶을 향해 가지신 그분의 목적을 성취하기 위해 당신을 인도하여 본래의 궤도에 올려놓으실 것입니다.

아버지, 이 책에 있는 진리들을 통해 많은 사람들이 그들의 삶을 향한 당신의 완벽한 뜻을 발견하고, 따라가고, 궁극적으로 성취할 수 있기를 기도합니다. 이 책을 통하여 당신이 말씀하신 것들을 기억나게 하시고 각자의 삶에 적용할 수 있는 지혜를 허락해 주옵소서. 예수님, 이분들을 위해 준비해 놓으신 놀라운 것들에 감사드립니다. 아멘!

예수님을 구주로 영접하는 기도

예수 그리스도를 구세주로 영접하는 선택은 우리가 평생 내리는 결정 중에 가장 중요한 결정입니다!
하나님의 말씀은 이렇게 약속하고 있습니다. "네가 만일 네 입으로 예수를 주로 시인하며 또 하나님께서 그를 죽은 자 가운데서 살리신 것을 네 마음에 믿으면 구원을 받으리라 사람이 마음으로 믿어 의에 이르고 입으로 시인하여 구원에 이르느니라" (로마서 10:9-10). "누구든지 주의 이름을 부르는 자는 구원을 받으리라"(로마서 10:13)

하나님께서는 그분의 은혜로, 우리에게 구원을 주시기 위한 모든 일을 이미 다 마무리해 놓으셨습니다. 이제 우리의 할 일은 단지 믿고 받아들이는 것뿐입니다.

이렇게 소리 내어 기도하십시오. **"예수님, 예수님이 나의 주님이시며 나의 구원자이심을 고백합니다. 나는 내 마음으로 하나님께서 예수님을 죽은 자 가운데서 살리신 것을 믿습니다. 하나님의 말씀을 믿음으로, 나는 지금 구원을 받습니다. 저를 구원해 주셔서 감사합니다."**

예수 그리스도께 인생을 맡기는 바로 그 순간 그 말씀의 진리가 즉시 영 안으로 들어갑니다. 이제 당신은 거듭났으므로 완전히 새로운 사람이 된 것입니다.

성령 세례를 받는 기도

당신을 사랑하시는 하늘 아버지께서는 하나님의 자녀가 된 당신에게 앞으로 새로운 삶을 사는 데 필요한 초자연적인 능력을 주고 싶어 하십니다.

구하는 이마다 받을 것이요 찾는 이는 찾아낼 것이요 두드리는 이에게는 열릴 것이니라 … 하물며 너희 하늘 아버지께서 구하는 자에게 성령을 주시지 않겠느냐 누가복음 11:10-13

당신이 할 일은 다만 구하고, 믿고, 받는 것뿐입니다!

이렇게 기도하십시오. **"아버지, 이 새로운 삶을 살기 위해선 나에게 하나님의 능력이 필요함을 깨닫습니다. 저를 성령으로 채워 주세요. 이 순간, 나는 믿음으로 성령을 받습니다! 나에게 성령 세례를 주시니 감사합니다! 성령님을 저의 삶에 초청합니다. 성령님을 환영합니다!"**

축하합니다. 이제 당신은 하나님의 초자연적인 능력으로 충만해졌습니다.

무슨 말인지 모르는 언어가 마음속에서부터 입으로 솟아오를 것입니다(고린도전서 14:14). 그것을 믿음으로 크게 말할 때 하나님의 능력이 안에서부터 흘러나와 당신을 영적으로 세워줄 것입니다(고린도전서 14:4). 이제, 언제 어디서든지 원할 때마다 방언으로 기도할 수 있습니다.

주님을 영접하는 기도를 했을 때, 그리고 주님의 성령을 받기 위해 기도했을 때 무엇을 느꼈든 아니면 아무것도 느끼지 못했든 그것은 전혀 중요하지 않습니다. 받은 줄로 마음에 믿으면 받은 것이라고 하나님의 말씀이 약속합니다. "그러므로 내가 너희에게 말하노니 무엇이든지 기도하고 구하는 것은 받은 줄로 믿으라 그리하면 너희에게 그대로 되리라"(마가복음 11:24). 하나님은 언제나 그분의 말씀을 지키십니다. 그것을 믿으십시오!

새로운 삶을 얻게 된 것을 진심으로 축하하고 환영합니다!

저자 소개

1968년 3월 23일 하나님의 초자연적인 사랑을 대면한 뒤, 앤드류 워맥의 삶은 완전히 변화되었습니다. 저명한 교사이자 저자인 앤드류 워맥의 사명은 세상이 하나님을 보는 관점을 바꾸는 것입니다.

그의 비전은 복음을 가능한 한 널리 그리고 깊게 전하는 것입니다. 그의 메시지는 TV 프로그램 '복음의 진리Gospel Truth'를 통해 거의 전 세계 인구의 반 이상이 볼 수 있는 상태로 널리 전해지고 있습니다. 또한 콜로라도 우드랜드 파크에 위치해 있는 캐리스 바이블 칼리지 Charis Bible College를 통해 깊게 전해지고 있습니다. 1994년 설립된 캐리스는 이제 미국 전역과 전 세계에 분교를 세워가고 있습니다.

앤드류 워맥 목사의 설교 자료는 책과 음원 그리고 영상으로 제작되어 있으며 앤드류 워맥 미니스트리 홈페이지에 무료로 제공되어 있습니다.

연락처
앤드류 워맥 미니스트리Andrew Wommack Ministries
홈페이지 www.awmi.net
이메일 info@awmi.net
719-635-1111

캐리스 바이블 칼리지Charis Bible College
홈페이지 www.charisbiblecollege.org
이메일 admissions@awmcharis.com
844-360-9577

믿음의말씀사 출판물

구입문의 : 031-8005-5483 http://faithbook.kr

■ 케네스 해긴의 「믿음 도서관」 책들
- 새로운 탄생
- 재정 분야의 순종
- 나는 지옥에 갔다 왔습니다
- 하나님의 처방약
- 더 좋은 언약
- 예수의 보배로운 피
- 하나님을 탓하지 마십시오
- 네 주장을 변론하라
- 셀 모임에서 성령인도 받기
- 안수
- 치유를 유지하는 법
- 사랑은 결코 실패하지 않습니다
- 하나님께서 내게 가르쳐 주신 형통의 계시
- 왜 능력 아래 쓰러지는가?
- 다가오는 회복
- 잊어버리는 법을 배우기
- 위대한 세 단어
- 하나님의 은사와 부르심
- 그 이름은 "놀라우신 분"
- 우리에게 속한 것을 알기
- 성령을 받는 성경적인 방법
- 하나님의 영광
- 은혜 안에서의 성장을 방해하는 다섯 가지
- 사랑 가운데 걷는 법
- 바울의 계시: 화해의 복음
- 당신은 당신이 말하는 것을 가질 수 있습니다
- 그리스도 안에서
- 말
- 방언기도의 능력을 풀어 놓으라
- 옳은 사고방식 틀린 사고방식
- 속량 - 가난, 질병, 영적 죽음에서 값 주고 되사다
- 네 염려를 주께 맡겨라
- 예언을 분별하는 일곱 단계
- 절망적인 상황을 반전시키기
- 당신의 믿음을 풀어 놓는 법
- 진짜 믿음
- 믿음이란 무엇인가
- 그리스도께서 지금 하고 계시는 일
- 충분하고도 넘치는 하나님 엘 샤다이
- 금식에 관한 상식
- 하나님의 말씀 : 모든 것을 고치는 치료제
- 가족을 섬기는 법
- 조에
- 당신이 알아야 하는 신유에 관한 일곱 가지 원리
- 여성에 관한 질문들
- 인간의 세 가지 본성
- 몸의 치유와 속죄
- 크게 성장하는 믿음
- 하나님 가족의 특권
- 기도의 기술
- 나는 환상을 믿습니다
- 병을 고치는 하나님의 말씀
- 영적 성장
- 신선한 기름부음
- 믿음이 흔들리고 패배한 것 같을 때 승리를 얻는 법
- 믿음의 선한 싸움을 싸우는 법
- 하나님의 계획과 목적과 추구
- 예수 열린 문
- 믿음의 계단
- 당신을 향한 하나님의 계획
- 역사하는 기도
- 기름부음의 이해
- 내주하시는 성령 임하시는 성령
- 재정적인 번영에 대한 성경적 열쇠들
- 어떻게 하나님의 영으로 인도받을 수 있는가?
- 마이더스 터치
- 치유의 기름부음
- 그리스도의 선물
- 방언
- 믿는 자의 권세(생애기념판)
- 믿음의 양식
- 승리하는 교회

■ E. W. 케년
- 십자가에서 보좌까지 무슨 일이 일어났는가?
- 두 가지 의
- 놀라우신 그 이름 예수
- 하나님 아버지와 그분의 가족
- 나의 신분증
- 두 가지 생명
- 새로운 종류의 사랑
- 그분의 임재 안에서
- 속량의 관점에서 본 성경
- 두 가지 지식
- 피의 언약
- 숨은 사람
- 두 가지 믿음
- 새로운 피조물의 실재

■ 스미스 위글스워스
- 스미스 위글스워스의 천국
- 스미스 위글스워스의 매일묵상
- 위글스워스는 이렇게 했다
- 스미스 위글스워스의 능력의 비밀

■ T. L. 오스본
- 행동하는 신자들
- 기적 - 하나님 사랑의 증거
- 새롭게 시작하는 기적 인생

- 좋은 인생
- 성경적인 치유
- 능력으로 역사하는 메시지
- 100개의 신유 진리
- 24 기도 원리 7 기도 우선순위
- 하나님의 큰 그림
- 긍정적 욕망의 힘
- 당신은 하나님의 최고의 작품입니다

■ 잔 오스틴
- 믿음의 말씀 고백기도집
- 하나님의 사랑의 흐름
- 견고한 진 무너뜨리기
- 초자연적인 흐름을 따르는 법
- 당신의 운명을 바꿀 수 있습니다
- 어떻게 하나님의 능력을 풀어놓을 수 있는가?

■ 크리스 오야킬로메
- 여기서 머물지 말라
- 이제 당신이 거듭났으니
- 당신의 인생을 재창조하라
- 이 마차에 함께 타라
- 그리스도 안에 있는 당신의 권리
- 성령님과 당신
- 성령님이 당신 안에서 행하실 일곱 가지
- 성령님이 당신을 위해 행하실 일곱 가지
- 기적을 받고 유지하는 법
- 하나님께서 당신을 방문하실 때
- 올바른 방식으로 기도하기
- 당신의 믿음을 역사하게 하는 법
- 끝없이 샘솟는 기쁨
- 기름과 겉옷
- 약속의 땅
- 하나님의 일곱 영
- 예언
- 시온의 문
- 하늘에서 온 치유
- 효과적으로 기도하는 법
- 어떤 질병도 없이
- 주제별 말씀의 실재
- 마음의 능력

■ 앤드류 워맥
- 당신은 이미 가졌습니다
- 은혜와 믿음의 균형 안에 사는 삶
- 하나님은 당신이 건강하기 원하십니다
- 영 · 혼 · 몸
- 전쟁은 끝났습니다
- 믿는 자의 권세
- 새로운 당신과 성령님
- 노력 없이 오는 변화
- 하나님의 충만함 안에 거하는 열쇠
- 더 좋은 기도 방법 한 가지
- 재정의 청지기 직분
- 하나님을 제한하지 마라

- 하나님의 뜻을 발견하고 따라가며 성취하라
- 하나님의 참 본성
- 하나님의 최선 안에 사는 법
- 더 큰 은혜 더 큰 은총
- 리더십의 10가지 핵심요소

■ 기타 「믿음의 말씀」 설교자들
- 성령의 삶 능력의 삶
- 복을 취하는 법
- 주는 자에게 복이 되는 선물
- 믿음으로 사는 삶
- 붉은 줄의 기적
- 당신이 말한 대로 얻게 됩니다
- 예수-치유의 길 건강의 능력
- 성령 안의 내 능력
- 존 G. 레이크의 치유
- 믿음과 고백
- 임재 중심 교회
- 성령충만한 그리스도인의 지침서
- 열정과 끈기
- 제자 만들기
- 어떻게 교회를 배가하는가
- 운명
- 모든 사람을 위한 치유
- 회복된 통치권
- 그렇지 않습니다
- 당신의 자녀를 리더로 훈련하라
- 오순절 운동을 일으킨 하나님의 바람
- 주일 예배를 넘어서
- 신약교회를 찾아서
- 내가 올 때까지
- 매일의 불씨
- 여성의 건강한 자아상

■ 김진호 · 최순애
- 왕과 제사장
- 새로운 피조물의 실재
- 믿음의 반석
- 새 언약의 기도
- 새로운 피조물 고백기도집(한글판/한영대조판)
- 성령 인도
- 복음의 신조
- 존중하는 삶
- 성경의 세 가지 접근
- 말씀 묵상과 고백
- 그리스도의 교리
- 영혼 구원
- 새로운 피조물
- 믿음의 말씀 운동의 뿌리
- 1인 기업가 마인드
- 내 양을 치라
- 새사람을 입으라